BIBLIOGRAPHIE THOMISTE

BIBLIOTHÈQUE THOMISTE

Directeur : Pierre MANDONNET, O. P.

I

BIBLIOGRAPHIE THOMISTE

PAR

MANDONNET, O. P. ET J. DESTREZ, O. P.

Le Saulchoir, KAIN (Belgique)

REVUE DES SCIENCES

PHILOSOPHIQUES ET THÉOLOGIQUES

1921

TABLE DES MATIÈRES

4º Doctrines Théologiques.

5º Rapports doctrinaux historiques.

III. — TABLES

I. — INTRODUCTION

Nous plaçons sous ce titre général d'*Introduction* un certain nombre d'informations sommaires que nous croyons pouvoir être utiles aux personnes qui utiliseront notre *Bibliographie thomiste*.

Dans un (A) Avant-propos, nous indiquons les principes qui ont présidé à la confection de notre *Bibliographie*.

Un petit abrégé de la (B) Vie de saint Thomas fournit les données principales relatives aux lieux où le Docteur angélique a vécu avec les dates correspondantes.

Une liste des (C) Écrits authentiques indique les ouvrages que nous considérons comme appartenant légitimement à saint Thomas.

Enfin, nous donnons quelques renseignements sur les (D) Écrits inachevés.

A. — AVANT-PROPOS

Le petit essai de *Bibliographie thomiste* que l'on présente ici au public a des prétentions très limitées et vise avant tout un but pratique.

On a beaucoup écrit depuis un demi-siècle sur saint Thomas d'Aquin et ses doctrines. Ce mouvement d'études ne pourra que s'accroître après que les derniers Souverains Pontifes ont donné au Docteur angélique la place d'honneur dans l'enseignement catholique en le constituant l'interprète officiel de la doctrine de l'Église. D'ailleurs, même hors du monde catholique, les doctrines de saint Thomas ont trouvé de nombreux admirateurs, ou tout au moins des observateurs attentifs, et la part qui leur est faite aujourd'hui dans l'examen d'un grand nombre de problèmes scientifiques et philosophiques témoigne du haut intérêt qui s'attache universellement à la pensée du grand Docteur chrétien.

Les personnes qui abordent l'étude des doctrines de saint Thomas sont souvent arrêtées par la difficulté de connaître ce qui s'est écrit de notre temps sur une ou plusieurs questions spéciales. On trouve, sans doute, dans un certain nombre d'études la bibliographie du sujet traité ; mais combien de fois n'existe-t-elle pas, ou est-elle fréquemment incomplète ? Ce ne sont là d'ailleurs que des informations sur quelques sujets très limités. Aussi a-t-on pensé être utile aux travailleurs et même aux simples curieux en essayant de dresser la petite publication bibliographique que l'on trouvera ici. Conçue tout d'abord pour des besoins personnels, on a tenté ensuite de la développer autant que faire se pouvait, et cela a été particulièrement l'œuvre de mon jeune confrère et ami, le P. Destrez. Notre essai bibliographique n'est ni complet, ni sans défaut et nul ne l'ignore moins que ses éditeurs. Mais un premier essai de cette nature ne peut pas viser à une perfection même très relative. L'important est qu'il ne soit pas superflu.

M. le Chanoine Ulysse Chevalier avait fourni déjà une liste très respectable des travaux relatifs à saint Thomas d'Aquin dans son savant et riche *Répertoire des sources historiques du moyen âge* [1], une œuvre pour laquelle les érudits n'auront jamais assez de reconnaissance à son infatigable et éminent auteur. Mais une bibliographie aussi générale que le *Répertoire* ne peut épuiser un sujet surchargé comme celui de saint Thomas et le *Répertoire*, surtout, s'est clos en 1908. Le *Répertoire* d'ailleurs est un instrument de travail pour les médiévistes, et bien des étudiants ou des maîtres qui poursuivent l'étude des doctrines de saint Thomas n'ont pas aisément à la portée de la main un grand ouvrage destiné surtout aux historiens. Il fallait donc tenter de pousser plus loin et de compléter la bibliographie thomiste de M. Chevalier, en la rendant aisément abordable.

Nous devons à nos lecteurs de leur fournir tout d'abord quelques indications préliminaires sur l'idée directrice de notre travail. Nous n'avons pas songé un instant à établir une *Bibliographie thomiste* complète. Cela eût pris un développement considérable et sans une très grande utilité, sinon celle de montrer l'action puissante exercée par saint Thomas au cours des siècles, ce que l'on sait déjà assez de par ailleurs. Les grands commentateurs et interprètes anciens de la pensée de saint Thomas sont suffisamment connus et un grand nombre d'ouvrages de second ordre ne sont plus guère consultés. Par contre, les travaux modernes visent souvent à une intelligence plus spéciale des doctrines thomistes et cherchent à les présenter aux esprits contemporains conformément aux préoccupations de notre temps. C'est pourquoi nous avons fait entrer en ligne de compte dans notre *Bibliographie* les seules publications parues depuis le commencement du siècle dernier jusqu'à l'année 1920. Exception a été faite cependant pour des ouvrages antérieurs, importants au point de vue historique et critique, et pour les vies de saint Thomas.

Nos recherches, pour la période de temps envisagée, sont loin d'être complètes. Bien des articles nous auront échappé ; quelques-uns, certainement plus utiles que beaucoup de ceux qui paraissent dans notre *Bibliographie*. Cela est inévitable dans un premier essai. Il nous restera la ressource de procéder à la publication d'un ou de plusieurs suppléments.

---

1. *Bio-bibliographie*, Paris, 1905-1907, col. 4.471 — 4.493.

De nombreux articles pourront aussi paraître de peu d'utilité : tels de simples panégyriques qui, d'ordinaire, ne visent à rien d'original au point de vue doctrinal, ou des articles de vulgarisation dont on ne saurait tirer un notable profit pour une étude un peu approfondie ; mais, dans un inventaire semblable au nôtre, il est impossible de faire un choix, d'autant mieux que tous les articles inscrits ne nous sont pas passés par les mains, encore que nous en ayons vu un grand nombre.

Voici l'économie de notre *Bibliographie*.

Nous avons fourni tout d'abord, et c'est la partie essentielle, la liste des publications relatives à saint Thomas. Nous les avons affectées d'une numérotation courante afin d'établir les renvois des tables finales.

La matière de la liste est divisée en cinq sections : I, *Histoire de saint Thomas* ; II, *Œuvres* ; III, *Doctrines philosophiques* ; IV, *Doctrines théologiques* ; V, *Rapports doctrinaux historiques* avec les philosophes ou théologiens depuis l'antiquité jusqu'à nos temps. Des subdivisions assez nombreuses ont été établies à l'intérieur de chaque section, en vue de faciliter la recherche sur un sujet donné. On en trouve le détail dans la *Table des Matières* qui précède l'Introduction. On n'oubliera pas toutefois que les ouvrages généraux, placés d'ordinaire en tête des sections, contiennent des informations parfois importantes sur les doctrines de détail. En outre, certaines études, par la nature de leur contenu, chevauchent sur plusieurs sections ou subdivisions et il était permis de douter, touchant l'endroit le plus rationnel qu'elles pouvaient occuper. Des titres d'ouvrages, même assez spéciaux, auraient aisément trouvé place en des endroits différents. Nous avons parfois pratiqué des renvois pour obvier à cet inconvénient.

L'inventaire des écrits est suivi de plusieurs (III) *Tables*. Tout d'abord celle des (A) *Noms d'auteurs*. Elle renvoie au moyen des numéros à l'endroit de la liste précédente où l'ouvrage est produit. A cette table principale, nous ajoutons une (B) *Table des écrits anonymes*, une (C) *Table des revues citées* et la (D) *Liste des Sigles* des revues utilisés dans la Bibliographie.

B. — VIE DE SAINT THOMAS

De la vie de saint Thomas nous donnerons ici les seules dates principales : celles qui marquent la succession de ses divers séjours dans les lieux où il a vécu. Les déplacements secondaires et transitoires, assez nombreux pendant certaines périodes de sa vie, ont été intentionnellement écartés. Les quelques données chronologiques qui suivent ont uniquement pour but d'écarter quelques-unes des fortes erreurs que l'on rencontre un peu partout, et de rendre manifeste en quel endroit le maître se trouvait lors de la composition des divers écrits dont nous pouvons, plus ou moins exactement, établir la date.

Thomas d'Aquin est né, très probablement, au début de 1225. Il se pourrait cependant que sa naissance tombe encore à la fin de l'année précédente ; elle est certainement antérieure au 7 mars 1225 ; mais pas de six mois.

C'est au château fort de Roccasecca, près d'Aquin, que saint Thomas a vu le jour.

En 1230, très probablement au mois de mai, il fut offert, comme oblat, à l'abbaye voisine du Mont-Cassin.

En 1239, l'empereur et roi de Sicile, Frédéric II, ayant dans sa nouvelle lutte contre Grégoire IX expulsé les moines de la célèbre abbaye bénédictine, le jeune Thomas fut rendu à sa famille, pendant le printemps de cette année et déposa, à cette occasion, l'habit bénédictin.

A l'automne de cette même année, Thomas fut envoyé à l'Université de Naples et y devint étudiant de la faculté des arts, jusqu'au moment de son entrée dans l'ordre des Frères Prêcheurs.

C'est vers la fin d'avril 1244 que Thomas, alors dans sa vingtième année, prit l'habit dominicain à Naples et partit aussitôt avec le maître général de l'ordre, Jean le Teutonique, pour être dirigé sur Paris. Moins de quinze jours après, Thomas fut arrêté à Aquapendente, une localité au nord du lac de Bolsena, où se trouvaient alors la cour et les troupes de Frédéric II. Ce coup de main, opéré par quelques-uns des frères et parents du jeune d'Aquin, alors au service de l'Empereur, lui valut d'être ramené dans les terres de sa famille, au château de Monte San Giovanni, d'abord et pour quelques jours, puis à Roccasecca.

Thomas recouvra sa liberté à l'automne de 1245. Il se rendit à Paris, au couvent dominicain de Saint-Jacques, le grand centre scolaire de l'ordre, et devint l'étudiant d'Albert le Grand, alors professeur à la faculté de théologie de l'université.

Pendant l'été de 1248, saint Thomas quitta Paris avec Maître Albert, qui allait prendre la direction du nouveau *Studium generale* établi par l'ordre au couvent de Cologne. Il y resta jusqu'aux vacances d'été de 1252, où il vint de nouveau à Paris pour s'y préparer à la maîtrise en théologie.

Après avoir parcouru la carrière de bachelier biblique (1252-1254) et celle de bachelier sententiaire (1254-1256), Thomas reçut la licence au début de 1256 et accomplit, peu après, les exercices qui lui donnaient le titre et les droits de maître.

Au mois de septembre 1256, Thomas d'Aquin commença, comme maître, son enseignement théologique dans l'une des deux écoles des Prêcheurs incorporées à l'université de Paris. Cet enseignement remplit trois années scolaires intégrales et prit fin aux vacances d'été

(29 juin) de 1259. C'est à ce moment et non en 1261, comme on l'écrit universellement, qu'il rentra en Italie.

Thomas enseigna durant les deux années scolaires 1259-1261 à Anagni, où se trouvait la curie pontificale, à la fin du règne d'Alexandre IV. Pendant les années scolaires 1261-1265, il professe à Orvieto, où réside Urbain IV. Thomas abandonne ensuite la curie pendant les deux années 1265-1267 et donne son enseignement à Rome, au couvent de Sainte-Sabine. Sur le désir de Clément IV, il est rappelé à la curie et réside à Viterbe, de l'automne 1267 au mois de novembre 1268, où il est envoyé, à l'improviste, enseigner une seconde fois à l'université de Paris.

Thomas arrive dans la capitale de la France, au mois de janvier 1269, et reprend aussitôt ses leçons. Ces années parisiennes sont remplies par les grandes luttes doctrinales et une activité littéraire invraisemblable. Après Pâques de 1272, Thomas d'Aquin rentre en Italie.

Il assiste au chapitre général de l'ordre, tenu à Florence pendant la semaine de la Pentecôte, puis se rend auprès de son beau-frère, Roger dell'Aquila, comte de Tractto, qu'il assiste à ses derniers moments (2 août). Institué exécuteur testamentaire de Roger, Thomas expédie cette affaire et rentre en octobre à Naples. Il reprend son enseignement universitaire jusqu'à la fin de l'année suivante et se met en route, en janvier 1274, pour le second concile général de Lyon, où Grégoire X l'a personnellement convoqué.

Abattu par la maladie, Thomas d'Aquin s'arrête à l'abbaye cistercienne de Fossanova et y meurt le 7 mars 1274.

Thomas d'Aquin a été canonisé le 18 juillet 1323 par Jean XXII ; proclamé docteur de l'Église, le 11 avril 1567, par saint Pie V et déclaré patron universel des écoles catholiques, le 4 août 1880, par Léon XIII.

C. — ÉCRITS AUTHENTIQUES

Nous donnons ici la liste des écrits authentiques telle qu'elle résulte de la critique établie dans notre étude *Des Écrits authentiques de saint Thomas d'Aquin*[1]. Le Dr M. Grabmann a discuté dans un long travail notre position et ne l'a pas acceptée pour ce qui est de l'exclusion que nous avons donnée aux apocryphes dont il retient onze parmi ceux que nous avons rejetés[2]. Je ne crois pas fondées les vues de Grabmann, ni la sélection qu'il a faite. Pour moi les onze écrits retenus comme authentiques par cet auteur sont indubitablement apocryphes et

---

1. Seconde édition, Fribourg (Suisse), Imprimerie de l'Œuvre de Saint-Paul, 1910. Elle est aussi en vente à la Librairie de la Revue des Jeunes, 3, rue de Luynes, Paris (VIIe).

2. *Die echten Schriften der hl. Thomas von Aquin* Cahiers 1-2 du vol. XXII *Beiträge zur Geschichte der Philosophie des Mittelalters* hrgb, v, Cl. Baeumker, Münster i. W. 1920.

j'aurai l'occasion de faire à mon tour la critique de son procédé et des résultats qui sont censés en découler.

Je laisse à la liste des écrits authentiques, que l'on trouvera ici, la numérotation qu'elle porte dans le Tableau général que j'ai dressé en traitant *Des écrits authentiques* (p. 104), afin de ne pas introduire un élément de confusion. J'omets la liste des apocryphes qui suit la précédente dans l'endroit signalé et où pourront se reporter les personnes qui auraient intérêt à connaître ce sujet. J'ajouterai à la liste des authentiques quelques pièces dont je n'ai pas voulu traiter parce qu'elles ne paraissaient pas dans les catalogues, ou parce qu'elles n'ont été connues qu'après ma publication. Je donnerai ensuite quelques informations sur les écrits disparus.

Dans la liste des écrits authentiques, chaque article sera suivi d'un ou plusieurs chiffres indiquant l'année exacte, ou approximative, de la composition de l'écrit. J'ai déjà fourni ces indications dans la *Chronologie sommaire de la vie et des écrits de saint Thomas* [1]. La donnée chronologique sera accompagnée de *l'incipit* de chaque ouvrage. Finalement nous indiquerons le volume et la page initiale de l'écrit dans les éditions le plus généralement consultées. Le premier chiffre, bien qu'en caractères arabes, sera celui du volume. Voici les sigles relatifs à chaque édition : R = Édition Romaine de 1570-71, dite de saint Pie V ; (dans l'édition piana chaque ouvrage ayant une numérotation spéciale nous n'indiquons que le tome, sauf pour les questions disputées, les questions quodlibétiques et les opuscules ; le second chiffre indique alors le folio.) P = Parme, 1852-72 ; V = Paris, éd. Fretté, 1882-89, chez Vivès ; R² = édition Léonienne, en cours de publication, Rome, 1882 et suiv.

I. — PHILOSOPHIE

a). — *Commentaires sur Aristote.*

1. In Periermeniam (1269-1271) : Dilecto sibi praeposito lovaniensi... Diligentiae tuae. R, 1 ; P, 18, 1 ; V, 22, 1 ; R², 1, 5.

2. In Posteriores analyticorum (vers 1268 ou après) : Omnis doctrina et omnis disciplina... Sicut dicit Philosophus. R, 1 ; P, 18, 84 ; V, 22, 103 ; R², 1, 137.

3. In VIII libros Physicorum (vers 1265) : Quoniam quidem intelligere... Quia liber Physicorum. R, 2 ; P, 18, 226 ; V, 22, 292 ; R², 2, 3.

4. In III primos libros de Caelo et Mundo (1272-73) : Sicut Philosophus dicit in I Phys. tunc opinamur. R, 2 ; P, 19, 1 ; V, 23, 1 ; R², 3, 1.

5. In II libros de Generatione et Corruptione (1272-73) : Sicut

---

1. *Revue des Sciences Philosophiques et Théologiques*, 1920, p. 142-152.

tradit Philosophus in III de Anima. R, 2 ; P, 19, 208 ; V, 23, 267 ; R ², 3, 261.

6. In IV libros Meteororum (1269-71) : De primis quidem igitur causis... Sicut in rebus naturalibus. R, 3 ; P, 19, 300 ; V, 23, 387 ; R ², 3, 325.

7. In I librum de Anima (vers 1266) : Bonorum et honorabilium noticiam... Sicut docet Philosophus. R, 3 ; P, 20, 1 ; V, 24, 1.

8. In II et III libros de Anima (vers 1266) : Quae igitur a prioribus... Postquam Aristoteles posuit. R, 3 ; P, 20, 40 ; V, 24, 55.

9. In librum de Sensu et Sensato (vers 1266) : Quoniam autem de Anima... Sicut Philosophus dicit. R, 3 ; P, 20, 145 ; V, 24, 197.

10. In librum de Memoria et Reminiscentia (vers 1266) : De memoria autem et memorari... Sicut Philosophus dicit. R, 3 ; P, 20, 197 ; V, 24, 269.

11. In XII libros Metaphysicorum (vers 1265) : Sicut docet Philosophus in Politicis suis. R, 4 ; P, 20, 245 ; V, 24, 233.

12. In X libros Ethicorum ad Nicom. (vers 1266) : Omnis ars et omnis doctrina... Sicut dicit Philosophus. R, 5 ; P, 21, 1 ; V, 25, 231.

13. In IV primos libros Politicorum (vers 1268) : Sicut Philosophus docet in II Phys. R, 5 ; P, 21, 364 ; V, 26, 89.

b). — *Œuvres diverses*

14. De occultis operationibus naturae (1269-72) : Quoniam in quibusdam naturalibus corporibus, R, 17, 213 ; P, 16, 355 ; V, 27, 504.

15. De principiis naturae (1255) : Nota quod quoddam potest esse. R, 17, 207 ; P, 16, 338 ; V, 27, 480.

16. De mixtione elementorum (1273) : Dubium apud multos esse solet. R, 17, 212 ; P, 16, 353 ; V, 27, 502.

17. De Æternitate mundi (1270) : Supposito secundum fidem catholicam. R, 17, 202 ; P, 16, 318 ; V, 27, 450.

18. De motu cordis (1273) : Quia omne quod movetur necesse est. R, 17, 214 ; P, 16, 358 ; V, 27, 508.

19. De unitate intellectus (1270) : Sicut omnes homines naturaliter scire. R, 17, 97 ; P, 16, 208 ; V, 27, 311.

20. De substantiis separatis, sive de natura Angelorum (1272-73) : Quia sacris angelorum solemniis. R, 17, 86 ; P, 16, 183 ; V, 27, 273.

21. De ente et essentia (1256) : Quia parvus error in principio. R, 4 ; P, 16, 330 ; V, 27, 468.

22. In librum Boetii de Hebdomadibus (vers 1257-58) : Praecurre prior... Habet hoc privilegium. R, 17, 111 ; P, 17, 339 ; V, 28, 467.

23. In librum de Causis (1269-73) : Omnis causa primaria... Sicut Philosophus dicit. R, 4, ; P, 21, 717 ; V, 26, 514.

24. De Rege et regno, sive de regimine Principum (1265-66) : Cogitanti mihi quid offerem. R, 17, 160 ; P, 16, 225 ; 27, 336.

25. De regimine Judaeorum (1269-1272):Excellentiae vestrae recepi litteras. R, 17, 192 ; P, 16, 292 ; V, 27, 413.

II. — ÉCRITURE SAINTE

a). — Ancien Testament

26. In Iob (vers 1261-64) : Sicut in rebus quae naturaliter generantur. R, 13 ; P, 14, 1 ; V, 18, 1.

27. In IV primos nocturnos Psalterii (1270-72) : In omni opere suo... Verba luce dicuntur. R, 13 ; P, 14, 148 ; V, 18, 228.

28. In Cantica Canticorum (1264-69) : Sonet vox tua... In principio cuiuslibet libri. R, 13. P, 14, 387 ; V, 18, 608.

29. In Isaïam (vers 1259-61) : Scribe visum... Ex verbis istis tria possunt. R, 13 ; P, 14, 427 ; V, 18, 668.

30. In Ieremiam (1264-69) : Hic est fratrum amator... Verba ista sunt Oniae. R, 13 ; P, 14, 577 ; V, 19, 66.

31. In Threnos (1264-69) : Ecce manus missa... Ex verbis istis quatuor. R, 13 ; P, 14, 668 ; V, 19, 201.

b) — Nouveau Testament.

Glossa (Catena) super IV Evangelia.

32. Super Matthaeum (1261-62) : Sanctissimo ac Reverendissimo Patri Domino Urbano. R, 15 ; P, 11, 1 ; V, 16, 1.

33. Super Marcum (1265) : Reverendo in Christo Patri Domino Hannibaldo. R, 15 ; P, 11, 335 ; V, 16, 499.

34. Super Lucam (1266) : Induam caelos tenebris... Glossa. Inter cetera. R, 15 ; P, 12, 1 ; V, 17, 1.

35. Super Iohannem (1267) : Vidi dominum sedentem... Divinae visionis. R, 15 ; P, 12, 257 ; V, 17, 381.

Expositio super IV Evangelia

36. Super Matthaeum (1256-59) : Matthaeum ex Judaea... Evangelio Matthaei Hieronymus. R, 14 ; P, 10, 1 ; V, 19, 226.

37. Super Marcum (1259-68).

38. Super Lucam (1259-68).

39. Super Iohannem (1259-68).

40. Lectura super Matthaeum (1271-72).

41. Lectura super Iohannem (1269-71) : Vidi dominum sedentem... Verba proposita verba sunt. R, 14 ; P, 10, 279 ; V, 19, 669.

42. In omnes epistolas Pauli.

a) Ad Romanos. Prima ad Corinthios usque ad finem capituli X (1272-73).

b.) A capitulo XI primae ad Corinthios usque ad finem Pauli (1259-65). R, 16 ; P, 13, 1 ; V, 20, 377.

III. — THÉOLOGIE

a). — Théologie générale

43. In IV libros Sententiarum (1254-1256) : Ego sapientia effudi flumina... Inter multas sententias. R, 6 et 7 ; P, 6 et 7 ; V, 7-11.

44. In I libro (secunda vice) Sententiarum (1265)

45. Summa theologica. 1267-1273.
     Iᵃ Pars 1267-1268 R, 10 ; P, 1, 1 ; V, 1, 1.
     Iᵃ IIᵃᵉ 1269-1270 R, 11 ; P, 2, 1 ; V, 2, 75.
     IIᵃ IIᵃᵉ 1271-1272 R, 11 ; P, 3, 1 ; V, 3, 71.
     IIIᵃ Pars 1272-1273 R, 12 ; P, 4, 1 ; V, 4, 565.

46. Compendium Theologiae (= De fide et spe) (1271-1273) : Æterni Patris verbum sua immensitate. R, 17, 9 ; P, 16, 1 ; V, 27, 1.

b). — Dogmatique

47. De articulis fidei et sacramentis (1261-1268) : Postulavit a me vestra dilectio ut de articulis R, 17, 61 ; P, 16, 115 ; V, 27, 171.

48. In Dionysium De divinis nominibus (1261) : Ad intellectum librorum beati Dionysii R, 10 ; P, 15, 259 ; V, 29, 374.

49. In Boetium De Trinitate (1257–58) : Ab initio nativitatis investigabo... Naturales humanae R, 17, 114 ; P, 17, 349 ; V, 28, 468.

50. De fide et spe (= Compendium theologiae, nᵒ 46).

c). — Morale

51. De judiciis astrorum (1269-72) : Quia petisti ut tibi scriberem an liceret judiciis astrorum uti. R, 17, 202 ; P, 16, 317 ; V, 27, 449.

52. De sortibus (1269-72) : Postulavit a me vestra dilectio ut quid de sortibus. R, 17, 199 ; P, 16, 310 ; V, 27, 439.

53. De forma absolutionis (1269-72) : Perlecto libello a vobis exhibito. R, 17, 193 ; P, 16, 295 ; V, 27, 417.

54. De emptione et venditione (1263) : Carissimo in Christo fratri Jacobo Viterbiensi, lectori Florentino. R, 17, 110 ; P, 17, 337 ; V, 28, 465.

55. Quaestiones disputatae (1256-1272) :
a) De Veritate (1256-1259) : Quaestio est de veritate. R, 8, 289 P, 9, 1 ; V, 14, 315.

b) De Potentia (1259-1263) : Quaestio est de potentia Dei. R, 8, 1 ; P, 8, 1 ; V, 13, 1.

c) De Malo (1263-1268) : Quaestio est de malo. R, 8, 99 ; P, 8, 219 ; V, 13, 320.

d) De unione Verbi incarnati (sept.-nov. 1268) : Quaestio est de unione Verbi incarnati. R, 8, 239 ; P, 8, 533 ; V, 14, 161.

e) De spiritualibus creaturis (janv.-juin 1269) : Quaestio est de spiritualibus creaturis. R, 8, 190 ; P, 8, 425 ; V, 14, 1.

f) De Anima (1269-1270) : Quaestio est de anima. R, 8, 207 ; P, 8, 465 ; V, 14, 61.

g) De Virtutibus (1270-1272) : Quaestio est de virtutibus in communi. R, 8, 244 ; P, 8, 545 ; V, 14, 178.

56. Quodlibeta.

a) I-VI (1269-1272) : Quaesitum est de Deo, angelo et homine. R, 8, 1 ; P, 9, 459 ; V, 15, 357.

b) VII-XII (c. 1264-1268) : Quaesitum est de tribus. Primo quaedam pertinentia ad substantias spirituales. R, 8, 43 ; P, 9, 552 ; V, 15, 497.

57. Declaratio XXXVI quaestionum ad lectorem Venetum (1271) : Lectis vestris litteris in eis inveni. R, 17, 81 ; P, 16, 169 ; V, 27 256.

58. Declaratio XLIII quaestionum ad Magistrum Ordinis (1271) : Reverendo in Christo Patri Fratri Johanni, Mag. Ord. Fratr. Praed. R, 17, 79 ; P, 16, 163 ; V, 27, 248.

59. Declaratio CVIII quaestionum ad Magistrum Ordinis (1265-66) : Primo considerandum est quod ratio cujuslibet. R, 17, 76 ; P, 16, 152 ; V, 27, 230.

60. Articuli iterum remissi (1271) : Tertius articulus est quod angeli movent caelestia. V, 32, 832.

61. Declaratio VI quaestionum ad lectorem Bisuntinum (1271) : Carissimo sibi in Christo fratri Gerardo Bisuntino. R, 17, 83 ; P, 16, 175 ; V, 27, 264.

62. Responsio ad Bernardum abbatem (Janv. 1274) : Reverendo in Christo patri domino Bernardo. V, 32, 834.

IV. — APOLOGÉTIQUE

63. Summa contra gentes (1258-60) : Veritatem meditabitur guttur meum... Multitudinis usus. R, 9 ; P, 5, 1 ; V, 12, 1 ; R², 13, 3.

64. De rationibus fidei (1261-68) : Beatus Petrus apostolus qui promissionem. P, 16, 88 ; V, 27, 128.

65. Contra errores Græcorum (1263) : Libellum ab Excellentia vestra mihi exhibitum. R, 17, 1 ; P, 15, 239 ; V, 29, 344.

66. Contra impugnantes Dei cultum (1257) : Ecce inimici tui sonue-
runt... Omnipotens Deus amator hominum. R, 17, 127 ; P, 15, 1 ;
V, 29, 1.

67. De perfectione vitae spiritualis (1269) : Quoniam quidam perfec-
tionis ignari. R, 17, 114 ; P, 15, 76 ; V, 29, 117.

68. Contra retrahentes a religionis ingressu (1270) : Christianae
religionis propositum. R, 17, 104 : P, 15, 103 ; V, 29, 157.

V. — Droit canon

69. In I^{am} Decretalem (1259-68) : Firmiter credimus... Salvator
noster. R, 17, 195 ; P, 16, 300 ; V, 27, 424.

70. In II^{am} Decretalem (1259-68) : Damnamus ergo et reprobamus. .
Exposita forma catholicae fidei. R, 17, 198 ; P, 16, 307 ; V, 27, 434.

VI. — Parénétique

71. Collationes dominicales, festivae et quadragesimales (1254-1264) ?
Dies autem appropinquavit... Potest intelligi hoc verbum. R, 16 ;
P, 15, 126 ; V, 29, 191 et 285.

72. Collationes de Pater Noster (Carême 1273) : Pater noster qui
es in caelis. Inter alias orationes. R, 17, 71 ; P, 16, 123 ; V, 27, 183.

73. Collationes de Credo in Deum (Carême 1273) : Credo in unum
Deum. Primum quod est necessarium christiano. R, 17, 64 ; P, 16, 135 ;
V, 27, 203.

74. Collationes de decem praeceptis (Carême 1273) : Tria sunt
homini necessaria ad salutem. R, 17, 53 ; P, 16, 97 ; V, 27, 144.

74bis Collationes de Ave Maria (Carême 1273) : Ave Maria gratia
plena... Ista salutatio triplicem partem. R, 17, 75 ; P, 16, 133 ; V,
27, 199.

VII. — Liturgie

75. Officium Corporis Christi (1264) : Sacerdos in aeternum Christus
Dominus. R, 17, 40 ; P, 15, 233 ; V, 29, 335.

En dehors de ces écrits, indubitablement authentiques, un certain
nombre d'autres, de moindre étendue et d'importance doctrinale
secondaire, que les catalogues n'ont pas enregistrés, ont cependant
droit de prendre place à la suite des précédents. Nous énumérons
les principaux.

Deux *Principia*, ou discours d'ouverture de cours, ont été publiés
par le Dr Salvatore [1]. L'un est la première leçon de saint Thomas

---

1. *Due sermoni inediti di S. Tommaso d'Aquino*, Roma, 1912.

comme bachelier biblique (entre le 14 sept. et le 9 oct. 1252) : *Hic est liber mandatorum Dei... Secundum Augustinum, in IV. De doctrina christiana* ; l'autre est le discours tenu pour sa réception à la maitrise en théologie (mars-avril, 1256) : *Rigans montes... Rex caelorum et Dominus.*

On possède aussi la reportation d'une question disputée : *De natura beatitudinis* (Rome, 1266) : *Primo. Beatitudo est summum bonum.* Je l'ai éditée dans la *Revue Thomiste* (1918).

Un assez grand nombre de sermons reportés par des auditeurs de saint Thomas et plus ou moins résumés se rencontrent dans les recueils manuscrits de sermons du XIIIᵉ et du XIVᵉ siècle. Ils sont à l'état sporadique et ne forment pas collection. Les uns ont été édités et les autres sont inédits. Il n'y a pas lieu d'ordinaire de douter de leur authenticité. A signaler spécialement celui prononcé devant le Sacré-Collège pour l'institucion de la fête du Saint-Sacrement (1264), parce qu'il a dû être écrit par saint Thomas lui-même.

Les *Piae preces*, ou collection de diverses prières attribuées au Docteur angélique, ainsi que la lettre au frère Jean : *De modo studendi*, se présentent dans des conditions d'authenticité très acceptables.

L'*Adoro te devote* (on doit lire : *Oro te devote*) me paraît indubitablement authentique.

Quelques écrits de saint Thomas ont disparu. Nous en donnons ici l'énumération.

Un second Commentaire sur le premier livre des Sentences, composé en 1265-66, a été probablement supprimé par son auteur, quand il a entrepris la composition de la Somme théologique (*Des écrits auth.*, p. 144-46).

En dehors de ses deux commentaires connus sur les Évangiles de Matthieu et Jean, Thomas en a encore composé d'autres sur chacun des quatre Évangiles. Celui sur saint Matthieu finissait avec le chapitre quinzième. Ces quatre commentaires sont restés inédits et inconnus. (l. c., p. 143-44).

Les *Collationes quadragesimales*, que nous avons placées par erreur parmi les apocryphes dans notre Tableau général (nᵒ 146) sont authentiques. Elles sont restées inédites et on n'en a pas signalé de ms.

Enfin, le Commentaire sur le Cantique des Cantiques qui commence par ces mots : *Sonet vox tua... In principio cuiuslibet libri*, le seul qui pourrait être authentique parmi les deux Commentaires édités dans les œuvres complètes, n'est peut-être pas de saint Thomas, mais de Gilles de Rome, ainsi qu'il paraît résulter de l'étude de Vrede [1].

---

1. W. Vrede. *Die beiden dem hl. Thomas von Aquin zugeschriebenen Kommentare zum Hohen Liede*, Berlin, 1903.

Dans ce cas, le commentaire authentique que signalent les catalogues serait encore inconnu.

D. — ÉCRITS INACHEVÉS

Saint Thomas est mort à l'âge de quarante-neuf ans, alors qu'il menait de front la composition de nombreux ouvrages. Une douzaine d'écrits sont restés inachevés, la plupart, mais non tous, à cause de sa fin prématurée. Pour un certain nombre d'entre eux le problème est ouvert touchant la détermination de l'endroit où l'auteur s'est arrêté. On a tenté de répondre au moyen des manuscrits et des catalogues, mais encore insuffisamment.

Les critiques qui s'occupent de cette question me semblent n'apercevoir qu'imparfaitement les données du problème. Saint Thomas, mettant de côté tout amour-propre d'auteur, a laissé prendre copie, pour l'usage personnel de quelque ami ou de ses étudiants, de plusieurs de ses grands écrits, au cours de leur composition, c'est-à-dire avant leur achèvement et même avant qu'il eût mis la dernière main à la rédaction de la partie transcrite[1] . Cela s'est produit, semble-t-il, plus spécialement à l'occasion de ses grands déplacements, en particulier, quand il a quitté Paris pour se rendre en Italie ; une première fois, pendant l'été de 1259 [2] et, une seconde fois, après les Pâques de 1272. De ces écrits, dont quelques copies partielles avaient été tirées, les uns ont été ensuite achevés et les autres simplement continués par leur auteur. De là la divergence des points d'arrêt du texte pour quelques-uns de ces ouvrages dans la tradition manuscrite ; de là aussi la difficulté de ramener les variantes des mss. à un texte primitif unique, ainsi que l'ont reconnu, avec un remarquable discernement les éditeurs romains actuels de saint Thomas.

Le fait donc qu'on rencontre dans certains mss. un ouvrage inachevé, même avec l'indication que Thomas n'est pas allé plus loin, n'a pas une valeur absolue. L'endroit ainsi signalé peut ne correspondre qu'à un premier arrêt, dû à une copie prématurée de l'ouvrage en cours de composition, lequel a pu ensuite être poussé plus avant et même être achevé. C'est le cas, me semble-t-il, du Commentaire sur les Psaumes et du Commentaire sur le *De generatione et corruptione*. Seul un dépouillement complet des mss., surtout en Italie et plus spécialement dans l'Italie centrale et méridionale, pourra fournir une norme définitive sur ce sujet. Thomas ayant achevé sa carrière scolaire à Naples, c'est là que son héritage littéraire a été conservé dans son état final.

---

1. Cette suggestion a été présentée par Mgr Pelzer (*Revue Néo-scolastique*, XXII 1920), p. 220. Elle n'est pas douteuse à mon avis.

2. C'est ainsi que ce que les éditeurs de la *Somme contre les Gentils* (Rome, 1918), appellent la tradition manuscrite p A, laquelle va jusqu'à la fin du chapitre 45 du troisième livre, doit représenter la partie composée à Paris avant le départ d'été de 1259.

Voici, en attendant, l'état présent de la question. On observera que ce sont surtout des commentaires sur Aristote qui sont demeurés inachevés.

Les deux questions disputées *De unione Verbi incarnati* et *De virtutibus* pourraient, d'une certaine façon, être dites incomplètes. Ces écrits ont été interrompus par deux déplacements de saint Thomas, au cours de deux années scolaires. Sans ces interruptions insolites la suite de ces disputes aurait été poussée plus avant. Mais elle ne l'a pas été et nous possédons les deux séries dans leur état primitif.

Le commentaire sur la *Métaphysique* s'arrête à la fin du XIIe livre (le XIe du grec) et ne s'étend pas, dans le texte vulgarisé, aux deux derniers livres (XIII et XIV) de la traduction latine (XII et XIII du grec), qui n'existait pas encore en 1269. Cependant, si le texte actuel de la Métaphysique doit faire autorité, saint Thomas a connu et utilisé, avant sa mort, la traduction latine des deux derniers livres, ainsi qu'il paraît par deux passages de la leçon VIII du IIIe livre et de la leçon V du XIIe. Ce sont là assurément des additions faites après coup. Dès lors qu'il en avait le moyen, saint Thomas n'a-t-il pas songé à commenter les deux derniers livres? L'a-t-il fait? On ne saurait présentement répondre.

Le commentaire sur les *Psaumes* s'étend, dans le texte reçu, aux 51 premiers psaumes. Dans le ms. XXV des Archives royales de Naples, il va jusqu'au 54e inclusivement. Cette suite du commentaire, retrouvée par Uccelli, a été aussi éditée par lui. La note finale est très significative. Thomas avait continué son commentaire après qu'une copie de la partie relative aux 51 premiers psaumes avait déjà été prise, très vraisemblablement lors de son départ de Paris en 1272 (*Écrits authentiques*, p. 41).

Le commentaire sur le *De Generatione et Corruptione* a été considéré comme achevé et authentique jusqu'à sa nouvelle publication dans l'édition léonienne (1886). Les nouveaux éditeurs admettent seulement l'authenticité jusqu'à la fin de la leçon 17 du Ier livre (t. III, p. XIX, III). Leurs raisons paraissent fortes. Je crois néanmoins tout le commentaire authentique. Les 17 premières leçons ont dû être écrites avant le départ de Paris en 1272 et le reste à Naples.

Le *De Regno*, appelé après coup, *De regimine Principum*, est considéré comme inachevé, parce qu'il a été continué par Ptolémée de Lucques. La partie authentique est censée s'achever à la fin du chapitre IV du second livre. Il reste à vérifier sur les mss. si le traité primitif n'était pas complet et si le continuateur n'en a pas modifié l'économie générale pour le faire concorder avec son œuvre personnelle.

D'après les données de certains mss., mais peut-être pas toujours définitives, les Commentaires suivants sur Aristote sont inachevés et arrêtés aux points indiqués.

Le *Periermenias* finit avec la leçon 3me du IIe livre.

Le *De Caelo et Mundo* finit avec la 8me leçon du IIIe livre.

Les *Méthéores* finissent avec la 10me leçon du IIe livre.

Les *Politiques* finissent avec la 6me leçon du IIIe livre.

Le Commentaire sur le *De Trinitate* de Boèce s'achève sur ces mots : *hoc est propter eminentiam illius finis.* Cet écrit est resté inachevé par la volonté de son auteur et est antérieur à son départ de Paris en 1259.

Le *Compendium theologiae* est, semble-t-il, antérieur au commencement de la Somme théologique, (1261-1266). Il finit : *Secundo, ostenditur hoc esse possibile ex evidenti exemplo.*

Il n'y a pas de difficulté sur l'arrêt final de la *Somme Théologique.* Le supplément, ainsi que je l'ai démontré, est l'œuvre de Raynald de Piperno, le compagnon du saint Docteur et son successeur dans l'enseignement à Naples (*Écrits authentiques*, p. 153, n. 126).

Le Saulchoir, 20 avril 1921.   P. MANDONNET

BIBLIOGRAPHIE

1. CHEVALIER (U.). *Thomas (St) d'Aquin. Répertoire des sources historiques du moyen âge, Bio-Bibliographie.* Paris, A. Picard, 1905-7, coll. 4471-4493.

2. VIEL (A.). *Mouvement thomiste au dix-neuvième siècle, aperçu d'après ses historiens.* R. Thom., XVII, (1909). p. 733-746 ; XVIII, (1910), p. 95-108. Voyez nos 2011-2014.

I. — HISTOIRE DE SAINT THOMAS

A. — SOURCES HISTORIQUES

3. PTOLEMAEUS LUCENSIS, O.P. Notice biographique sur St Thomas dans son *Historia Ecclesiastica, liber XXII, cap. XX-XXV, XXXIX; liber XXIII, cap VIII-XV,* dans MURATORI, *Rerum Italicarum Scriptores.* Mediolani, T. XI, (1727), col. 1151-1173.

4. GUILLELMUS DE TOCCO, O.P. *Historia Beati Thomae de Aquino, Ordinis Fratrum Praedicatorum,* éditée dans *Acta Sanct.,* T. I martii, p. 657-686. Nouvelle édition par D. PRÜMMER O. P. dans *Fontes Vitae S. Thomae Aquinatis.* Tolosae, Ed. Privat (1912 et seq.) p. 57-152. (en cours de publication, en supplément de la R. Thom.)

5. *Processus inquisitionis factae super vita, conversatione et miraculis recol. memor. fr. Thomae de Aquino O. P. anno salutis 1319, Joannis XXII P. M. Pontificatus III, per Umbertum Archiepiscopum Neapolitanum et Angelum, Viterbiensem et Tuscanensem Episcopum, Inquisitores una cum D. Pandulfo de Sabello, D. Papae Notario, super hoc ab eodem Pontifice deputatos.* Acta Sanct. T. I martii, p. 636-715. Ce sont les actes du procès de Naples, en 1319. Un fragment manque dans l'édition des Bollandistes. Il a été édité 1º par BALUZE, *Vitae Paparum Avenionensium,* Parisiis, 1693. T. II, col. 7. et 2º par UCCELLI (P. A.). *Due documenti inediti per la vita di San Tommaso d'Aquino,* S F., anno XXXIII (1873), série III, vol. XXII, p. 19-34 et tirage à part, Napoli, 1873. In 8º, 28 pag.

Les actes du procès de Fossanova de 1321, qui ne contiennent que des dépositions de miracles, sont inédits. Les deux procès existent dans les mss 3112 et 3113 du fonds latin de la Bibliothèque Nationale de Paris.

6. BERNARDUS GUIDONIS O. P. *Legenda Sancti Thomae de Aquino.* La partie biographique (Ire partie) est éditée, moins cinq chapitres, dans BONINUS MOMBRITIUS, *Sanctuarium seu Vitae Sanctorum* (Milan 1480), T. II, au cahier de dix feuilles signé T. Réédition : *Novam hanc editionem curaverunt duo monachi solesmenses.* Parisiis, Fontemoing, 1910. T. II. p. 565-588 ; 743. Les Bollandistes ont donné les titres des chapitres de toute la légende et une partie des miracles qui sont omis dans Mombritius. Acta Sanct., T. I, Martii, p. 716-722.

7. ENDRES (J. A.). *Studien zur*

Biographie des hl. Thomas v. Aquin. (1° *Altestes biographisches Material über den hl. Thomas von Aquin.* 2° *Das Verhältnis von Wilhelm von Tocco und Bernardus Guidonis.* 3° *Die Thomas viten des Bernardus Guidonis.* 4° *Die Quellen des Bernardus Guidonis.* H J. 1903, p. 537-558.

8. PETRUS CALO, O. P. *Vita S. Thomae Aquinatis* dans D. PRÜMMER, *Fontes vitae S. Thomae Aquinatis.* Tolosae, Ed. Privat, [1911] In 8°, p. 17-55.

9. MANDONNET (P.) O. P. *Pierre Calo et la légende de Saint Thomas.* R. Thom., XX, (1912), p. 508-516.

10. PRÜMMER (D.) O. P. *Quelques observations au sujet de la légende de Saint Thomas par Pierre Calo.* R. Thom., XX (1912), p. 517-523. (R. Ben. XXVIII, (1911), p. 483 B. Defrenne O S B ; D L Z. XXXIII, (1912), col 1487-1501 = C. Baeumker.)

11. PELSTER (F.) S. J. *Die älte-* *ren Biographien des heil. Thomas von Aquino.* Z K T, XLII, (1920), p. 242-274, 366 397.

12. GERARDUS DE FRACHETO, O. P. *Vitae Fratrum Ordinis Praedicatorum,* ed. Reichert. Lovanii, 1896. p. 201, 215, 335.

13. THOMAS CANTIPRATANUS, O. P. *Bonum universale de Apibus,* ed. G. Colvenerius, Duaci, 1627, p. 81-83. (lib 1, cap. 10)

14. DENIFLE (H) O. P. CHATELAIN (E). *Chartularium Universitatis Parisiensis.* Parisiis, 1889 seq. t I, p. 307, 505, 626, 635; II, 273 ; III, 175.

15. CAPLET (A. M.). *Regesti Bernardi I abbatis casinensis fragmenta.* Roma, typ. Vaticana, 1880. In fol. CXXIII-280 pag.

16. DOUAIS (C.) *Essai sur l'organisation des Etudes dans l'ordre des frères prêcheurs.* Toulouse, 1884, p. 87-112.

B. — VIES

17. PISAMANO. *Vita di S. Tommaso d'Aquino.* Venezia, 1508.

18. ARETINO (Pietro). *La vita di San Tomaso d'Aquino signor d'Aquino, div. in III lib.* Venezia, [Giovanni di Farri], 1543. In-18, 126 f., portr.

19. ARETINO (Pietro). *La vita di Maria Vergine, di Catarina Sª, et di Tommaso d'Aquino b°.* Vinegia, 1552. In 4°, 5-106-76-70- 2f. Venezia, 1628 et 1642. In-12.

20. RAGIO (Paolo). *La vita dell' Angelico dottore S. Tommaso.* Napoli, 1580.

21. VAENIUS (Otho). *Vita D. Thomae Aquinatis.* Antverpiae, 1610. Gr. In 4°, tit. 2f-27 pl.; trad. flamande : Bruxellis, 1778. Pet. in fol., tit., 32 p., 30 pl.

22. FRIGERIO (P.) *Vita di S. Tomaso, nuovamente raccolta dal processo della sua canonizzazione, dalle opere del santo e da antichi manoscritti,* Roma, 1615 In 4° ; ibid. 1668, In 4°.

23. DUNANT (Domin.) *Histoire de la vie, mort et translation de l'Angélique docteur St Thomas d'Aquin.* Toulouse, 1628. In-12.

24. ETIRO (P.). *Vita di Tommaso d'Aquino, divisa in 3 libri.* Venezia, 1630. In 8°.

25. *La vie de St Thomas d'Aquin, docteur angélique de l'ordre des F. F. Prêcheurs.* Bruxelles, 1642. In 4°, 30 grav:

26. ALECIO (Adrian PÉREZ de) O. P. *El Angélico, vida de Santo Tomás de Aquino en quintillas.* Madrid, 1645.

27. ARRIAGA (G. de). *Vida de S. Thomás de Aquino doctor angélico de la Iglesia en vida y doctrina.* Madrid, 1648-1651, 2 vol in-fol.

28. *Vita di S. Tommaso d'Aquino.* Napoli, 1651. In 12 :... *detto il dottore angelico.* Asti, 1880. In-24, 31 pag.

29. BLANÈS (Vinc. de) O. P. *Vida del angelico doctor santo Thomás de Aquino.* Valentiae, Joa. de Bordazar, 1695. In-8°.

30. HOORDE (Gregorius van) O. P. *Leven van den heylighen én engelschen leeraer Thomas van Aquinen, religieus van het Orden der Predickheeren.* Te Ghendt, Augustinus Graert, 1718. In-18°, 192 pag.

31. BUCELLANI (Oct.). *Compendium vitae D. Thomae Aquinatis angelici ecclesiae doctoris.* Viennae, 1723. In 8°.

32. HOLZMANN (Joan. Bapt.). *Compendium vitae D. Thomae Aquinatis.* Viennae, 1723. In 8°.

33. GRANDA (Thomas de) O. P.
*El sol de la Verdád en su movimiento y
lúz. Vida y milicia angélica de el angélico quinto doctor de la Iglesia Sto Thomás de Aquino.* Salamanca, Imprenta
de la Santa Crúz, 1729. In-4°, XX ff.
prel, 375 pag et (22) ff.

34. TOURON (A.) *La vie de Saint
Thomas d'Aquin avec un exposé de sa
doctrine et de ses ouvrages.* Paris, 1737.
In-4°, XXIV-784 pag et 15 pag. ; ibid.,
1740. In-4° ; trad. espagn. par J. de
VELASCO, Madrid, 1792, 2 v. In-4° ;
trad. ital. [par B. M. de RUBEIS].
Vita di S. Tommaso d'Aquino. Venezia,
1735, 2 vol in-8° ; Prato, 1858, 2 v.
In-16° 279 pag et 319 pag. ; ibid. ,
1860, 2 vol. In-8°.

35. BRIZ (Juan) O. P. *Vida prodigiosa de Santo Tomás de Aquino.* Madrid, Fernandez Araujo, 1748. In-8°.

36. D[AUNOU]. *Histoire littéraire
de la France,* XIX, (1838), p. 238-66.

37. MARCHESE (V. F.) O. P. *Della
vita e delle opere di S. Tommaso d'Aquino,
dottore angélico.* Perugia. Bartelli,
1839. In-12, 76 pag.

38. FEIGERLÉ (I.). *Historia vitae
S. Thomae a Villanova, S. Thomae
Aquinatis, et S. Laurentii Justiniani.*
Viennae, 1839. In-8°.

39. MAFFEI (G. P.). *Vita di S. Tommaso d'Aquino.* Roma, 1842. In-24° ;
Loreto, 1858. In-32° ; Torino, 1884.
24°, 48 pag..

40. BAREILLE (J. FR.). *Histoire
de Saint Thomas d'Aquin de l'ordre
des frères prêcheurs.* Paris 1846. In-8° ;
Louvain, C. J. Fonteyn, 1846. In-12°,
XL-314 pag. portr ; 2° édit. Paris,
Vivès, 1859. In-8° ; 4° edit. rev. et corr.
Paris, Vivès, 1862. In-8°, LV - 440 pag ;
trad. ital. par GROLLI (C.) *Storia di
S. Tommaso d'Aquino.* Milano, 1847÷50,
2 vol In-8°.

41. CARLE (P. J.) *Histoire de la
vie et des écrits de St Thomas d'Aquin.*
Paris, E. J. Bailly, 1846. In-fol, XXII-
528 pag. (n'a été tiré qu'à 200 exem-
plaires non mis dans le commerce).

42. HOERTEL (H.). *Thomas von
Aquino und seine Zeit nach Touron,
Delécluze und den Quellen bearbeitet.*
Augsburg, M. Rieger, 1846. In 8°, VI,
258 pag.

43. HAMPDEN (R. D.). *Life of
St Thomas Aquinas.* London, 1848.
In-18°.

44. GIBELLI (G.). *Vita di S. Tommaso d'Aquino.* Bologna, 1855. In-8° ;
2° ed. , ibid. , 1859. In-16°, 144 p. ; 4°
edit, ibid. , 1862. In-16°, 120 p. ; 6°
edit. , Monza, 1881. In-32°, 176 p. ;
trad. allem. de SCHMID (Frz). *Der
heil. Thomas von Aquin. Ein Lebens-
bild der studierenden Jugend gewidmet
mit einem Vorwort.* Einsiedeln, Wal-
dshut, Köln a R. , Benziger und C°,
1901. 78 pag. , ill.

45. METTENLEITER (D.) *Geschichte des hl. Thomas von Aquin.* Regensburg, 1856. In-8°.

46. *Vida del principe de las escuelas
y angélico doctor S. Thomás de Aquino,
confesor,* Vich, 1856. In-12°,32 pag.,fig.

47. WERNER (K.). *Der heilige Tho-
mas von Aquin.* Regensburg, G. Joseph
Manz, 1858-59, 3 vol In-8° ; vol. I :
*Leben und Schriften des hl. Thomas
Aquinas.* XVI-888 pag.

48. BARBEY D'AUREVILLY. *Saint
Thomas d'Aquin.* (Les Œuvres et les
Hommes) Paris, Amyot, 1862. In-12.

49. VAUGHAN (R. B.). *The life
and labours of S. Thomas of Aquin.*
London, 1872. 2 vol. Albany, 1874.
Abridged and ed. by D. Jérome
VAUGHAN, 2° edit. , New-York.
1891.

50. DIDIOT (J.). *Saint Thomas
d'Aquin.* Paris, 1874. In-8° ; 2° edit. :
Le docteur angélique St Thomas d'Aquin.
S. l. [Lille], Desclée, de Brouwer et Cⁱᵉ,
1894. In-8°, X, 314 pag. et grav.

51. CICOGNANI (M.). O. P. *Sulla
vita e sulle opere di S. Tommaso d'Aquino,
quinto dottore della chiesa, discorso.*
Venezia, 1874, In-8°, 105 pag.

52. *Thomas von Aquino.* H Z, XXX-
III, (1875), p. 342-59.

53. PIDAL Y MON. (A.). *Santo
Tomás de Aquino, su vida, historia
de sus reliquias, sus obras, su doctrina,
sus discipulos, sus impugnadores, el
siglo XIII, la Orden de Santo Domingo.* Madrid, 1875.

54. MARCHINI (I.). *Cenni storici
dell'angelico dottore S. Tommaso d'A-
quino.* Genova, 1875. In-24°, 34 pag.

55. IRNEH (Théophile). *Saint
Thomas d'Aquin. Hommage à Saint
Thomas docteur de la Sainte Eglise,
patron des universités catholiques .*
Lille, Desclée, [1880] In-4°, p. II-32.

56. DYSON (Th. Aug.) O. P.
*The life of the angelic doctor St Thomas
Aquinas of the orden of friar preachers.*
New-York, 1881. In-12°, 186 pag.

57. De GROOT (J. V.). O. P. *Het leven van den H. Thomas van Aquino, kerkleerer en patron der studien.* Utrecht, Van Rossum, 1882. In-8°, 446 pag ; 2° edit. , ibid. , [1907] In-8°, XX - 396 p. (H J., XXIX, (1908), p. 671. = J. P. ; Kat., CXXXIII, (1908), p. 59-63. - J. M. L. Keuller ; Onze Eeuw, VIII, (1908), p. 307-311 - J. S; R H E., IX, (1908), p. 216 G. Brom. ; Stud., LXIX, (1908), p. 526-527. - M.) trad. du néerlandais (2° édit.) par les PP. Vinc. VAN DEN PLAS ET Phil. GILLET, 1909 ; trad. franç. du chap. IX : De GROOT. *Un chapître de la vie de Saint Thomas.* R N S, XVI, (1909), p. 269-282.

58. CARNEVALI (Raffaele). *Vita di S. Tommaso d'Aquino dell' Ordine dei FF. Predicatori, dottore della Chiesa e Patrono delle scuole cattoliche.* Foligno, F. Campitelli, 1882. In-12, 540 p. ; 2° édit. , 1885.

59. *Life of St Thomas of Aquinas.* London, 1882. In-8°.

60 *S. Thomas, scholarum et academiarum angelus, doctor et patronus, praesertim ex documentis pontificiis.* Tulle, 1883. In-12°, 32 p.

61. SALZANO (T. M.) O. P. *Vie de St Thomas d'Aquin, docteur de l'Eglise* trad. de l'ital. par Ch. VALLÉE. Paris, œuvre de St Paul, 1883. In-12°, XI. - 182 p.

62. STRANIERO (T. M.). *Compendio della vita di S. Tommaso d'Aquino.* Venezia, Ancora, 1885. In-16°, 215 p.

63. WANGENMANN. *Thomas von Aquino.* Realencyclopädie für Protestantische Theologie und Kirche, 2 Aufl, XV, (1885), p. 570-94. (cf. 81).

64. BOYLESVE (M. de). *Saint Thomas, ou l'ange de l'école.* Paris, 1886.

65. JOYAU (CH. A.) O. P. *Saint Thomas d'Aquin Patron des Ecoles catholiques.* Poitiers, Oudin, 1886. In-18°, 353 p. ; 2° édit. Lyon, Vitte et Perrussel, 1887 In-8°, XX. 399 p.; Lyon, Vitte, 1895. In-8°, 454 p. et grav ; trad. allem. : *Leben des hl. Thomas von Aquin, Patron der Katholischen Schülen,* Paderborn, 1891. In-8°, 383 p. ; trad. holl. : *Leven van den H. Thomas von Aquine in her Nedeerandsch vertaald door* Van VENCKEN-RAY. Gent, 1889. In-8°, 358 p.

66. DESMOUSSEAUX DE GIVRÉ (Mᵐᵉ de). *Vie de St Thomas d'Aquin.* Paris, 1888. In-18°, XII et 295 p.

67. HAYS (Francis F. C.). *St Thomas Aquinas, a short sketch of his life and virtue.* London, Washbourne, 1889. In-32°, 84 p.

68. JANSEN (Jord.) O. P. *De H. Thomas van Aquino patroon der zuiverheid of de Engelachtige Strijd.* Leiden, J. W. van Leeuwen, 1890. In-12, 269 p.; trad. allem. : *Der heilige Thomas von Aquin Leben und Lehre des Heiligen.* Kevelaer, Butzon en Bercker, 1898. In-8°, 206 p. , portr.

69. BONETTI (Giov.). *Compendio della vita di S. Tommaso d'Aquino.* 2° edit. Torino, 1893. In-24°, 102 p.

70. BOITEL (Louis). *Saint Thomas d'Aquin de l'ordre de St Dominique, patron des Ecoles catholiques.* Lille, Desclée, 1895. In-32°, 32 p.

71. LAUERS (G. H.). *Thomas van Aquin.* Utrecht, 1896.

72. SCHAEPMANN (H. J. A. M.). *St Thomas van Aquino. Drie voorlezingen.* Utrecht, van Rossum, 1898. In-8°, 103 pag.

73. CAVANAGH (Pius) O. P. *Life of St Thomas Aquinas, the Angelic Doctor.* London, Burns and Oates, 1899. In-8°, VI-254 p.

74. STEFINI (A.). *San Tommaso.* Bergamo, 1900.

75. BÉRAL. *Saint Thomas d'Aquin (histoire, philosophie, théologie).* Paris, Croville Morant, 1903. In-8°, XXVII-37 pag. (Rédigé d'après les notes de Louis Antoine Boyer).

76. [CERVINI (Gaspare)]. *Vita e scrittura di S. Tommaso d'Aquino.* Milano, tip P. Confalonieri, 1903. In-fol. , 20 p ., et I fac - simile.

77. ENDRES (J. A.) *Thomas von Aquin. Die Zeit der Hochscholastik.* Weltgeschichte in Karakterbildern. Mainz, Kircheim, 1910. In-4°, IX-107 p. av. 64 grav. (A L B., XX, (1911), Col 618 = L Wizol ; B L E, III, (1911), p. 344 = F. C. ; A K K R, XC, (1910), p. 771-773 = Schmitz; Kath., VII, (1911), p. 229-230 = P. J. Mayer; H Z, CX, (1912), p. 336-338 = W. Gœtz ; R H E, XII (1911) p. 166-167 = Ch. van Merris ; J P S T, XXV, (1911), p. 499-503 = R. M. Schultes O. P. ; S M L, LXXXI, (1911), p. 208-209. ; T. Rev., X, (1911), col 54-55. = O. Willmann; T Q S, XCIII, (1911), p. 303-304 = W. Koch ; Z K G, XXXII, (1911), p. 479 = B. Schmeidler; English hist. Rev., XXVI, (1911), p. 415-416 = W. H. V. R. ; D L Z, XXXIII,

(1912), col 1497-1501 = C. Baeumker ; L R K D XXXVIII, (1912) c. 76-77 = M. Grabmann ; A B. XXXII, (1913), p. 476-477 = J. B. Paukens S. J.)

78. RINGS (M. M.). *Der Engel von Aquino. Erwägungen über das Beten und Arbeiten des hl. Thomas von Aquin, zunächst den Studierenden dargeboten.* Dülmen i. w, A. Laumann, [1911]. In-12, XVI-130 p., I portr. (A L B, XX, (1911), p. 744 = S. Reiske.)

79. CONWAY (P.) O. P. *Saint Thomas Aquinas, of the order of Preachers, 1225-1274, a biografical study of the Angelic doctor.* London, New-York, Longmans Green and C⁰, 1911. In-12, XII-120 pag et grav. (A C Q R., XXXVII, (1912), p. 747-748; I T Q, 1911, p. 384-385. = P. J. Toner.)

80. MAUSBACH (J.) *Thomas von Aquin.* Wetzer u. Weltes Kirchenlexicon., XI, col. 1626-1661. Freiburg i. Br. 1899.

81. SEEBERG (R.). *Thomas von Aquin.* Herzog Haucks Realencyclopädie für protest. Theologie und Kirche. 3 Aufl. Leipzig, XIX, (1907), p. 704-717. (cf. 63).

82. BAUMGARTNER (M.). *Thomas von Aquin.* Grosse Denker. Leipzig, 1911, I, p. 283-314.

83. KENNEDY (D. J.) O. P. *Thomas Aquinas.* The catholic Encyclopedia, T. XIV, (1912), pp. 663-76.

84. EUCKEN (R.). *Thomas von Aquino.* Die Lebensauschauungen der grossen Denker. Leipzig, 1912. pp. 248-254.

85. MANDONNET (P.) O. P. *Saint Thomas d'Aquin.* R J., 1919-1920.

86. MANDONNET (P.) O. P. *Chronologie sommaire de la vie et des écrits de Saint Thomas.* R S P T, IX, (1920), p. 142-152.

C. — ÉTUDES CRITIQUES SUR LA VIE DE SAINT THOMAS

87. QUÉTIF (J.). ÉCHARD (J.) O. P. *Scriptores Ordinis Praedicatorum.* Parisiis, I, 1719, In-fol. p. 271-354, 662.

88. RUBEIS (J. B. M. de) O. P. *De gestis et scriptis ac doctrina S. Thomae Aquinatis, dissertationes criticae et apologeticae.* Venetiis, J. B. Pasquali, 1750. In-fol, XVI-316 p. et dans *S. Thomae Aquinatis Opera,* ed. Leonina. Romae, In-fol., T. I, (1882), p. LV-CCCXLVI. (cf.366).

DENIFLE (H.) O P. CHATELAIN (E.) = 14.

89. MANDONNET (P.) O. P. *Siger de Brabant et l'averroïsme latin au XIII° siècle.* Fribourg, librairie de l'Université, 1899. In 4°, CCCXX et 127 pag. [Collectanea Friburgensia] ; 2° édit. : Louvain, Institut supérieur de philosophie de l'Université, 1911. 2 vol in-4°, XVI et 328 pag, XXX et 194 pag. [Les philosophes Belges.]

GRAUERT (H.) = 1861.

90. GRAUERT (H.). *Magister Heinrich der Poet in Würzburg und die römische Kurie.* München, J. Roth, 1912. In-4° 528 pag, et 2 pl. [Abhandl. Kön. Bayer. Akad. Wiss., Phil.-philo. hist. Klasse. XXXIII Bd. I u 2 Abh.]

91. GRAUERT (H.) *Magister Heinrich der Poët. Ein Hinweis mit Nachträgen zur Kulturgeschichte und Orga-*nisation der Kurie. H J., XXXIII, (1912), p. 936.

92. GRABMANN (M.). *Ist das « philosophische Universalgenie » bei Magister Heinrich dem Poeten, Thomas von Aquin ?.* H J., XXXVIII, (1917), p. 316-320.

93. GROSSI (E). *Aquinum. Ricerche di topografia e di storia.* Roma, Loescher, 1907. In-2°, 210 p., et pl. (Bibl. di geogr. storica III)

94. SCANDONE (F.) *D'Aquino di Capua.* Napoli, Detken et Rocholl, 1905 seq. In-fol., XXIX tableaux. et 5 p. d'illustrations ; *D'Aquino di Napoli.* Napoli, 1910, In-fol., IV tabl. et 2 illustr. (Litta, Famiglie celebri italiane, seconda serie.)

95. SCANDONE (F.) *Appunti biografici sui due rimatori della scuola siciliana : Rinaldo e Jacopo di casa « d'Aquino » (con appendice di 49 documenti quasi tutti inediti).* Napoli, F. Raimondi, [1897] In-4°, 45 pag.

96. SCANDONE (F.) *Il Gastaldo di Aquino dalla metà del secolo IX alla fine del X con documenti.* Napoli, Luigi Pierro, 1909. In-8°, 44 p. (Estr. dall' « Arch. Stor. nap. » anno XXXIII-XXXIV.)

97. SCANDONE (F.). *Ricerche novissime sulla scuola poetica siciliana*

del secolo XIII. Avelino, Gennaro Ferrara, 1900. In-8°, 28 p.

98. TORRACA (F.). *Studi su la lirica italiana nel duecento.* Bologna, 1902. In-8°, p. 185-203.

99. PRATILLUS (F. M.). *De familia et patria D. Thomae de Aquino in veritatis propugnaculum dissertatio,* dans PEREGRINUS. *Hist. princip. Langobard.* , II, (1750), p. 341-402.

100. ZAVARRONE (Sav. [Ant.]). *Lettera... sopra la dissertazione di D. Francesco Pratillo canonico di Capua « De Familia et Patria Divi Thomae de Aquino »* [Montalto, 1751] In-4°, XCIV p.

101. SANTUCCI (Giov.) *Sula vera patria di S. Tommaso d'Aquino,* [Napoli, tip della accademia reale delle scienze, 1878] In-8°, 75 pag.

102. *L'Atto di nascita di San Tommaso d'Aquino.* Ros., XVI, (1899), p. 678-681.

103. CHIMENTI (E.). *Belcastro patria di S. Tommaso d'Aquino.* Napoli, C. Taranto, 1900. In-8°, 31 pag.

104. SCANDONE (F.). *Documenti e congetture sulla famiglia e sulla patria di S. Tommaso d'Aquino.* Napoli, M. d'Auria, 1901. In-8°, 49 p. [extr. de R S L. , II] (A B, XXI (1902) p. 225.)

105. SCANDONE (F.). *Ancora nuovi documenti per S. Tommaso d'Aquino.* R S L. (1901) t. II, p. 267-279. Napoli, M. d'Auria, 1902. In-8°, 16 pag.

106. [SOLLINI (G.)]. *Sul luogo dove nacque S. Tommaso d'Aquino.* Fermo, Enrico Mucci, 1902. In-8°, 46 pag.

107. COZZA LUZI (G.). *Lettere calabresi : Fu calabrese S. Tommaso d'Aquino.* Riv. stor. calabrese, IX, 1901.

108. BONANNI (R.) *Aquino patria di San Tommaso.* Roma, Veratti, 1903. In-8°, 42 pag.

109. PELLEGRINI (P.) SCANDONE (F.). *Pro Roccasecca patria di S. Tommaso d'Aquino.* (réunit sous une même couverture les deux travaux suivants :).

110. PELLEGRINI (P.) *La vera patria di S. Tommaso d'Aquino. Studio storico critico sopra alcuni documenti che si dicono rinvenuti a Belcastro.* Napoli, M. d'Auria, 1903. In-8°, 38 p. (A B, XXIII, (1904), p. 394. = F. V [an] O [rtroy] S J.)

111. SCANDONE (F.). *Per la controversia sul luogo di nascita di S. Tommaso d'Aquino. Esame critico di alcune publicazioni recenti a pro' di Roccasecca (Caserta) e di Belcastro (Catanzaro) ; con l'aggiunta di nuovi documenti.* R S L, 1903 ; Napoli, M. d'Auria, 1903, In-8°, 73 p. (A B, XXIII (1904), p. 394 = V [an] O [rtroy]. S J.; Riv. scienze stor., II, (1904), p. 650 ; Riv. stor. ital., 3° série, V, (1906), p. 37-38   L. C. Bollea.)

112. MANDONNET (P.) O. P. *La date de naissance de St Thomas d'Aquin.* R. Thom. , XXII, (1914), p. 652-664 ; trad. italienne par G. BENELLI, O. P. *Sulla data della nascita di S. Tommaso d'Aquino.* Ros., 1915, p. 116-126.

113. [SERRY (H.) O. P.] *De monachatu Benedictino D. Thomae Aquinatis apud Casinenses, antequam ad Dominicanum Praedicatorum ordinem se transferret. Historica disquisitio.* Lugduni, fratres Bruysset, 1724. In-8°, IV et 88 pag. réédité dans JACOBI HYACINTHI SERRY *Opera Omnia.* Lugduni, T. VI (1770), p. 246-262.

114. [RUBEIS (Bern. De) O. P,] *De fabula monachatus Benedictini D. Thomae Aquinatis. Responsio ad « historicam disquisitionem de monachatu Benedictino D. Thomae Aquinatis apud Casinenses, antequam ad Dominicanum Praedicatorum Ordinem se transferret ».* Venetiis, Andrea Mercurii, 1724. In-12°, 95 p. ; editio auctior Venetiis, 1746. In-4°, réédité dans SERRY. *Opera Omnia.,* t. VI, p. 263-290.

115. VERA (C. M. de). *San Tommaso d'Aquino e la badia di Monte Cassino.* Monte Cassino, 1858. In-8°, 15 p.

116. ROEDER (F.). *Saint Thomas d'Aquin au mont Cassin.* Q E, 1911.

117. BAEUMKER (Cl.). *Petrus de Hibernia der Jugendlehrer des Thomas von Aquino und seine Disputation vor König Manfred.* Sitz. Bayer. Akad. d. Wiss. Phil. hist. Kl. 1920. München, 1920. In-8°, 52 pag.

118. GRABMANN (M.) *Thomas von Aquin und Petrus von Hibernia.* Ph. J. 1920 p. 347-62.

119. ENDRES (J. A.). *Studien zur Biographie des hl. Thomas v. Aquin.* (5 *Die Haft des hl. Thomas*). H J., XXIV, (1908) p. 774-784. (Rev. quest. histor. 1908 p. 675.)

120. WEDDINGEN (A. van). *Albert le Grand, le Maître de Saint Tho-*

mas d'Aquin, d'après son plus récent critique. Bruxelles (1881) In-8⁰ , 72 p. (extr. de la Revue Générale, à l'occasion de HERTLING, *Albertus Magnus*, 1880).

121. DELENGRE (M. J.). *Saint Thomas d'Aquin, un épisode de sa carrière universitaire à Paris*. Ann. dominicaines, 1904. Paris, Lethielleux, 1904. In-8⁰, 18 p.

122. MARINI (A.). *Santo Tommaso d'Aquino al convento di Santa Sabina.* Il divin Salvatore ; (S F. III série, XXII, (1873), p. 319-21.)

123. MOIRAGHI (P.). *S. Tommaso d'Aquino a Milano.* Racc. milan. di storia geografica ed arte, 1888.

124. CLEMENTE (Dom.) *Napoli e S. Tommaso d'Aquino, ovvero memorie storiche della vita e del culto dell' angelico dottore in questa città insino ai nostri giorni.* Napoli, tip. degli Accatoncelli, 1873, In-8⁰, 88 p.

125. *Saint Thomas d'Aquin à Naples,* 1272. A J P, XIX, (1880), p. 178.

126. *S. Tommaso d'Aquino, il convento e la Chiesa di S. Domenico Maggiore a Napoli.* C C., LXVIII (3 mars et 19 mai 1917).

127. COZZA-LUZI (G.). *Tommaso l'Aquinate a Bolsena ed Orvieto.* Roma, M. Armanni, 1891, In-8⁰, 25 p. ; 5ª ediz, Roma, tip sociale, 1897. In-8⁰, 26 pag.

128. UCCELLI (P. A.). *Il beato Gregorio X P.M. il concilio di Lione II e santo Tommaso d'Aquino con un esame critico delle varie opinioni intorno la morte del dottore angelico.* Il papato, VIII, (1877), 289-325. s.l. [1877.] In-8⁰ 66 p.

129. SANTA COLOMBA (Carlo), *Dissertazione istorico critica sulla morte di S. Tommaso d'Aquino.* Opusc. aut. Siciliani. XVIII. Palermo, 1777. pet. in-4⁰, p. 121-151.

130. UCCELLI (P. A.). *Delle differenti sentenze di alcuni cospicui autori intorno alla morte di S. Tommaso d'Aquino.* S F. , XXXIX, (1860), p. 209-27, 313-28. Napoli, 1860, In-8⁰.

131. LORENZO (A. M. de). *Memorie intorno agli ultimi due anni della vita di S. Tommaso d'Aquino.* Studi in Italia ; 2ª. ed. Torino, 1880. In-16⁰, 30 p. Réédité dans le même : *Secondo manipolo di monografie e memorie Reggine e Calabresi,* Siena, 1895.

132. CASSONI (M.). *La Badia di Fossanova presso Piperno. Notizie storico genealogiche.* Riv. Benedettina., XX-XXI (1910-11) 578-98. Roma, 1910. In-8⁰, 40 p.

133. MOIRAGHI (P.). *La morte di S. Tommaso d'Aquino e Carlo d'Angiò. Note storicho-critiche,* Roma, tip degli Annali degli Avvocati di S. Pietro, 1885.

134. MAJOCCHI (Rod.). *S. Tommaso d'Aquino mori di veleno ? Studio storico - critico.* Modena, tip dell'Immacolata Concezione, 1889. In-8⁰, 136 pag.

135. BENELLI (D. G.). *Dove mori S. Tommaso d'Aquino ?* Ros., XXI, (1904), p. 129-132.

136. BIRKENMAJER (Aleksander). *Przyczynki do historyi filosofii Sredniowiecznej [contributions à l'histoire de la philosophie au moyen-âge]* -Bulletin de l'Académie des sciences de Cracovie, 1917.

137. ENDRES (J. A.). *Studien zur Biographie des hl. Thomas von Aquin (6. Zur Chronologie der Leben des hl. Thomas)* H J., XXIX, (1908), p. 784-789.

138. CHEFDEBIEN (R. de). *Note critique: les sources de l'histoire posthume de Saint Thomas d'Aquin.* R. Aug., VII, (1908), p. 195-206.

D. — PERSONNALITÉ ET CULTURE

Sur les autographes de St Thomas = 475-488.

139. HEDDE (F.). *Le latin de Saint Thomas.* U C., LXVII, (1911), p. 460-68.

140. COCK (J. de). *Over het geluk, net't latijn van St Thomas von Aquino.* Brugge, 1912.

141. GUYARD (B.). *Dissertatio* utrum *S. Thomas calluerit linguam graecam.* Parisiis, 1667. In-8⁰.

142. [CHIGNOLI (Nic. Aug.)] *De sacra divi Thomae eruditione, latinitate et disserendi methodo oratio apologetica.* Racc. Ferrar. (17 . .) III.

143. HONORATUS A SANCTO GREGORIO [NICOLAI (Joan. de) O.P.] *Appendix in dissertationem de ficti-*

tio S. Thomae graecismo summaria epistolaris discussio, dans : *In catenam auream S. Thomae ac. P. Nicolaï editionem novam apologetica praefatio*. Parisiis, 1668, p. 121-150.

144. GUYARD (B.). *Adversus metamorphoses Honorati a Sto Gregorio.* Parisiis, 1670, In-8°.
  SCHÜTZ (L.) = 1794.
  ROLFES (E.) = 1795.

145. UCCELLI (P. A.). *Dell'iconografia di S. Tommaso d'Aquino dottore angelico, lettera.* S F., LXVI., fasc. 396. Napoli, Vincenzo Manfredi, 1867. In-8°, 48 p. et grav.

146. COZZA-LUZI (Jos.) *De imagine genuina S. Thomae Aquinatis epistola.* D T., II, (1884), p. 217-9.

147. COZZA-LUZI (G.) *Sul vero ritratto di San Tommaso d'Aquino.* Ros., XX, (1903), p. 133-135.

148. CHEFDEBIEN (R. de). *Le portrait de Saint Thomas d'après les témoins du procès de canonisation.* R. Aug., VII, (1908), 93-97.

149. IWEINS (H. M.) O. P. *Les Universités et Saint Thomas d'Aquin.* Louvain, Peeters, 1875. 12 p.

150. IWEINS (H. M.) O. P. *Saint Thomas d'Aquin patron des Universités.* Ann. Univ. Louvain. XLV, (1881), p. 391-422. Louvain, Peeters, 1880, 18 pag.
  St Thomas patron des écoles = 236.

151. BENZLER (W.). *Ueber den hl. Thomas von Aquin, Patron der Studien und Schulen.* S M B C O , III, (1882), II, 147-153.

152. CHAPOTIN (M. D.) O. P. *L'ange de l'école, patron des écoles catholiques.* Arcis-sur-Aube, L. Frémont, 1895. In-8°, 15 pag. (extrait des «Annales de l'œuvre de N. D. des Écoles.»)

153. MANDONNET (P.) O. P. *Les titres doctoraux de Saint Thomas d'Aquin.* R. Thom., XVII, (1909), p 597-608.

154. CAVALLERA (F.) S. J. *La maîtrise intellectuelle de St Thomas.* Rev. Montalembert, 25 mai 1910.

155. ALLO (Bernard) O. P. *La paix dans la vérité. Etude sur la Personnalité de St Thomas d'Aquin.* R C F, LIX, (1909), p. 148-74. Paris, Bloud, 1911. In-16, 63 p. (Science et religion. vol. 614. questions philosophiques).

156. GRABMANN (M.) *Thomas von Aquin. Eine Einführung in seine Persönlichkeit und Gedankenwelt.* Kempten München, Kösel, 1912. VI-168 pag. traduct. espagnole : *Santo Tomás de Aquino. Introduccion al estudio de su personalida y su doctrina.* Version castellana por el P. A. MÉNENDEZ-REIGADA O. P. Salamanca. Madrid, 1918. In-8° ; traduct. hollandaise : *Thomas van Aquino. Inleiding tot leven en leer*, bewerkt door Dr. J. H. E. J. HOOGVELD. Utrecht, Van Rossum, 1914. In 8° XII, 250 pag. ; traduct. italienne *San Tommaso d'Aquino. Una introduzione alla sua personalita e al suo pensiero*, trad. di G. DI FABIO. Milano, soc. edit. «Vita e Pensiero », 1919. In-16, 180 pag. ; trad. française : *Saint Thomas d'Aquin, introduction à l'étude de sa personnalité et de sa pensée*, trad. par E. VANSTEENBERGHE. Paris, Bloud, 1920. In-12, X-228 pag. (A B., XXXII, (1913), p. 477 = J. B. Paukens; I T Q, VIII, (1913), p. 227-228 = P. J. Toner ; R. Ben., XXX, (1913), p. 375 = D R P. ; S M L., LXXXIV, (1913), p. 458-459 ; Z K T., XXXVII, (1913), p. 657-658 ; Z K G., XXXIV, (1913, p. 627 = F. Kropatscheek.)

157. TURNER (W.). *St Thomas of Aquin.* C U B ., XVIII, (1912), p. 496-503.

158. RENAUDIN (P.) O.S.B. *Questions théologiques et canoniques* Paris, Téqui, 1913. In-12, 209 pag. (*Etude sur la formation ascétique de Saint Thomas d'Aquin*, p. 75-128.)

159. DE GROOT (J. V.) *De h. Thomas van Aquino als wijsgeer.* Amsterdam, van Langen, 1894. In-8°, 35 pag.

160. MARINI (N.) *La sacra eloquenza. S. Tommaso d'Aquino e i classici Italiani.* Roma, tip sociale, 1901. In-8°, 31 pag.

161. O'DANIEL (V. F.) *Thomas Aquinas as preacher.* A E R., XLII, (1910) , p. 26-36.

162. CALATAYND (G.) *S. Tomas d'Aquino come poeta.* Valencia, 1897.

163. BON-COMPAGNI (Carlo). *S. Tommaso d'Aquino publicista.* Nuova antologia., V, (1867), p. 5-21.

164. HUME (D.) *Alleged plagiarism from Thomas Aquinas.* Blackwood's Magazin, III, (1818), p. 653.

165. LEMONNYER (A.) O. P. *Saint Thomas et l'humanisme.* R J, X, (1920), p. 541-557.

166. LOUIS (R.) O. P. *Saint Tho-*

mas liturgiste. R. J. X, (1920), p. 558-583.

167. KIRFEL (H.). *Der Geist des hl. Thomas von Aquin.* J P S T, XXIV, (1910), p. 385-398.

168. ROUSSELOT (P.). *L'esprit de Saint Thomas.* Et., 1911, p. 614-629.

169. MOISANT (H.). *Saint Thomas psychologue.* Et., CXVII, (1908), p. 782-805.

170. ENDRES (J. A.). *Die Bedeutung des hl. Thomas von Aquin für das Wissenschaftliche Leben seiner Zeit.* H P Bl., CXLVII, (1911) p. 801-824.

171. JANSEN (B.)S. J. *Die Wissenschaftliche Eigenart des Aquinaten.* Stimmen der Zeit, XCVIII, (1920), p. 442-456.

E. — RELIQUES ET CULTE

172. *Alia miracula excerpta e Vita Mss. Codicis Ultrajectani.* Acta Sanctorum (1668), Martii, I, p. 723-4.

173. *Tituli miraculorum excerpti ex vita mss. S. Thomae Mediolani in Conventu gratiarum ex libro I Ambrosii Taegio folio CCLVIII.* Acta Sanctorum, (1668), Martii, I, p. 724-25.

174. *Historia translationis corporis sanctissimi Ecclesiae Doctoris, divi Thomae de Aquino anno vergente M.CCC LXVIII die Dominica XXVIII januarii jussu et concessione Urbani Papae V per Reverendissimum Patrem fratrem Heliam Raymundi Tolosanum, ordinis Praedicatorum generalem magistrum conventusque Brageriaci Provinciae Tolosanae filium, factae in conventum Tolosanum ejusdem ordinis, auctore Fr. Raymundo Hugonis ejusdem ordinis conventusque Brageriaci filio, ejusdemque Reverendissimi Patris Heliae Raymundi Tolosani magistri generalis Ordinis dicti socio, testeque occulari et fide dignissimo.* Acta Sanctorum, (1668), Martii, I. p. 725-32 ; et PERCIN (Jac.) O. P. *Monumenta conventus Tolosani,* Tolosae, Pech, 1693. In-fol. p. 211-236.

175. *Instrumenta authentica translationis.* Acta Sanctorum, (1668), Martii, I, p. 732-34.

176 *Miracula facta mentis et intercessione divi Thomae Aquinatis, collecta per fr. Raymundum Hugonis ordinis fratrum Praedicatorum conventus Brageriaci filium, sociumque Reverendissimi Patris Heliae Raymundi, Tolosani ejusdem conventus filii, totiusque Praedicatorum ordinis magistri generalis.* Acta Sanctorum, (1668), Martii, I, p. 735-8.

177. *Alia historia translationis corporis S. Thomae,* Acta Sanctorum, (1668), Martii, I, p. 738-40.

178. *Brevis narratio brachii S. Thomae in conventu Parisiensi depositi.* Acta Sanctorum, (1668), Martii, I, p. 740.

179. *Donatio brachii S. Thomae Neapolim ad ecclesiam S. Dominici deferendi.* Acta Sanctorum, (1668), Martii, I, p. 740

180. *Analecta 1° Neapoli singularis veneratio S. Thomae in Patronum adsciti, 2° Salerni veneratio celebris S. Thomae ejus ibi campanula index mortis alicujus conventus Casinensis ad. S. Germanum et donatus, 3° de cingulo S. Thomae Vercellis culto et militia angelica sub hoc titulo apud Belgas instituta.* Acta Sanctorum, (1668), Martii, I, p. 741-747.

181. ROSCO DA MANDUSIA (P.) O. P. *Breve relatione della solenne processione e dei richi e nobili apparati fatti nella festa del glorioso P. S. Tommaso d'Aquino del Sacro Ordine de' Predicatori, celebrata nella citta di Napoli alli 20 del mese di gennaio dell'anno 1605, eletto ed acclamato da tutto il popolo di quella per loro Protettore, tutelare e padrone.* Napoli, Tarquino Longo, 1605.

182. MAGNONI VALENTI (Tom.) *Discorso istorico apologetico sopra l'invenzione della vera testa dell'Angelico dottore S. Tommaso d'Aquino e sopra la prodigiosa liquefazione del di lui grasso e sangue.* Bologna, stamperia di S. Tommaso d'Aquino, 1772. In-18°, 78 pag. ; 2e éd., Napoli, 1778.

LACORDAIRE = 216.

183. CARTIER (E.). *Histoire des reliques de St Thomas d'Aquin.* Paris, Sagnier et Bray, 1854. In-12°, VIII -186 pag.

184. ROUSSEL (Théoph.). *Urbain V et Toulouse, translation dans cette ville des reliques de Saint Thomas d'Aquin.* Bull. soc. agr. Lozère, IX, (1858), p. 374.

185. UCCELLI (P. A.). *Della croce angelica o sia di S. Tommaso d'Aquino venerata in Anagni, ricerche storico-critiche.* S F., XXXI., (1871), p. 458-477. Napoli, 1871. In-8°, 22 p.

186. GUGLIELMOTTI (A.). *Lettera all'arcivescovo di Lucca sopra la testa di San Tommaso publicata da Pietro Uccelli commentata dalla Civiltà Cattolica* 1873.

187. CROS (L. J. M.). S. J. *Saint Thomas d'Aquin et Toulouse.* Toulouse A. Regnault, 1874. In-16, 140 pag. et I portr.

188. MASETTI (P. T.) *Commentario storico-critico intorno al corpo ed alle reliquie dell'angelico dottore S. Tommaso di Aquino, aggiuntovi un discorso sul viaggio del b. Alberto Magno a Parigi per defendere le dottrine de' defunto S. Dottore.* Roma, F. Chiapperini, 1874. In-8°, 84 p.

189. UCCELLI (P. A.). *Delle medaglie coniate in onora di San Tommaso d'Aquino.* S F. , XXV. Napoli, 1874, In-8°, 16 p.

190. RUE (Louis de.) *Le culte et les reliques de Saint Thomas. Hommage à St Thomas docteur de la sainte église et patron des universités catholiques.* Lille, Desclée, |1880| p. 27-36.

191. *Del culto di S. Tomaso d'Aquino in Padova.* Padova, tip. del seminario, 1882. In-4°, 62 pag.

192. DOUAIS (C.). *Saint Thomas d'Aquin dans la dévotion chrétienne au XIV° siècle et au XVII° siècle, étude historique.* (Compte-rendu congrès eucharistique). Toulouse, (1886) ; Lille. 1887. In-8°, 27 pag.

193. MONTAGNE (A.) O. P. *Saint Thomas d'Aquin à Toulouse.* R. Thom., II, (1894), p. 4-28.

194. GERMAIN DE MAIDY (L.). *La croix de Saint Thomas contre la foudre.* Sem. religieuse dioc. Nancy, LIV, (1917), p. 477-479, 492-496.

195. *Miracle de St Thomas d'Aquin* (édition du dernier chapitre du recueil du dominicain Raymond Hugues publié dans les Acta Sanctorum T. II martii p. 737-38) A B, XX, (1901), p. 208.

196. *Una memoria storica intorno alle reliquie di S. Tommaso.* Ros. , XIX, (1902), p. 77-82.

197. *S. Tommaso d'Aquino a Salerno.* Ros. XX, (1903), p. 282-286.

198. DOUAIS (C.). *Les reliques de St Thomas d'Aquin. Textes originaux.* Paris, V° Poussielgue, 1903. In-8°, VI 268 p. (Riv. scienze stor. II, (1904), p. 318-9 — R. Majocchi.)

199. *Un reliquiario di S. Tommaso d'Aquino.* Ros., XXI, (1904), p. 108-113.

200. C. M. O. P. *Le reliquie di S. Tommaso d'Aquino.* Ros., XXVIII, (1911), p. 133-142.

201. FERRETTI (Lodovico). *Sul Mausoleo di S. Tommaso d'Aquino in Tolosa, distrutto nel 1793.* Ros., XXXIV, (1917), p. 138-143. 2 fig.

202. DEURWERDERS (Fr.) O. P. *Militia angelica divi Thomae Aquinatis.* Lovanii, 1659.

203. *Milizia angelica ossia il giglio della purità conservato colla divozione al Sacro Cingolo dell'Angelico Dottore S. Tommaso d'Aquino.* In-16, 110 pag.

204. CORMIER (Hyac.) O. P. *Société de Saint Thomas d'Aquin ou conférence des étudiants de la milice angélique.* Paris, Poussielgue, s. d. In-32, grav.

205. IWEINS (H. M.) O. P. *Le cordon de Saint Thomas d'Aquin ou la milice angélique.* Louvain, Peeters, 1893. In-32, 90 pag. traduct. flamande.

206 IZAGUIRE VALERO (Ild. D. M.) O. P. *Santo Tomás de Aquino y la juventud estudiosa obra dedicada a la juventud latino americana.* New-York city, 1898. In-12, 214 pag.

207. ROUSSET (Matth. Jos.) O. P. *Petit office de St Thomas d'Aquin patron des écoles catholiques, suivi des prières composées par le saint docteur et de ses conseils pour étudier avec fruit* (texte latin-français). Lyon, Vitte, 1886. In-32, XII-128 pag.

208. ESSER. *D. Thomae Aquinatis doctoris Angelici et scholarum catholicarum patroni monita et preces.* Paderborn, Schöningh, 1890. In-16, 90 pag.

209. GRANELLO (P.) O. P. *Petit manuel de dévotion à St Thomas d'Aquin.* Saint-Amand (Cher), Impr. Saint-Joseph, (1891). In-16, 32 pag.

210. PFLUGBEIL (Heinr. Jos.) *St Thomas Büchlein für die 6. Sonntage zu Ehren des hl. Thomas von Aquin.* 4 Aufl. Dülmen, A. Laumann, 1903.

211. SERTILLANGES (A. D.) *Prières de Saint Thomas d'Aquin, traduites et présentées.* Paris, art catholiques, |1920]. In 18°, 109 pag.

F. — ÉLOGES ET PANÉGYRIQUES

212. MORATA (C.). *Sermon de S. Tomás de Aquino, Doctor de la Iglesia.* Valencia, 1800. In-4°.

213. BREVA (F.). *Sermon de Sancto Tomás de Aquino.* Valencia, 1804. In-4°.

214 [PINDEMONTE (Giov.).] *Orazione in lode di S. Tommaso d'Aquino.* Verona, 1809. In-4°, 55 pag. Orvieto, 1859. In-8°.

215. BUE (Gius. lo). *Elogio di S. Tommaso d'Aquino.* Palermo, 1841, In-8°.

216. LACORDAIRE (H. D.) O. P. *Discours pour la translation du chef de St Thomas d'Aquin, prononcé dans l'église de St Sernin de Toulouse le 18 juil. 1852.* Paris, Sagnier et Bray, 1852. In-8°, 44 pag. (Réédité dans les œuvres du P. L.)

217. BRIGHENTI (Ign. Gius.). *Orazione in lode del dottore angelicos. Tommaso d'Aquino.* Venezia, 1853. In-8°, 29 pag.

218. LOYSON (Ceslas) O. P. *De l'influence de Saint Thomas d'Aquin au XIXe siècle, discours prononcé le 7 mars 1859 dans la chapelle des frères Prêcheurs de Toulouse.* Albi, M. Papailhiau, 1859. In-8°, 35 pag.

219. LANDRIOT (Mgr.). *Saint Thomas d'Aquin, discours prononcé aux Carmes en l'église des dominicains, le 7 mars 1864.* Rev. monde cath. VIII, (1864), 529-48. Paris, 1864. In-8°.

220. COCOZ (R.). *Orazione panegirica di S. Tomaso d'Aquino.* Firenze, 1865, In-8°, 48 pages.

221. FONSECA (JOAQUIN) O. P. *Panegirico del gran doctor de la Iglesia santo Tomás de Aquino.* Manila, 1865.

222. PERREYVE. *Panégyrique de Saint Thomas d'Aquin prononcé dans l'église des Carmes 1859* (Biographies et panégyriques) Paris, Douniol, 1867. In-12.

223. MASCHERONI (L.). *In lode di S. Tommaso d'Aquino, ottave rime* Napoli, 1868. In-8°, 16 pages.

224. MORASSI (Pietr.) *Orazione all'angelico dottore S. Tommaso d'Aquino.* Parma, 1869, In-16, 62 pag. [MARCHESE (Vincenzo) O. P.] = 2129.

225. CARINI (Isid.). *S. Tommaso e la Sicilia, discorso nel 6° centenario di S. Tommaso.* Arch. stor. siciliano, 11, (1874), p. 133-67. pl. CICOGNANI (Marcol.) = 51.

226. ROSSI (G. B.). *Nel VI centenario di S. Tommaso d'Aquino, orazione panegirica.* Bologna, 1874, In-8°, 24 p.

227. GASTALDI (L.) *Nel 6° centenario di S. Tommaso d'Aquino, orazione.* Torino, 1874. In-8°, 28 pages.

228. SANCTIS (Sante de). *La vera sapienza, panegirico pel 6e centenario di S. Tommaso d'Aquino.* Bari, 1874, In-8°, 30 p.

229. COCOZ (R.). *Omaggio a S. Tomaso di Aquino, orazioni panegiriche e sonetti.* Prato, 1874, In-8°, 72 pages.

230. GAUDENZI (Th.) O. P. *S. Tommaso d'Aquino e la Scienza.* Bologna Mareggiani, 1874. In-8°, 86 pag. BAUNARD (L.) 583.

231. MORA (Tom.). *Discorso in lode di S. Tommaso d'Aquino* Vercelli, 1876. In-4°, 36 pag.

232. DIDIOT (Jul.) *Oratio in laudem d. Thomae Aquinatis Insulis habita.* R S E, VII, (1878), p. 264-74.

233. DORIA (G.). *La filosofia di S. Tommaso, discorso.* Tortona, 1879, In-8°, 23 pages.

234. CANO (E). *Orazione panegirica all'angelico dottore S. Tommaso d'Aquino.* Bosa, 1879. In-8°, 52 pag.

235. LAPRIE (F.). *Deux moines Saint Thomas d'Aquin et Saint Bonaventure.* 2e édit. Bordeaux, Féret et fils, Paris, Lecoffre, 1879. In-8°, 100 pag. (panégyrique de St Thomas d'Aquin prononcé à Toulouse dans l'insigne basilique de Saint-Sernin le 7 mars 1879.)

236. *Saint Thomas d'Aquin patron des Ecoles.* A J P. , XIX, (1880), 385-427, 520-7, 769-74.

237. GIELLA (F.). *Panegirico di S. Tommaso d'Aquino.* Pisa, 1880, In-8°, 5 pages.

238. HARGROVE (C.). *Saint Thomas d'Aquin.* Mod. Rev. , 1880

239. MARTINEZ VIGIL (R.). *Discurso in honor de Santo Tomás de Aquino, seguido de artículos bibliográficos sobre las fuentes de su verdadera y legitima doctrina.* Madrid, 1880.

240. VESPIGNANI (A. M.). *Discorso inaugurale letto nell' Accademia di S. Tommaso in Imola.* 1880.

241. BESSON. *Panégyrique de S. Thomas d'Aquin, patron des Ecoles catholiques.* Toulouse, 1881. In-8°, 24 pages.

242. LAMOTHE TENET (Mgr.). *Panégyrique de Saint Thomas d'Aquin prononcé le 7 mars 1881, dans la basilique de St-Sernin.* Toulouse, impr. Douladoure. Privat, 1881. In-8°, 16 pag.

243. MAURI (Egid.) O. P. *Orazione panegirica in onore di S. Tommaso d'Aquino patrono delle scuole cattoliche detta nel marzo 1882 in Roma nella chiesa della Minerva* Rieti, tip di S. Trinchi, 1882, In-8°, 19 pages.

244. PILLET (A.). *In laudem S. Thom. Aquinatis, collegii theologici Insulensis patroni, oratio panegyrica.,* R S E, III, (1880), p. 193-208. Arras, 1881. In-8°, 16 pag .

245. *Elogi di S. Tommaso d'Aquino.* Venezia, 1882. In-8°, 48 pages.

246. DESPREZ. *Panégyrique de St Thomas d'Aquin.* Rev. cath. Bordeaux, IV, (1882), p. 165-81.

247. LA BOUILLERIE (Roullet de). *Panégyrique de Saint Thomas d'Aquin.* Rev. cath. Bordeaux (16 mars 1882) Bordeaux, 1882. In-8°, 24 pages.

MAGANI (F.) = 1707

248. MERCIER (D.). *Discours d'ouverture du cours de philosophie de saint Thomas.* Louvain, 1882.

249. CARDINI (Em). I *4° centenarii di S. Francisco d'Assisi, di S. Tommaso de Aquino, di S. Bonaventura e di S. Antonino, ragionamenti sacri.* Siena, 1883. In-16, 134 p.

250. GASTALDI. *Saint Thomas d'Aquin, la science et la sainteté,* trad. de l'ital. par Fr. M. DIDIER. Turin, 1883. In-8°, 26 pages.

251. BYRNES (M. J.). *St Thomas Aquinas and the sacrament of love, a poem.* Irish mont. XI, (1883), p. 142.

252. HULST (M. d'). *Panégyrique de St Thomas d'Aquin.* Bull. instit. cath. Toulouse, V, (1884), 65-78 ; An Ph. Ch. VII série, X, (1884) 189-208.

253. COSSON. *L'ange de l'Ecole ou St Thomas d'Aquin.* Bull acad. St Thomas. Coutances, 1884. In-8°, 63 pages.

254. POLO Y PYROLON (M.). *Elo-gio de St Tomás de Aquino.* Madrid, 1880. In-4°, 22 pages. trad. ital. dans O R L M., IV série, XVII, (1885), p. 161-84.

255. MILANESE (G.) *Parole nella festa di S. Tommaso d'Aquino.* Treviso, 1887. In-8°, 16 pages.

256. COCONNIER (T.). O. P. *Panégyrique de Saint Thomas d'Aquin, prononcé dans la basilique Sain.-Sernin de Toulouse, le 7 mars 1888.* Bull. inst. cath., Toulouse 1888.

257. PRADO (Norbert del) O. P. *Panégírico de Santo Tomás de Aquino.* Manila, establicimento tip. del Col. de S. Tomás, 1889

258. RAYNAL (M. J.). *Panégyrique de St Thomas d'Aquin prononcé dans l'insigne basilique de St-Sernin, le 7 mars 1889.* Bull. inst. cath. Toulouse, 1889 supp. 16 pag. Toulouse, E. Privat, 1889.

259. DADOLLE (P.). *Panégyrique de St Thomas d'Aquin.* Contr. et contemp., XV, (1889), p. 481-501.

260. ALVAREZ (P.) O. P. *Religion. Conferencias predicadas a hombres en Nuestra Senora del Pino de Barcelona el año 1890. Lleva de apendice un panegirico de Sto Tomás, predicado a professores y alumnos de la Universidad de Barcellona.* In-8°, 216 pages.

261. GUILLERMIN (H.) O. P. *Panégyrique de St Thomas d'Aquin prononcé en la basilique de Saint-Sernin de Toulouse, le 7 mars 1890.* Bull. inst. cath. Toulouse, 1890. 16 p.

262. CORMIER (H. M.) O. P. *Saint Thomas d'Aquin, panégyrique du S. Docteur et étude sur l'office du saint Sacrement* 1° edit. = 598 ; 2° édit. Toulouse, impr. Vialelle et Cie, 1891. In-16, 70 pag ; 3° edit. : Rome, impr. de la S. C. de la Propagande, 1906. In-16, 80 pag.

263. PAGES. *Panégyrique de St. Thomas.* Verdun, 1891. In-18°, 43 pages.

264. GERMAIN (Mgr.) *Panégyrique de St Thomas d'Aquin.* Bull. inst. cath. Toulouse, II série, III, (1891). Coutances, 1891. In-8°, 48 pages.

265. MONSABRÉ (J.). *Panégyrique de St Thomas d'Aquin. prononcé à l'insigne basilique de St-Sernin de Toulouse, le 7 mars 1893.* Bull. inst. cath. Toulouse, II série, V, (1893), p. 1-19.

266. GAGGIO (E). *Panegirico dell'*

angelico dottore Tommaso d'Aquino. Venezia, 1893: In-8°, 20 pag.

267. ARIAS (E. F.) O. P. *Santo Tomás el gran maestro del saber humano.* Manila, tip del colegio de Sto Tomás, 1894. In-8°, 32 pag.

268. GARAUD (P.) *Panégyrique de St Thomas d'Aquin.* Bull. inst. cath. Toulouse, II série, IV, (1894), p. 1-20.

269. DE GROOT (V.). *Saint Thomas d'Aquin philosophe, discours inaugural prononcé à l'Université d'Amsterdam le lundi 1er oct. 1894 par le R. P. J. V. de Groot, à l'occasion de son installation comme professeur de philosophie thomiste.* R. Thom. , II, (1894), p. 697-719. Paris, imp. F. Levé,(1893), In-8°.

270. HERNANDÉZ (A.)O. P. *Panégírico de Santo Tomás de Aquino pronunciado... el domingo 4 de marzo de 1894 en la iglesia parroquial de San José de Madrid.* Madrid, G. Gutierrez, 1894. In-8°, 26 pag.

271. RONCATO (Gaet.). *Orazione panegirica in onore di S. Tommaso d'Aquino.* Padova 1894. In-8°, 31 pag.

272. BUITRAGO (J.) O. P. *Armonia entre la fé y la razon. Discurso leido... en la solenne sesión celebrada por la juventud católica de Valencia el dia 7 de marzo de 1895 en honor de Santo Tomás de Aquino.* Valencia, T. Lleo, 1895. In-8°, 20 pag.

273. LORENTE E IBANEZ (Thomas) O. P. *Discursó leido en la Academia de Valencia en honor del Angelico doctor S. Tomás de Aquino.* Valencia, 1895. In-8°, 23 pag.

274. ROHART (Car.). *Oratio solemniter habita in sacello seminarii academici Insulis nonis martii MDCCCXCV de doctrina biblica D. Thomae Aquinatis.* R S E 1895, p. 235-46. Ambiani, Rousseau Leroy, 1895. In-8°, 16 pag.

275. FARJOU. *Panégyrique de St Thomas d'Aquin.* Bull. inst. cath. Toulouse, II série, VIII, (1897), p. 3-25.

276. FILIPPINI (E.). *Tommaso d'Aquino, conferenza.* Roma, tip. popolare, 1896. In-8°, 39 pages.

277. BIROT (L.). *Panégyrique de St Thomas d'Aquin.* Bull. inst. cath. Toulouse, II série, IX, (1897), p. 3-25.

CHOLLET (Joan. Arth.) = 774

278. GARAUD (R. P.) *Panégyrique de Saint Thomas d'Aquin.* Toulouse, Vialelle et Perry, 1898. In-8°, 17 pag.

279. HERNANDÉZ (A). O. P. *Pa-negírico de Santo Tomás de Aquino pronunciado... el domingo 13 de marzo de 1898, en la iglesia parroquial de San José de Madrid.* Madrid, Angel B. Velasco, 1898. In-8°, 30 pag.

280. KEULLER (J. M. L.) *Sint Thomas* Kat. 1897.

281. MAISONNEUVE (L.) *Panégyrique de St Thomas d'Aquin, prononcé à l'insigne basilique Saint-Sernin de Toulouse, le 7 mars 1898.* Bull. inst. cath. Toulouse, II série, X, (1898), p. 3-26, 33-7.

282. CASTASEYNA (D.). *Panegirico di San Tommaso d'Aquino.* Genova, 1898.

283. PILLET (A.). *De Sancto Thoma, omnium scholarum christianarum patrono, oratio.* R S E, VIII série, IX, (1899), p. 232-46.

284. SCHWALM (M. B.) O. P. *L'inspiration du sens chrétien dans la théologie de Saint Thomas.* U C. , XXX, (1899), p. 401-503 ; Lyon, E. Vitte, 1899. In-8°, 27 pag. (discours prononcé à St Martin d'Ainay 7 mars 1899.)

285. SNELL (M.). *The triumph of St Thomas.* D R. , 1899.

286. VALENTIN (Chanoine) *Panégyrique de St Thomas d'Aquin prononcé dans l'insigne basilique de St-Sernin, le 7 mars 1899.* Toulouse, E. Privat, (1899). In-8°.

287. ANIELLO (A d'). *De Aquinate doctore et de medii aevi philosophica Carmen.* Neapoli, 1900.

288. DOINEL DU VAL MICHEL (J. S.). *A Saint Thomas d'Aquin, docteur angélique (poésie).* R. Thom., VIII, (1900), p. 5-7.

289. EYMIEU (Le R. P. A.). *La mission de St Thomas d'Aquin* (extrait de l'« U C. ») Lyon, E. Vitte, 1900. In-8°, 24 pages. (discours prononcé en l'église de St Martin d'Ainay le 7 mars 1900.)

290. MONTAGNE (H. A.) O. P. *Panégyrique de St Thomas d'Aquin prononcé dans l'insigne basilique de St-Sernin de Toulouse, le 7 mars 1900.* Toulouse, E. Privat, [1900]. In-8°, 23 pag.

291. DOINEL DU VAL MICHEL. *S. Thomas d'Aquino.* J P S T, 1901.

292. GAUDEAU (Bernard). S. J. *Panégyrique de St Thomas d'Aquin prononcé le 7 mars 1901, dans l'insigne basilique Saint-Sernin de Toulouse.*

Toulouse, E. Privat, 1901. In-8°, 16 pag.

293. ARIAS (E. F.) O. P. *Panegírico de Santo Tomás de Aquino, pronunciado... el domingo 9 de marzo de 1902 en la iglesia parroquial de San José de Madrid.* Madrid, Luis Parra, 1902. In-8°, 52 pag.

294 BÉGUINOT (Mgr.). *Saint Thomas d'Aquin et l'église de son temps, discours prononcé en l'église St-Sernin de Toulouse, le 7 mars 1902.* Sem. cath. Toulouse, 1902, p. 332-334.

295. BELLET (Charles Félix). *Saint Thomas d'Aquin, le saint, le penseur, son œuvre et sa destinée. Discours prononcé pour la fête patronale de l'Institut catholique de Lyon avec des notes historiques et bibliographiques.* Paris, A. Picard et fils, 1902. In-8°, 47 pages. (extrait de l'U. C. 1902.)

296. GARDEIL (A.) O. P. *La place de St Thomas d'Aquin dans la réforme des études théologiques. Allocution prononcée le 27 juin 1902.* Paris, Levé [1902]. In-8°, 15 pag.

297. DELFOUR (Abbé L. Cl.) *Le thomisme et la littérature contemporaine. Discours prononcé dans l'église St Martin d'Ainay à Lyon, le 26 mars 1903 en la fête de St Thomas d'Aquin.* U C., 1903. Lyon, E. Vitte, 1903. In-8°, 28 pag.

298. ENARD (Mgr.). *Thomas d'Aquin, le saint et le docteur, discours prononcé dans l'insigne basilique Saint-Sernin de Toulouse, le 7 mars 1903.* Cahors, imp. de F. Plantade, 1903. In-8°, 18 pages.

299. JANOTTA. *Per il gran dottore S. Tommaso d'Aquino.* Sora, Pagnanelli, 1903.

300. SCHUMBERG (Abbé). *Panégyrique de St Thomas d'Aquin prononcé à Amiens, le 1er mars 1903.* Reims, imp. coopérative, (1903). In-8°, 19 pages.

301. THAMIRY (E). *Oratio in laudem D. Thomae Aquinatis.* R S E., mars 1903.

302. ARIAS (E. F.) O. P. *Discurso sobre santo Tomás de Aquino pronunciado el domingo 13 de marzo en la iglesia parroquial de San José de Madrid.* Avila, B. Manuel, 1904. In-8°, 36 pag.

303. GILLET (M. S.) O.P. *Panégyrique de St Thomas d'Aquin* Bull.

Inst. cath., Paris, secrétariat de l'institut catholique, sd. In-8°, 19 pag.

304. GONDAL (Chanoine). [*Panegyrique de St Thomas d'Aquin*] discours. Semaine cath. Toulouse, 1904, p. 275-283.

305. GRECH ELLUL (Giac.) O. P. *Discorso recitato agli studenti del collegio di S. Tommaso d'Aquino dei PP. Predicatori, con noti sugli studi e dottorati domenicani.* Valleta, daily malta chronicle, 1904. In-8°, V-60 pag.

306. CATTEAU (E.). *Oratio in laudem S. Thomae Aquinatis* (extrait de la «R S E») Arras, Sueur-Charruey, (1906). In-8°, 12 p.

CORMIER (H M) O. P. – 262.

307. PAREDES (Buenaventura G.) O. P. *Panegírico de Santo Tomas de Aquino predicado en la iglesia parroquial de San José de Madrid el dia 11 de Marzo de 1906.* Avila, sucesores de A. Jiménez, 1906. In-8°, 41 pag.

308. PÈGUES (Thomas). O. P. *Panégyrique de St Thomas d'Aquin prononcé dans l'insigne basilique Saint-Sernin de Toulouse, le 7 mars 1907.* Toulouse, imp. Privat, 1907

309. DIEGO DE BERCELONA, Cap. *S. Tomás de Aquino y el siglo XIII.* Rev. Estud. franciscanos, 1908. II, p. 199-208 (discours prononcé le 7 mars 1908.)

310. MARIN (F.) O. P. *Panegírico de Santo Tomás de Aquino pronunciado el 15 de marzo de 1908 en la igliesia parroquial de San José de Madrid.* Avila, 1908.

311. VANEL (abbé J. B.). *Discours prononcé dans l'église Saint Martin d'Ainay le 7 mars 1908 pour la fête de St Thomas d'Aquin, patron des facultés catholiques de Lyon.* Lyon, imp. E. Vitte 1908. In-8°, 23 pag. (extrait de l'« U. C. »).

312. COCONNIER (Th.) *Saint Thomas d'Aquin.* R. Thom., XVII, (1909), p. 129-154. (Discours prononcé en l'église St-Sernin de Toulouse, le 7 mars 1888).

313. MAHIEU (L.) *Oratio in laudem D. Thomae Aquinatis de doctrina ejus apologetica quam in sacello archigymnasii catholici Insulensis die VII martii anno MCMIX habuit Leo Mahieu, in seminario Academico subregens.* Q E., 1, (1909), p. 229-41.

314. CAVALLERA (F.) S. J. *Saint Thomas et la science. Panégyrique.*

Semaine religieuse de Toulouse., 13 mars 1910.

315. MAX VON SACHSEN (Prinz.) *Saint Thomas d'Aquin (Sermon pour la fête de St Thomas d'Aquin, 7 mars 1910 à Lyon).* U C., LXIII (1910) p. 481-493.

316. FANJUL (A.) O. P. *Panegirico de Sto Tomás de Aquino* Vergara, El santissimo Rosario, 1911. In-8º, 33 pag.

317. MAGAUD (P.). *La mission de St Thomas d'Aquin. Panégyrique.* Toulouse, 1912.

COSTES (J. C.)   1606.

318. CORMIER (H. M.) O. P. *Sed contra, Allocution aux novices étudiants du collège Angélique pour la bénédiction d'une statue de St Thomas d'Aquin dans leur oratoire.* Roma, collegio angelico, Paris, Poussielgue, 1914. In-12, 24 pag., grav.

319. SERTILLANGES (A. D.). *Panégyrique de St Thomas d'Aquin prononcé le 7 mars 1914 en l'insigne basilique de Saint-Sernin.* Sem. cath. Toulouse, LIV, (1914), p. 259-264, 281-288.

320. BILLOT (L.) S. J. *Oratio habita die 11 martii in aula Maxima Cancellariae apostolicae pro instauratione Academiae S. Thomae.* Romae, typis polyglottis vaticanis, 1915. In-8º, 15 pages.

321. *Per la festa di S. Tommaso d'Aquino* 1915. Ros., XXXII, (1915), Firenze, tip domenicana, 1915. In-8º, 28 pag et grav.

322. IZART. *Kant et Saint Thomas, discours prononcé à l'Institut catholique de Paris le 28 novembre 1917.* Paris, Bureaux de la foi catholique, 1918. In-8º, 15 pag.

323. GILLET (M. S.) O. P. *La personnalité de Saint Thomas et l'impersonnalité de sa doctrine, panégyrique de Saint Thomas d'Aquin prononcé à Toulouse dans la basilique de Saint-Sernin, le 7 mars 1919.* Toulouse, Ad. Privat, 1919. In-8º, 18 pag.

324. HALLE (Mgr.). *Panégyrique de Saint Thomas d'Aquin prononcé le 8 mars 1920 dans l'insigne basilique de Saint-Sernin.* Semaine cath. Toulouse, LX, (1920), p. 305-311, 333-336.

G. — SAINT THOMAS D'AQUIN DANS L'ART ET DANS LA LITTÉRATURE

UCCELLI (P. A.)   = 145
UCCELLI (P. A.)   = 189

325. KEPPLER (P. W. Von). *St Thomas in der Mittelalterlichen Malerei.* H P Bl. 1881, p. 885-897 ; réédité dans *Aus Kunst und Leben, Neue Folge.* Freiburg i. B., 1906, p. 1-21.

326. GOTTI (Aurel.) *Descrizione del Trionfo di S. Tommaso d'Aquino dipinto nella Cappellone degli Spagnuoli antico capitolo de Frati di Sª Maria Novella di Firenze.* Firenze, Lemonnier, 1887. In-4º, 35 pag.

327. BERTHIER (J. J.) O. P. *Le triomphe de St Thomas, patron et protecteur des écoles catholiques, peint par Taddeo Gaddi, dans la chapelle des Espagnols à Florence.* Fribourg, œuvre de St Paul, 1897. In-8º, XVI-136 pag. et grav. ; dans Rev. Suisse cath., (1897), XXVIII, p. 65-82, 257-81, 361-76, 402-20.

328. BERTHIER (J. J.) O. P. *La gloire du docteur angélique patron de toutes les écoles catholiques. Peintures de Louis Seitz dans la Galerie des candélabres au Vatican.* Ensielden (Suisse), Benziger, [1899].

COZZA LUZI (G.) = 146 et 147.

329. ENDRES (J. A.). *Die Verherrlichung des Dominikanerordens in der Spanischen Kapelle in S. Maria Novella zu Florenz.* Zeitsch. Christliche Kunst, 1909, col. 323-327 et 1 pl.

330. ENDRES (J. A.). *Ein Zyklus von Wandgemälden aus dem Leben des hl. Thomas von Aquin in der Dominikanerkirche zu Regensburg.* Christliche Kunst, V, (1909), p. 265-271.

331. ENDRES (J. A.). *Der hl. Thomas in der Kunst.* Archiv. für Christl. Kunst, (1914), p. 1-3, 13-15, 25-28.

FERRETTI (Lodovico) O. P.   201.

332. *Thomas Aquinas. Tragi comaedia in collegio Lyrano PP. Praedicat.* s l. [1615] petit in-4º, 56 pag. poème dramatique latin en 5 actes.

333. MONACI (E.). *Per la storia del dramma in Italia,* (publica, da un cod. morbio ora nella bibl. Vittorio Emmanuele, un dramma aquilino su S. Tommaso d'Aquino. Qui si da il testo e seguiranno le osservazione su di esso e il glossario). Rendiconti della R. Accademia dei Lincei, Classe di scienze morali, serie V, p. 11-12.

SAINT THOMAS ET DANTE = 1941-1963.

II. — ŒUVRES DE SAINT THOMAS

A. — ÉDITIONS

Éditions complètes.

334. *S. Thomae Aquinatis Ord. Praed. Opera Omnia ad fidem optimarum editionum accurate recognita. Cum tabula aurea F. Petri a Bergamo seu indice rerum alphabetica et supplemento.* Parmae, typis Petri Fiaccadori, 1852-73. 25 vol. in-fol.

335. *Doctoris angelici divi Thomae Aquinatis Sacri Ord. FF. Praedicatorum, Opera Omnia... Studio St. Fretté et P. Maré [cui accedunt index generalis seu tabula aurea P. de Bergomo, et index locorum omnium s. script. explicatorum.]* Paris, Vivès, 1871-1880. 34 vol. In-4° ; Paris, Vivès, 1889-1890. 34 vol. In-4°.

336. *S. Thomae Aquinatis doctoris angelici Opera Omnia jussu impensaque Leonis XIII P. M. edita.* Romae, 1882-1920. 13 vol. in-fol. (en cours de publication.)

T. I. *Comment. in Arist. libros perihermenias et posteriorum analyticorum.*

T. II. *Comment. in. 8 libr. physicorum.*

T. III. *Comment. in libr. Aristot. de coelo et mundo, de generatione et corruptione et meteoroligicae.*

T. IV-XII. *Summa theologiae cum commentariis Thomae de Vio Cajetani.*

T. XIII. *Summa contra gentes cum commentariis Francisci de Sylvestris Ferrariensis.*

337. GETINO (L. G. A.) O. P. *Edición monumental « La summa contra gentiles ». Un projecto de la ciencia tomista.* C T, XXI, (1920), p. 67-74.

338. GRABMANN (M.). *Die neue Ausgabe der Summa contra Gentiles des hl. Thomas von Aquin nach dem Autograph.* T. Rev., 1920, p. 41-48. 81-6 ; 121-7.

339. PELZER (A.) *L'édition léonine de la Somme contre les Gentils.* R N S., 1920, p. 217-245.

1° Philosophie

340. *Sancti Thomae Aquinatis doctoris Angelici ordinis Praedicatorum in metaphysicam Aristotelis commentaria cura et studio P. Fr. M. R. Cathala O. P.* Taurini, P. Marietti, 1915. In-8°, XII-798 pag. (Collectio collegii pontificii Internationalis Angelici, Romae.)

341. *Thomae Aquinatis doctoris angelici commentaria in tres libros Aristotelis de Anima.* Louvain, Impr. de l'Institut supérieur de philosophie, 1901. 260 pag.

342. DE MARIA (Michel) S. J. *S. Thomae Aq. Opusc. de ente et essentia, commentariis Cajetani illustratum.* Romae, ist. Pio IX, [1907], IV-283 pag.

343. BRUNETEAU (E.). *De ente et essentia Divi Thomae, texte latin précédé d'une introduction, accompagné d'une traduction et d'un double commentaire historique et philosophique.* Paris, Bloud et Gay, [1914] In-12, 160 pag.

344. *De regimine principum.* Parisiis, 1881.

345. *Del governo de principi, volgarizzamento di* Francesco FULVIO. Napoli, 1861. In-16.

2° Écriture Sainte

346. *In canticum Canticorum et in omnes D. Pauli Epistolas Commentaria.* Neapoli, 1856. In-4°.

347. *Expositio in evangelium sec. Mathaeum et Joannem in Job, Davidem, in Canticum Cant., Isaiam, Jeremiam.* Neapoli, 1857. 2 vol.

348. *Expositio in Job, et in primam Davidis quinquagenam.* Neapoli, 1857. In-4°.

349. *Expositio in Isaiam, Jeremiam et Threnos.* Neapoli, 1858. In-4°.

350. *Expositiones in Isaiam, in Psalmos et in Boetium, et alia opuscula ex autographis et codicibus, cura* P. A. UCCELLI. Romae, 1881. In-4°.

351. *Catena aurea.* Neapoli, 1845. 2 vol. In-fol.

352. *Expositio continua super Quatuor Evangelistas simul ac catena aurea annotationibus* J. NICOLAI. Avenione, Seguin, 1851. 8 vol. In-8°.

353. *Catena aurea, sive expositio continua super quatuor evangelistas cum notis* NICOLAI. Tournay, 1853. 10 vol. In-8°.

354. *S. Thomae Aquinatis. Quatuor evangelistae simul ac catena aurea.* Lyon, Perisse, 1863. 8 vol. in-8°.

355. *Expositio continua super Evangelistas simul ac Catena aurea nuncup. per* J. NICOLAI. Paris, 1869. 3 vol. In-8° ; 2° édit. , Paris, 1881. 3 vol. In-8°.

356. *Catena aurea in quatuor evangelia.* Savona, 1888-1889. 5 vol. In-8°.

357. *Catena aurea in quatuor evangelia.* Augustae Taurinorum. 1894. 2 vol. ; 4° édit. 1896. 2 vol. In-8°. ; 5° édit. 1902 ; 6° édit. 1910. 2 vol. In-8°

358. *Exposition suivie des quatre évangiles ou Chaîne d'Or, texte et traduction française par* l'abbé E. CASTAN. Paris, Vivès, 1854-55. 8 vol. In-8°.

359. *Chaîne d'Or, exposition suivie des quatre évangiles ; texte et traduction par* l'abbé PÉRONNE. Paris, L. Vivès, 1868. 8 vol. in-8°.

360. *Der hl. Thomas von Aquin Goldene Kette Auslegung der vier Evangelien aus dem lateinischen. Uebers. v.* J. N. OISCHINGER. Regensburg, 1846-50. 7 vol. ; 2° aufl. Regensburg. 1881-83. 7 vol.

361. *Expositio in evangelium Jesu Christi secundum Matthaeum.* Neapoli, 1858. In-8°.

362. *Expositio in evangelium Jesu Christi secundum Joannem.* Neapoli, 1868. In-4°.

363. *In evangelia S. Matthaei et S. Joannis commentaria.* Torino, 1894. 2 vol. In-8°. ; 4° édit. Torino, 1896. 2 vol.

364. *S. Thomae Aquinatis doctoris angelici in evangelia S. Matthaei et S. Joannis commentaria T. I. Evangelium secundum Matthaeum. T. II Evangelium secundum Joannem.* 2° édit. Turin, P. Marietti, 1912. 2 vol. XXIV-403 et 518 pag. (S M L., LXXXIV., (1913), p. 455-456. ; I T Q. VII, (1912), p. 490 = J. Mac Rory.)

365. TOMMASEO (N.). I *Santi evangeli col comento che da scelti passi di' Padri ne fa Tommaso d'Aquino, tradotti.* Milano, Civelli, (1886). In-12.

366. *Commentaria in Epistolas omnes D. Pauli.* Neapoli, 1856. 2 vol. In-4°.

367. *In omnes D. Pauli apostoli epistolas commentaria.* Leodii, 1857. 3 vol. In-8°.

368. *In omnes D. Pauli Apostoli epistolas commentaria.* Paris, Vivès, 1870. 3 vol. In-8°.

369. *In omnes S. Pauli Apostoli Epistolas commentaria.* Torino, 1891. 2 vol. In-8°. : 2° édit., Torino, 1896.

370. *Commentaires sur toutes les épitres de St Paul, traduites avec sommaires et notes par* l'abbé BRALÉ. Paris, Vivès, 1869. 6 vol. In-8° ; Vivès, 1870 ; Vivès, 1874.

3° *Théologie*

371. *Summa theologica accurante* J. P. MIGNE. Parisiis, apud editorem, 1841-45. 4 vol. In-fol. 1858-61, 1864.

372 *Theologica summa e rev. theologorum Lovaniensium et Duacensium cum notis* J. NICOLAI S. TH. MADALENA *notis et dissertat.* MARIAE DE RUBEIS *et XII indicibus.* Paris, Migne, 1860. 4 vol. In-4°.

373. *S. Thomae Aquinatis summa totius theologiae cum appendicibus* P. SERAPHINI CAPPONI A PORRECTA. Neapoli, 1848. 6 vol. In-fol.

374. *Sancti Thomae Aquinatis doctoris angelici ordinis Praedicatorum summa theologica ad optimarum editionum fidem accurate recognita.* Parma, P. Fiaccadori, 1852-57. 14 vol. In-12.

375. *S. Thomae Aquinatis summa theologica cum elucidationibus litteralibus atque appendicibus ven.* P. Seraphini CAPPONI A PORRECTA Ord. Praed. Bononiae, 1853-61. 16 vol. in-8°.

376. *Summa theologica cum notis diversorum,* studio C. J. DRIOUX, 17° édition. Paris, Bloud, (Belin), 1856. 8 vol., In-8°.

377. *Summa theologica S. Thomae Aquinatis, editio nova aucta indice septimo nempe Philosophorum.* Parisiis, Vivès, 1864. 9 vol. In-16.

378. *Summa theologica cum notis* NICOLAI, SYLVII, BILLUART ET DRIOUX *ornata cum tabulis et lexicon* Barri Ducis, Guérin, et Parisiis, 1865. 8 vol. In-8° ; 1866, 1867, Barri

Ducis, Guérin, 1867. In-8º ; 1868, 1869 ; 6º édition : Luxembourg, 1870. 8 vol. ; 8º édit., Barri Ducis, 1873. 8 vol. ; 10º édit., Barri Ducis, 1877. 8 vol. ; 11º édit., Barri Ducis, 1879. 8 vol. ; 12º édit. , Luxembourg, 1880. 8 vol. ; 13º édit. , Barri Ducis, Parisiis, Bloud et Barral, 1882. 8 vol. ; 14º édit. Parisiis, Bloud et Barral, 1885. 8 vol.

379. *Summa theologica cum notis historicis, criticis, philosophicis et theologicis ornata, cum emendat. textuum acced. septem indices et concordantia Summae theologiae aliorum S. Thomae Aquin. operum studio et labore.* FRETTÉ et P. MARÉ. Paris, Vivès, 1882. 6 vol. In-4º ; 1889, 5 vol. In-4º.

380. *Divi Thomae Aquinatis Summa theologica ad emendatiores editiones impressa et accurantissime recognita.* Romae, ex typogr. Senatus 1886-87. 6 vol. In-8º ; édit. altera, Romae, ex typogr. Forzani, 1894. 6 vol. In-8º

381. *Summa theologica,* DE RUBEIS, BILLUART *et aliorum notis selectis ornata.* Augustae Taurinorum, 1885. 6 vol. In-8º ; 1888. 6 vol, In-8º ; 1895. 6 vol. In-8º ; 1898 ; 1903 ; 10º édit. 1904. 6 vol.

382. *S. Thomae Aquinatis O. P. Doctoris angelici et omnium Scholarum catholicarum patroni Summa theologica accuratissime emendata ac annotationibus ex auctoribus probatis et conciliorum pontificumque definitionibus ad fidem et mores pertinentibus illustrata. Tabulis ac synthetica synopsi instructa [a R P. Xaverio* FAUCHER Ord. Praed.] *Editio eminentissimo cardinali Josepho Pecci oblata, ab eoque benignissime accepta (praeeunte S. S. D. N. Leonis XIII P. M. , littera)* Parisiis, Lethielleux, 1887-89. 5 vol. petit In-4º.

383. *La Somme Théologique de St Thomas, traduite intégralement en français avec des notes théologiques, historiques et philosophiques par l'abbé* DRIOUX. Paris, Belin, 1851-1863. 8 vol. In-8º. (Ces volumes ne contiennent que la fraduction de l'œuvre de St Thomas et non le supplément. Le texte latin n'est pas publié).

384. *La Somme Théologique de St Thomas, latin français en regard avec notes et tables par l'abbé* DRIOUX. Paris, Belin, 1853. 15 vol. In-8º.

385. *La Somme Théologique de St Thomas d'Aquin, traduite en français et annotée par* LACHAT, *avec le texte latin et les meilleurs commentaires.* Paris, Vivès, 1857-1869. 16 vol. In-8º.

386. *La Somme théologique de S. Thomas d'Aquin, nouvelle traduction française avec le texte latin, des notes scientifiques, le supplément, et suivie d'une table générale, par l'abbé* J. CARMAGNOLLE, *du diocèse de Fréjus.* Draguignan, 1860. 20 vol. gr. In-8º ; 2º édit.: *La Somme théologique de St Thomas d'Aquin en français précédée des éloges du St Docteur et de sa biographie.* Draguignan, 1868. In-8º, XI-208 pages.

387. PÈGUES (Th.) O. P. *Commentaire français littéral de la Somme Théologique de St Thomas d'Aquin.* Toulouse, E. Privat, 1907. -

I. *Traité de Dieu.* Toulouse, E. Privat, 1907. 2 vol. In-8º, XLVII, 386 pages et II, 455 pag.

II. *Traité de la Trinité.* Toulouse. E. Privat, 1908. In-8º, XVI, 605 pag.

III. *Traité des Anges.* Toulouse, E. Privat, 1908. In-8º. 646 pag.

IV. *Traité de l'homme.* Toulouse, E. Privat, 1909. In-8º. VIII-806 pag.

V. *Traité du gouvernement divin.* Toulouse, E. Privat, 1910. In-8º, XIII-682 pag.

VI. *La béatitude et les actes humains.* Toulouse, E. Privat, 1911. In-8º, VIII-655 pag.

VII. *Les passions et les habitus.* Toulouse, E. Privat, Paris, P. Téqui, 1912. In-8º, XII-672 pag.

VIII. *Les vertus et les vices.* Paris, Téqui, Toulouse, Privat, 1913. In-8º, VIII-831 pages.

IX. *La loi et la grâce.* Paris, Téqui, Toulouse, Privat, 1914. In-8º, XI-765 pag.

X. *La foi, l'espérance et la charité.* Paris, Téqui, Toulouse, Privat, 1915. In-8º, 900 pag.

XI. *La prudence et la justice.* Paris, Téqui, Toulouse, Privat, 1916. In-8º. VIII-622 pag.

XII. *La religion et les autres vertus annexes de la justice.* Paris, Téqui, Toulouse, Privat, 1918. In-8º XI-785 pag.

XIII. *La force et la tempérance.* Paris, Téqui, Toulouse, Privat, 1919. In-8º, VIII-691 pag.

388. *The summa theologica of S. Thomas Aquinas, litterally translated by fathers of the english dominican province.*

I. New-York, Benziger, London, R. and T. Washbourne, 1911. In-8°, 361 pag.

II. New-York, Cincinnati, Chicago, Benziger and C° 1912, 564 pag.

III. London, R. et T. Washbourne, 1913. 347 pages.

389. RICKABY (J.) *Aquinas Ethicus or the moral teaching of St Thomas. A translation of the principal portions of the second part of the summa theologiae with notes.* London, Burns and Oates, 1911.

390. SCHNEIDER (C. M.) O. P. *Die katholische Wahrheit oder die theologische Summa des heiligen Thomas von Aquino deutsch wiedergegeben.* Regensburg, C. J. Manz, 1866-92. 12 vol. In-8°.

391. RULAND (H.) *Divi Thomae Aquin. compendium theologiae, textum accurate recognovit.* Paderborn, 1863.

392. ALAGONA (P.) *Divi Thomae Aquinatis compendium theologiae.* Parisiis 1845. Taurini, 1879.

393. *Doctrinae D. Thomae Aquinatis tria principia cum suis consequentiis, ubi totius doctrinae compendium et connexio continetur, auctore* R. P. Fr. Antonino REGINALDO O. P. *in Academia Tolosana olim professore et doctore.* Parisiis, Lethielleux, [1880] In-12.

394. ABERT (F.). *S. Thomae Aquinatis compendium theologiae Text mit Ubersetzung und Anmerkungen* (Bibliotheca thomistica I). Würzburg, Göbel, 1895. IV et 515 pag.

395. PELAGATTI (G.). *San Tommaso d'Aquino compendio di teologia opusculo a Reginaldo, saggio di versione, con note.* Firenze, Barbera, 1894. In-16.

4°. *Ecrits philosophico-théologiques*

396. *Quaestiones disputatae, accedit liber de ente et essentia cum commentariis* R. D. P. Thomae De VIO CAJETANI *cardinalis.* Parisiis, 1883, 4 vol. In-8°.

397. *S. Thomae Aquinatis doctoris Angelici Ord. Praed. Quaestiones disputatae.* Parisiis, Lethielleux, s d. (1882-1884) 3 vol. In-12, 628, 626 et 608 pag.

398. *Quaestiones disput. et quaestiones duodecim quodlibetales.* Turin, 1895.

399. HEDDE (F.). *Sancti Thomae Aquinatis doctoris angelici quaestiones disputatae de anima. Édit. nouvelle avec introduction et notes.* Paris, Gabalda et librairie St Paul, 1912. In-12, XLVIII-348 pag.

JELLINCK (Ad) = 1823.

5°. *Apologétique*

400. *Summa philosophica, seu de veritate catholicae fidei contra gentiles cum commentariis.* Napoli, 1846. In-4°.

401. *S. Thomae Aquinatis doctoris angelici de veritate catholicae fidei contra gentiles seu summa philosophica accedunt praecipua ejusdem doctoris philosophica opuscula. Ed.* P. C. ROUX LAVERGNE, E. D'YSALGUIER, E. GERMER DURAND. Parisiis, E. Renault ; Regisburgium, Pustet, sd. [1853] 2 vol. In-8°. XLIII-534, et 626 pag.

402. *Summa philosophica contra gentiles accedunt praecipua ejusdem doctoris philosophica opuscula.* Parmae, 1855 ; 3 vol. In-12.

403. *De veritate catholicae fidei contra gentiles seu summa philosophica adjectis brevibus adnotationibus.* Parmae, Fiaccadori, 1855. In-4°.

404. *Summa contra gentiles ed.* UCCELLI. Paris, Migne 1858. In-4°. Paris Migne, 1863.

405. *Summa contra gentiles ed.* St. FRETTÉ. Paris, Vivès, 1874.

406. *Summa philosophica seu de Veritate catholicae fidei contra gentiles.* Paris, Lethielleux, 1877. In-8°.

407. *S. Thomae Aquinatis summa de veritate catholicae fidei contra gentiles quae supersunt ex codice autographo qui in bibliotheca Vaticana adservatur... cura et studio* Petri Antonii UCCELLI *edita.* Romae, tip. de propaganda fide, 1878. In-4°, 649 et 40 pag. 2 fasc.

408. *Sancti Thomae Aquinatis doctoris Angelici Ordinis Praedicatorum de veritate catholicae fidei contra gentiles libri quatuor, editio secunda, ad fidem optimarum accuratissime expressa.* Parisiis, Bloud et Barral, 1881. In-8°, XXIX-654 pag ; 3e édit. Parisiis, 1886.

409. *Doctoris Angelici Summa contra gentiles seu de veritate catholicae fidei.* Augustae Taurinorum, 1886. In-8°. 5e édit. Tor. 1894 ; 1905.

410. *Summae contra gentiles libri IV.* Romae, 1888.

411. *Divi Thomae Aquinatis... Summa contra gentiles libri quatuor, ad lectionem codicis autographi in bibliotheca Vaticana adservati, probatissimorum codicum, meliorisque notae editum, fideliter impressi.* Volumen unicum. Romae, typ. Forzanii, 1894. In-8°.

412. *S. Thomae Aquinatis doctoris Angelici summa philosophica seu de veritate catholicae fidei contra gentes. Editio nova et emendata.* Parisiis, P. Lethielleux, sd [1906] In-12. XVII-658 pag.

413. *St Thomas d'Aquin. Somme de la foi catholique contre les gentils, traduction en français avec le texte latin, accompagnée de notes nombreuses et suivie d'une table analytique par l'abbé* ECALLE. Paris, Vivès, 1854. 6 vol. In-8°.

414. RICKABY S. J. *Of God and creatures ; one annotated translation with some abribgment of the summa contra gentiles of S. Thom. Aq.* London, Burns and Oates, 1905.

415. PROCTER (John) O. P. *An apology for the Religious Orders by Saint Thomas Aquinas, being a translation from the Latin of two of the Minor Works of the saint, edited with introduction.* London, Sands and C°, 1901. In-12, 488 pag.

416. PROCTER (John) O. P. *The Religious State, the Episcopate and Priestly office by saint Thomas Aquinas, a translation of the Minor Work of the saint on the perfection of the spiritual life.* London, Sands and C°, 1902. In-12, 166 pag.

6°. Droit canon

417. *S. Tommaso d'Aquino. Commento alle due decretali d'Innocenzo III sull' Unità e Trinità di Dio e sul principio creatore delle cose, esposto e dichiarato dal P. Gio. Batt.* TORNATORE. *della Missione.* Roma, 1878. In-8°.

7°. Parénétique

418. *Sermones.* Neapoli, 1846. In-8° (per cura di DOM. CARGIULO)

419. *S. Thomae Aquinatis doctoris angelici sermones.* Neapoli, typ. Virgiliana, 1853. In-8°. 505 pag.

420. *Divi Thomae Aquinatis doctoris Angelici sermones pro dominicis diebus et pro sanctorum solemnitatibus, edidit* H. HURTER. Oeniponte, 1874. In-8°, 436 pag.

421. *D. Thomae Aquinatis doctoris Angelici sermones et opuscula concionatoria, parochis universis et sacris praedicatoribus dicata et ed. a* J. B. RAULX. Luxemburgi, 1871, 2 vol. Barri Ducis, Parisiis, 1881. 2 vol. In-8°.

422. *Predigten auf das ganze Kirchenjahr. übers v.* OISCHINGER. Regensburg, 1845.

423. *St Thomas d'Aquin. La foi, les œuvres, la prière ou commentaire du symbole des apôtres traduit par un religieux dominicain.* Paris, 1856. In-12.

8°. Liturgie

424. *Thomas d'Aquin, hymnes et prose du Saint Sacrement, traduites en vers français, dédié à la fille de Louis XVI en exil, par M. le comte* DE MARCELLUS, 1833. In-16.

425. *Officium in festivitate Corporis Christi a S. Thoma Aquinate Urbeveteri compositum ab episcopo et clero populoque diocesseos Orbevetanae editum et oblatum Leoni XIII P. M. annum L Sacerdotalem celebranti.* Romae, typis M. Armanni, 1888. In-fol., XCII pag.

9°. Opuscules

426. *Opuscula.* Neapoli, 1851. 2 vol. In-8°.

427. *Opuscula selecta.* Ratisbonae, 1879. 2 vol.

428. *S. Thomae Opuscula.* Parisiis, Lethielleux, [1880]. 3 vol. In-8°.

429. DE MARIA (Michael) S. J. *Opuscula philosophica et theologica S. Thomae Aquinatis, editio accurate recognita et nonnullis quaestionibus ac scholiis aucta.* Tiferni Tiberini, Citta di Castello, 1886. 3 vol. In-8° .

430. *Über die Regierung der Fürsten. De regimine principum, Ein·Kompendium der Politik, Ubersetzt von.* TH. SCHERRER-BONARD. *Hrsgg. und mit Anm. von* A. PORTMANN. Luzern, 1897. Luzern, 1910.

431. KETTELER. *Die Pflichten des Adels, Eine Stimme des hl. Thomas von Aquin.* Mainz, 1868.

432. BONE (K.) *Von guter Erziehung. Ein neues Büchlein aus alter Zeit.* München, Gladbach, 1916.

433. *Opuscules de Saint Thomas*

d'Aquin traduits par les abbés VEDRI-NE, FOURNET ET BANDEL [*texte et traduction*] Paris, Vivès, 1856-1858. 7 vol. In-8°.

10° Apocryphes

434. *Das hl. Altarssacrament. aus d. lat. v.* J N. OISCHINGER Don. 1847.

435. *Du vénérable sacrement de l'autel, traduction par le chanoine* HUMBERT. Lille, 2 vol. In-8°.

436. *De l'adorable sacrement de l'autel. Opuscule traduit par l'abbé* BANET. Paris, 1854. In-8°.

437. *Tractatus de adventu et statu et vita Antichristi cum notis criticis* F. Hyac. de FERRARI. Roma, 1840. In-8°.

438. *St Thomas d'Aquin. Imitation de Dieu. Traduction complète de l'opuscule «de Moribus divinis» par* Mme DESMOUSSEAUX DE GIVRÉ, 4e édit. Tours, A. Mame et fils, 1909. In-16, 207 pag.

439. LEMONNYER (A.). O P. *Un chapitre du «de divinis moribus» attribué à S. Thomas d'Aquin.* V. S., 1, (1919), p. 44-46, 244-54.

440. LEMONNYER (A.) O. P. A *l'exemple de Notre Père, traduction et commentaire du traité «de divinis moribus» attribué à St Thomas d'Aquin.* Lille, Paris, Desclée, de Brouwer et Cie, 1920. In-12. XV-116 pag. [« la Vie spirituelle », collection dominicaine, 2.]

441. *Saint Thomas d'Aquin. Traité de la pierre philosophale, traduit du latin pour la première fois et précédé d'une introduction.* Paris, Chamuel, 1898. In-16, 110 pag. (Bibliothèque Rosicrucienne, I^e série, N° 6)

11° Textes choisis

442. *Summa theologica minuta seu totius Summae Theologicae manuale compendium.* Lutetiae Parisiorum, 1849. 2 vol. In-8°.

443. CARBONEL (P.). *Divi Thomae Aquinatis excerpta philosophica quae in totius philosophiae completissimum compendium selegit, notulis explicavit cum recentioribus doctrinis et systematibus perpetuo contulit, necnon et praevia totius philosophicae expositione aliisque multis adjumentis auxit Carbonel.* Avenione, Seguin, Parisiis, Lecoffre, Massiliae, Lutrin, 1882. 2 vol. In-8°, XXXII-1178, 971 pag.

444. BULLIAT (G.) *Thesaurus philosophicae thomisticae, seu selecti textus philosophiae ex sancti Thomae Aquinatis operibus depromti et secundum ordinem in scholis hodie usurpatum dispositi.* Nannetis, apud Lanoë Mazeau, 1899. Parisiis, Vic et Amat, 1900.

MAUSBACH (J.) : 1234.

DANIELS (A.) 1123.

445. KREBS (E) *Scholastische texte I : Thomas von Aquin texte zum Gottesbeweis ausgewählt und chronologish geordnet* Bonn, A. Marcus und E. Webers Verlag, 1912. In-12, III-63 pag. (Kleine texte für Vorlesungen und Übungen hrgs. v. Hanz Lützmann) T. Rev. 1917. XVI · · M. Grabmann.)

446. NARDI (B.). *Tommaso d'Aquino opuscoli e testi filosofici scelti ed annotati da...* Bari, Gius. Laterza e figli, 1915. 2 tomes en 3 vol. In-8°. XXXVII, 312 pag. et 632 pag. (Filosofi antichi e medievali a cura di G. Gentile).

447. ROLFES (E.). *Die philosophie von Thomas von Aquin. In auszügen aus seinen Schriften in ihren Gründzügen dargest.* Leipzig, F. Meiner, 1920 In-8°, XI-224 pag.

448. O'NEILL (N. C.). *New things and old in Saint Thomas Aquinas, a translation of various writings and treatises of the angelic doctor.* Londres, Dent, 1909. In-8°, VIII-320 pag.

449. LEBRETHON. *Summa minor tractatibus et notis ad concilium Tridentinum et Vaticanum exacta.* Parisiis, 1872. 5 vol. In-8°. Parisiis, 1879. 5 vol. In-18.

450. LEBRETHON. *Petite Somme théologique de St Thomas d'Aquin à l'usage des ecclésiastiques et des gens du monde.* Paris, Gaume, 1860. 4 vol. In-8°.

B. — ÉTUDES GÉNÉRALES, CATALOGUES ET LEXIQUES

451. VIELMIUS (H.) *De D. Thomae Aquinatis doctrina et scriptis.* Paduae, 1564. Venetiis, 1575. In-4°, 452 pag. Brixiae, 1748. In-4°, IX-57 pag, 2 portr. Vindobonae, G. D. Schulzius, 1763. In-4°, 12 ff. n. ch. et 175 pag.

452. NAZARIUS (J. B.). *De scrip-*

tis Thomae Aquinatis dans *Opuscula theologico-philosophica*. 1631.

453. ALVA Y ASTORGA. *De operibus S. Thomae Aquinatis et manuscriptis secundum antiquas et modernas editiones* p. 22-56, dans *Funiculi nodi indissolubilis de conceptu mentis et ventris*. Bruxelles, 1663.

454. MADALENA (PH.). *Crisis thomistica*. Cesaraugustae, 1719.
QUÉTIF - ÉCHARD = 87.
RUBEIS (DE) = 88.

455. *Thomas Aquinas and his writings*. Nation. quart. rev. XVII, (1868), p. 80, CLII, (1881), p. 105.

456. THOEMES (N.). *Commentatio litteraria et critica de Sancti Thomae Aquinatis operibus ad ecclesiasticam, politicam, socialem, statum « reipublicae christianae » pertinentibus, deque ejus doctrinae fundamentum atque praeceptis*. (Dissert. inaug.) Berolini, Otto Francke, sd. [1875] In-8°. 152 pag et sous ce titre : THOEMES (N.). *Divi Thomae Aquinatis opera et praecepta quid valeant ad res ecclesiasticas, politicas, sociales, commentatio litteraria et critica*. Berolini, Puttkammer ünd Mühlbrecht, 1875. In-8°, 150 pag.

457. *De Elucubrationibus in opera S. Thomae rite ordinandis* D T., 1, (1880), p. 141-5.

458. GALEA (A.). *De fontibus quorumdam opusculorum S. Thomae Aquinatis, doctoris angelici dissertatio*. Vessillo di S. Tomaso, 1880, n° 18.-21 ; Melitae, C. Busuttil, 1880. In-8°, LXVI p. Extrait de D. T. (1880-84).

459. DAVIDSON (T.). *Works of St Thomas Aquinas.* Mind, VIII, (1883), p. 610.

460. CHEVALIER (Ulysse). *Catalogue critique des œuvres de St Thomas d'Aquin*. sl. nd. [Romans, Sibillat, 1886] In-8°, 16 pag. ; 2ᵉ édit. sl. nd. [ibid. 1888] In-8°, 16 pag.

461, BERJÓN Y VÁSQUEZ (Antonio). *Estudios críticos acerca de las obras de Santo Tomás de Aquino.* Mádrid, Viuda é Hijos de Tello, 1899. In-12, 409 pag.

462. WILD (J.) *Ueber die Echtheit einiger Opuscula des hl. Thomas.* JPST., XXI, (1906), p. 61-71, XXII, (1907) p. 290-310.

463. MANDONNET (P.). *Des écrits authentiques de Saint Thomas d'Aquin.* R. Thom., XVII (1909) p. 38-55, 155-181, 257-274, 441-455, 502-573, 678-691 ; XVII (1910) p. 62-82, 289-307, à part 142 pag. ; 2ᵉ édit revue et corrigée. Fribourg, impr. S. Paul, 1910. In-8°, 158 pag. (H J., XXXI, (1910), p. 852-853. = N. P [aulus] ; R C F., LXIV, (1910), p. 475-478. = J. Rivière ; R H E, XI, (1910), 781-82 = L. Van Halst ; A B, XXX, (1911), p. 128 = H. Morétus ; J P S T, XXVI, (1911), p. 143 = I. Wild. ; Moyen-âge, XXIV, (1911), p. 270-273 = U. d'Alençon ; English hist. Rev., XXVI, (1911), p. 576-578 = W. H. V. Reade ; Rev. quest. histor., XC, (1911), p. 313-314. = P. Ramelet; Rev. histor., CVI, (1911), p. 364 = E. Jordan; Polybiblion., CXXI, (1911), p. 33-34 = H. Gzs ; R. Ben., XXVIII, (1911), p. 121-123 = D. R. P. ; T. Rev., X, (1911) c. 293-298. = M. Grabmann ; Z K G, XXXII, (1911), p. 140-= G. Ficker ; B L E, 1912, p. 175-80 = R. Hourcade ; D L Z., XXXIII, (1912), c. 1497-1501 = C. Baeumker ; B E C, LXXII, (1911) p. 133-135. = E. Flicoteaux ; H Z., CX, (1912), p. 336-338 = W. Gœtz ; Riv. stor. ital., 4° série, V, (1913), p. 410-412 = G G.)

464. ANGUIEN (S. d'). *Les ouvrages authentiques de St Thomas d'Aquin.* Rev. apologétique., 1911, p. 957-966. Bruxelles, Soc. belge de librairie, 1911. 21 pag.

465. MICHELITSCH (Anton.) *Thomas Schriften. Untersuchungen über die Schriften Thomas von Aquino. I Bd Bibliographisches.* Graz, Wien, Verlagsbuchhandlung Styria, 1913. In-8°, XII, 252 p. 4 pl. et 1 portr. (Z K T, XLIII, (1919), p. 343-351 = J B. Wimmer SJ. ; T. Rev., XVI, (1917) = M. Grabmann.)

466. PELSTER (Fr.) S. J. *Der Katalog des Bartholomeus von Capua und die Echheitsfrage bei den Schriften des hl. Thomas von Aquino.* Z K T., XLI, (1917), p. 820-832.

467 GRABMANN (M.). *Die Echten Schriften des hl. Thomas von Aquin.* Münster i. W, Aschendorf, 1920. In-8°, VI-275 pp. [B G Ph. M A XXII 1-2]

C. — ÉTUDES SPÉCIALES

468. ROSSINI (C.) *Dizionazio dei vocaboli filosofici adoperati dalle scuole e principalmente da S. Tommaso.* Napoli, stabilimento tipografico, 1856. In-8°, 104 pag.

469. ZAMA MELLINIO (J. M.) *Voca-*

bulario de Terminos escolasticos para la mejor inteligencia de los escritores de la edad media, especialmente de S. Tomás de Aquino, trad. A. VILLA. Guadalajara, 1879.

470. SCHÜTZ (Ludw.). *Thomas Lexicon d. i. Sammlung Üebersetzung und Erklärung der in den Werken des hl. Thomas v. Aquin vorkommnt terminia technici.* Paderborn, F. Schöning, 1881.

471. SIGNORIELLO (N.). *Lexicon peripateticum philosophico theologicum.* Neapoli, 1893.

472. SCHÜTZ (Ludwig). *Sammlung, Übersetzung und Erklärung der in sämtlichen Werken des hl. Thomas von Aquin vorkommenden Kunstausdrücke und wissenschaftlichen Aussprüche ;* 2e édit. Paderborn, F. Schöning, 1895. In-8º, X-889 p.

473. *La traduction française de la terminologie scolastique.* R N S., 1900, p. 249.

474. SIMON (Abbé). *Pour lire Saint Thomas ; études générales et lexique.* Paris, Maison de la bonne presse, [1915] In-8º, XXII-432 pag.
MANDONNET (P.) O. P. = 86.

475. UCCELLI (P. A.). *Disertazione sopra gli scritti autografi di S. Tommaso d'Aquino.* Milano, 1845.

476. [UCCELLI (P. A.)]. *Dei manoscritii di S. Tommaso e della necessità di consultarli per la nuove edizione delle sue opere.* C C., II série. V, (1854), p. 278-92.

477. DANTIER (Alph.) *Un manuscrit autographe de Saint Thomas d'Aquin.* Rev. contemp., XXXII, (1857), p. 560-591.

478. UCCELLI (P. A.) *Di un codice autografo di S. Tommaso d'Aquino conservato nella biblioteca nazionale di Napoli, memoria.* Estratto dal periodico la Carità, an II, 1867 quat. IX. Napoli, tip degli Accatoncelli. , 1867. In-8º, 32 p. et fac simile.

479. MIOLA (A.). *Codices mss. operum S. Thomae de Aquino et S. Bonaventurae in regia bibliotheca Neapolitana.* La Carità, vol. 1, (1874), p. 69-120 ; Napoli, 1874. In-8º, VI-52 pag.

480. UCCELLI (P. A.). *Intorno all' autografo di S. Tommaso d'Aquino sugli accidenti eucaristici.* Scienza ital., anno II, vol. II, (1877), p. 137-158.

481. UCCELLI (P. A.). *Il codice della Biblia vulgata latina in molti luoghi di proprio pugno annotata da S. Tommaso d'Aquino* S F., D. XIII, (1879), p. 105-125, 177-183, 393-401. Napoli, 1879. In-8º, 56 pag.

482. RAMIÈRE (Henri). *Les autographes de St Thomas.* Et., VI série, III (1879), p. 883-902.

483. *La scoperta dei codici di S. Tommaso.* La Carità, marzo 1880.

484. *Codici autografi di S. Tommaso.* S F. , Febr. 1880.

485. EHRLE (F.). S. J. *Das Studium der Handschriften des mittelalterliche Scholastik [sur les autographes de St Thomas]* Z K T, 1883, p. 21-23.

486. EHRLE (F.) S. J. *Das explicit einer Handschrift des hl. Thomas aus der Privat Bibliothek Pius VI.* Z K T, XIII, (1884), p. 628-630.

BERJÓN Y VÁSQUEZ (A) = 461
GRABMANN (M.) = 1905.

487. MERCATI (J.) *Scritti non riconosciuti... di S. Tommaso d'Aquino.* Bess. 1919.

488. LEHRMANN (P.) *Autographe und Originale namhafter lateinischer Schriftsteller des Mittelalters* Zeitschr. deutsch. Ver. für Buchwesen und Schrifttum, 1920, p. 6-16.

489. *Quaerenda in opera S. Thomae.* DT, fasc. 3 et 4 .

490. FELDNER (G.) O. P. *Der neueste Commentator des hl. Thomas,* J P S T, V, (1891), p. 385.

491. GRABMANN (M.). *Grundsätzliches und Kritisches zù neuen Schriften über Thomas von Aquin.* T. Rev., XVI, (1917).

492. GARDEIL (A.) O. P. *La documentation de St Thomas.* R. Thom., 1903, p. 197-215 ; 1904, p. 206-211 ; 486-493 ; 582-592 ; 1905, p. 194-197.
HERTLING (G. Von) = 1846.

493. FRANCO (N.) *I codici va icani della versione greca delle opere di S. Tommaso d'Aquino.* Nel Giubileo episcopale di Leone XIII ommaggio della biblioteca Vaticana. Roma 1893.

494. BOUVY (Edm.). *Saint Thomas. Ses traductions byzantines.* R. Aug., IX, (1910), p. 401-408.

495. RACKL (M.). *Die grieschische Uebersetzung der theologischen Summa des hl. Thomas von Aquin.* Byzantin. Zeitsch. , XXIII, (1914).

496. RACKL (M.). *Demetrios Kydones als Verteidiger und Uebersetzer des heiligen Thomas von Aquin*. Kath.,XVC, (1915), p. 21-40. Mainz, Kirchheim, 1915. In-8º, 24 pag.

497. SCHÜTZ (L.). *Die Lehre des heiligen Thomas von Aquino in seinen Kommentaren zu Aristoteles*. Kath., LVII, (1877), p. 588-610.

HERTLING (G. Von). = 1349.

498. ROLFES(E.).*Die Textauslegung des Aristoteles bei Thomas von Aquin und bei den Neueren*. J P S T, 1895.

499. GRABMANN (M.). *Les commentaires de St Thomas d'Aquin sur les ouvrages d'Aristote*. Ann. Institut sup. philosophie. I. III, p. 231-82. Louvain, Institut supérieur de Philosophie, 1914. In-4º, 54 pag.

500. PASTE (R.) *Il « de anima » di Aristotele commentato da San Tommaso*. S C. 1904, 1905, et 1906.

501. GRABMANN (M.). *Welchen Teil der aristotelischen Politik hat der hl. Thomas von Aquin selbst Kommentiert?* Ph J., XXVIII, (1915), p. 373-9; [1915] s l, n d. In-8º, 7 pag.

502. BROWNE (M. D.). O. P. *L'authenticité du commentaire de Saint Thomas sur la politique d'Aristote*. R. Thom., N. S., III, (1920), p. 78-83.

PICAVET (F.) = 1871.

503. PECCI (Giuseppe). *Parafrasi e dichiarazione dell'opuscolo di S. Tommaso « de ente et essentia »*. Accad. Rom. di S. Tommaso d'Aquino, II (1882) Roma A. Befani, 1882. In-8º. 157 pag. Trad. lat. dans D T, II (1885) II, 399-405, 419-26, 440-3, 453-9.

LIECHTY (R. de). = 1054.

504. BRUNETEAU (E.) *Brève notice sur le « de ente et essentia » de St Thomas*. R. Thom. XX, (1912), 307-20.

GRABMANN (M.). = 1077.

505. BARDENHEWER (O.). *Die pseudo-aristotelische Schrift über das reine Gute bekannt unter dem Namen : liber de causis*. Freiburg i B. 1882.

506. GUHRANER. *Über den Verfasser der Thomas von Aquino beigelegten Schrift « de eruditione principum libri VII »*. Serapeum, X, (1849), p. 154-60, 175-6.

507. UCCELLI (P. A.). *Intorno a due opuscoli di S. Tommaso d'Aquino sul governo de'sudditi ai re di Cipro ed alla duchessa di Fiandra. Lettera critica*. S F., vol. IX, sér III, fasc. 452, pp. 105-125. à part sl. nd. [Napoli 1870] In-8º, 21 pag.

508. NADEAU (L.). *De regimine principum divi Thomae*. Parisiis, Claromonte-Avernorum, 1871. In-8º, 2-51, pag.

BOULAS (Franc). = 1346.

509. BAZAILLAS (Alb.). *Etude sur le de regimine principum*. Rev. acad. scien. Tarn et Gar., 1892, B VIII, p. 121-44. Montauban, 1892.

BOSONE (C. A.) = 1364.

SCHERRER-BONARD. = 430.

510. SANSONE (Vincenzo.). *Difesa dell'autenticità del trattato de regimine principum di S. Tommaso d'Aquino a torto attribuito interamente od in parte ad altri*. Palermo, G. Micale, 1910. In-16, 16 pag.

511. ENDRES (J. A.). *De regimine principum des hl. Thomas von Aquino Eine kritische Erörterung-Festgabe zum 60 geburstag Clemens Baeumker*. Münster, Aschendorff, 1913, p. 260-267.

512. COLETTA (Luigi). *S. Tommaso d'Aquino insigne interprete delle sante scritture*. S F., CXXV, (1874), p. 35-48.

513. DE KERNAERET (J.). *Les premiers chapitres de la bible et la somme de St Thomas*. An. Ph. Ch., oct. 1881.

BLANCHE = 1516.

514. FERNANDEZ O. P. [*Système exégétique de St Thomas.*] Espana y America. 1er avril, 1er mai, 1er juin, 1er septembre 1909.

515. LEGENDRE (A.). *La bible et la Somme de Saint Thomas*. L'Univers, 25 février 1910.

516. LEGENDRE (A.). *La bible dans la Somme théologique*. Rev. facultés cath. de l'Ouest, XXI, (1911), p. 9-33.

517. ALCADE (L.). *Il elemento revelado en la Suma teológica*. C T., 1913, p. 252-266, 409-421.

518. COLUNGA (A.). *El comentario de Santo Tomás sobre Job*. C T, XVI, (1917), p. 45-50.

519. UCCELLI (P. A.). *Exposizione inedita de'salmi LII, LIII, LIV di S. Tommaso d'Aquino*. S F., CXXXII (1875), p. 265-273, 375-388. Napoli, Vincenzo Manfredi, 1875, In-8º, 36 pag.

520. COLUNGA (A.). *Los sentidos de los salmos segun santo Tomás.* C T, XV, (1917), p. 353-362.

521. VREDE (Wilhelm). *Die beiden dem hl. Thomas von Aquin zugeschriebenen Kommentare zum hohen Liede.* Inaug Diss. Münster, Berlin, 1903. In-8°, 41 pag.

522. UCCELLI (P. A.). *S. Thomae Aquinatis doctoris angelici super Isaiam prophetam quae ex autographis supersunt.* Mediolani, 1847. In-8°.

523. UCCELLI (P.A.) *S. Thomae Aquinatis doctoris angelici Ord. Praed. in Isaiam prophetam, in tres psalmos David, in Boetium de Hebdomadibus et de Trinitate expositiones. Accedit anonymi liber de fide sanctae Trinitatis a S. Thoma examinatus in opusculo contra errores Graecorum, una cum ipso opusculo et altero contra Graecos Armenos et Saracenos. Omnia quae supersunt ex autographis cetera vero ex optimis codicibus et editionibus.* Romae, ex typographia polyglotta S.C. de propaganda fide, 1880. gr. In-4°, XXXVII-526 pag.

524. MASNOVO (A.). *La « catena aurea » de St Thomas d'Aquin et un nouveau codex de 1263.* R N S. , XIII, (1906), p. 200-209.

525. BOUVIER (Abbé Claude Eugène). *La bible des fidèles, le saint évangile de Jésus Christ. Commentaire traditionnel d'après la chaîne d'or de Saint Thomas d'Aquin.* Lyon, 1908. In-8°.

526. ALEXANDER (Nat.). *Summa Sancti Thomae vindicata et eidem angelico doctori asserta, contra praeposteram Joannis Launoii Parisiensi theologi dubitationem.* Parisiis, A. Cramoisy, 1675. In-12, 6 ffnch. 84 pag. Item. *Historia Ecclesiastica.* T. VIII. Venetiis, 1774.

527. ÉCHARD (J.). *Sancti Thomae Summa suo auctori vindicata, sive de V. F. Vincentii Bellovacensis scriptis dissertatio.* Parisiis, J. Bapt. Delespine, 1708. In-8°, VIII-640 pag. et grav.

528. CHASTELLAIN. *La somme théologique de Saint Thomas d'Aquin.* Mem. acad. Ste Croix Orléans, III, (1877), p. 418-30.

529. GUALINDI (A.) S. J. *Summa theologica S. Thomae doctoris Angelici uno schemate per ordinem quaestionum exhibita.* Romae, 1881.

530. GUILLERMIN (H.). *Un article inédit de la Somme théologique de Saint Thomas d'Aquin.* Lettres chrétiennes, II, (1881), p. 378-406.

531. PORTMANN (A.). *Das System der theologischen Summae des hl. Thomas von Aquin Programm des Kanttonschule Luzern.* Luzern, Gebrüder Räber, 1885. In-4°, 79 pag. ; 2e édit. ibid. , 1903. In-8°, XXV. 470 pag. (Kath., 3 S., XXXXI p. 308-309 = Ph. Kneib.)

532. HUNNAÉUS (J.). *D. Thomae Aquinatis totius Summae theologicae conclusiones.* Parisiis, 1890.

533. BERTHIER (J. J.) O. P. *L'étude de la somme théologique de Saint Thomas d'Aquin.* Rev. Suisse cath. XXIII, (1892), p. 336-69, 385-423, 467-88, 557-76, 577-608, 641-72, 705-36. Fribourg, B. Veith, 1893. In-8°, XXIII, 333 pag; 2e édit, Paris, Lethielleux, sd. [1905] In-12, 494 pag.

534. BERTHIER (J. J.) O. P. *Tabulae synopticae totius summae theologicae editio altera.* Friburgi Helvetiorum, Veith, 1893. In-8°, 6 et XXIX tableaux. Parisiis, Lethielleux, 1903. In-8°, 8 pag. et XXIX tableaux.

535. KEARNY (L. F.). *What we owe to the summa of St Thomas.* Rosary, 1893.

536. LYONS (Chanoine). *La Somme de St Thomas d'Aquin résumée en tableaux synoptiques.* Nice, imprimerie industrielle des ateliers de la place d'armes, 1901. In-fol. III et 329 p.

537. KENNEDY (D. J.) O. P. *The summa theologica of St Thomas.* C U B, (1909), p. 329-345.

538. KENNEDY (J.) *Specimen pages from the Summa Theologica of St Thomas.* C U B., XVI, (1911), p. 761-778.

539. MASNOVO (Can. A.) *Introduzione alla Summa Theologica di S. Tommaso.* [Piccoli saggi]. Torino, libr. edit. internazionale, 1918. In-12. LXII-84 pag.

GRABMANN (Martin) = 793.

540. JUTTNER (P.) *Bedeutung und Gebrauch der Summa Theologica des heil. Thomas von Aquino.* Germania, p. 201-204.

541. HORVATH (A.) O. P. *Die Summa theologica des hl. Thomas von Aquin als Textbuch.* D T, II, (1915), p. 173-195.

542. VALLARO (Steph.) O. P. *La somma di S. Tommaso testo delle scuole*

teologiche. Torino, Berruti, 1915. In-16, v. 80 pag.

543. ORTEGA (J.) O. P. *La summa teologica de S. Tomás adaptada para servir de texto en los seminarios.* C T, 1920, p. 161-170.

544. CARBONE (Ludov. Perusin). *Catalogus scholasticorum theologorum, seu Interpretum Summae D. Thomae Aquin.* Coloniae Agripp, 1618. 1 vol.

545. MICHELITSCH (A.). *Commentatoren zur Summa Theologica des hl. Thomas von Aquin.* D T, V, (1917), (1918), VI (1919) p. 113-35. (donne la liste des commentateurs de la somme théologique de St Thomas.)

546. HOLTUM (G. von). *Commentaria Caietani in Summam S. Thomae.* S M B C O, t. XXV, (1904).

547. FALK (F.). *Ein kaum bekannter Mainzer Druck der Summa de Articulis fidei des Aquinaten.* Centralblatt für Bibliothekwesen, II,(1835), p. 328-30.

548. UCCELLI (P. A.). *Notizie storico-critiche circa un commentario inedito di S. Tommaso d'Aquino sopra il libro di S. Dionigi de nomi divini.* S F, C V, 1869, p. 368-88, 469-72, (1º 37 ; 177-80.

549. SIGNORIELLO (Nunzio). *Autenticità del Commentario autografo sul libro de'nomi divini.* S F, III série, V, (1869), 473-81.

550. UCCELLI (P. A.). *Sopra il terzo capo del libro de'Nomi divini dl San Dionigi Areopagita commentario inedito di San Tommaso d'Aquino nel quale si tocca del transito della SS. Vergine.* S F, XXXVIII série IV, vol. XII, (1878).

551. GUADANIN (G.) *Le dottrine di S. Tommaso sul libro di Boezio intorno la Trinità ridotte in compendio.* Treviso, 1882. In-16, 64 pages.

552. HERTLING (G. von). *Wo und wan verfasste Thomas von Aquin die Schrift de spiritualibus creaturis.* H J, V. (1884), p. 143-5. Réédité par ENDRES dans *G. v. Hertling Historische Beiträge zur Philosophie,* München 1914. In-8º.

553. PORTMANN (A.). *Die Systematik in den Quaestiones disputatae*

des hl. Thomas von Aquin. J P S T, VI, (1891), p. 48-64 ; (1892), p. 127-149. (1893).

554. DÖRHOLT (B.)*Erklärung einer schwierigen Stelle der Quaest. de Veritate des hl. Thomas.* J P S T, 1896 ou 1898. [q. 11 a 3 utrum Deus alia a se cognoscat.]

555. HÄUSLER. *Der hl. Bernhard in den Quaestiones disputatae des hl. Thomas v. Aquin* Zisterzienser Chronik, 1906. Nº 210.

MOOCK (W) = 1240.

556. MANDONNET (P.) O. P. *Chronologie des questions disputées de St Thomas d'Aquin.* R. Thom. , NS. I, (1918), p. 266-87, 340-71.

557. JANSSEN (R.). *Die quodlibeta des hl. Thomas v. Aquin Ein Beitrag zu ihrer Würdigung und eine Beurteilung ihrer Ausgaben.* Bonn, P. Henstein, 1912. In-8º, III-111 pag. (R. Thom., XX, (1912), p. 345-346. = D. Prümmer O P. ; H J., XXXIV, (1913), p. 192-193. — H Meyer ; Kath, 4º série, XI (1913) p. 457. ; T L Z, XXXVIII, (1913), c. 794-795 = Scheel ; D L Z., XXXV, (1914) c. 217-219 = L. Baut. ; A L B., XXII, (1913), c. 10 = A. Lhotzky ; T. Rev., XVI, 1917 = M. Grabmann).

558. TOSTI (L.) *S. Thomae Aquinatis propria manu scripta epistola ad Bernardum abbatem Cassinensem.* Typis Montis Casini, 1875. XXIV, pp. in-fol. avec portrait et fac-simile, et dans *Scritti varii.* Roma, L. Pasqualucci, 1890. In-8º, p. 19-45. [la lettre à l'abbé du Mont Cassin est reproduite précédée d'un commentaire historique avec fac simile de l'autographe dans le *Florilegium Cassinense,* p. 199-220. (Bibliotheca Casinensis t. 2.)

559. DEHO (Gaet.). *Epistola S. Thomae Aquinatis ad Bernardum abbatum Casinensem,* Casini 1875. (O R L M. 1880, IV série, VII, 104-109.)

560. CIANTES (I). *Summa divi Thomae Aquinatis O. P. Contra gentiles, quam hebraice eloquitur Josephus Ciantes Romanus.* Romae, 1657. In-fol. BARRET (J. C.) = 1087.

561. BERTHIER (J. J.). O. P. *Tabulae systematicae et synopticae totius Summae contra gentes.* Parisiis, Lethielleux, [1900]. 7 p. et XXVIII tableaux.

562. UCCELLI (P. A.) *S. Thomae Aquinatis doctoris angelici Ord. Praed. Summae de Veritate catholicae fidei contra gentiles quae supersunt ex codice autographo qui in Bibliotheca Vaticana adservatur, cetera vero ex probatissimis codd. et editionibus.* Romae, ex typographia polyglotta S. C. de Propaganda fide, 1878. gr-In-4º, LII-649 appendice I-40 pp.

563. BURONI (G.) *Breve saggio di una scuola sul contra gentes di S. Tommaso nel seminario arcivescovile di Torino.* Torino, 1881. In-8º, 52 p.

564. PETRONIUS (F.) *In summam catholicae fidei contra gentiles S. Thomae elucidationes.* Neapoli, 1886. 4 vol. in-fol.

WEBER (Sim.) = 1117.

565. ROLFES (E.). *Z. Kontroverse über d. Wortlaut des Textes in der philosoph. Summa des hl. Thomas v. Aquin.* 1-13 : *Ergo ad quietem unius partis ejus (non) sequitur quies totius.* J P S T, XX, (1904.)

566. GETINO (L.). O. P. *La Summa contra Gentes y el Pugio fidei.* Vergara, 1905.

567. GSPANN (J. G.) *Des hl. Thomas Summa contra gentiles als Predigtquelle.* Kath., 1913. 4º série, XI, p, 427-432.

MARTIN (R. M.) O. P. = 1575.

568. GRAIN (J. M. Garcia) O. P. *Modernidad de la Summa contra gentiles* C T., XX, (1919), p. 196-209, XXI, (1920), p. 53-66.

569. UCCELLI (P. A.) *De'testi esaminati da S. Tommaso d'Aquino nell' opusculo contro gli errori de' greci relativamente all'infallibilita pontificia.* SF, XXX, ser. III, vol. X, (1870), p. 291-321. Napoli, Vincenzo Manfredi, 1870. In-8º, 44 pag.

570. REUSCH (F. H.). *Die Fälschungen in dem tractat des Thomas von Aquin gegen die Griechen Opusculum contra errores Graecorum ad Urbanum IV.* Abhandl. Kön. bayr. Akad. Wissenschaft. III kl. 18 Bd. 3 Abt., XVIII, (1890), p. 673-742. München, G. Franz, 1890. In-4º, 70 pag.

571. BONAVENTURA DA SORRENTO. *Si espongono gli scritti di S. Tommaso contro Guglielmo di Santo Amore, primo oppositore dei religiosi. Dissert.* Napoli, Sorrente, 1892. In-8º, 32 pag.

572. HAUTEVILLE (N. C. M. De) *La théologie angélique ou l'idée du parfait prédicateur clairement expliquée dans les principes de l'admirable doctrine de St Thomas.* Lyon, Prost, 1657. In-4º.

573. RISPOLI (Petri Aloys). Congr. SS. Red. *Lux praedicatorum seu veritates praedicabiles verbis et methodo D. Thomae et exemplis Scripturarum.* Neapoli, 1815. 2 vol. In-8º.

574. GOUX (P.). *De sancti Thomae Aquinatis sermonibus.* Parisiis, Belin, 1856. In-8º, 91 pages.

575. UCCELLI (P. A.). *Sermoni inediti di S. Tommaso d'Aquino e di S. Bonaventura di Bagnorea.* O R L M., B. XI (1868), p. 223-70, 410-27, XII, 64-72 ; 226-58 ; 331-7, 395-407.

576. UCCELLI (P. A.) *S. Thomae Aquinatis e S. Bonaventurae Balneoregiensis Sermones anecdoti, Accedunt Petri de Tarentasia (Innocentii V) et Hugonis a S. Victore sermones itidem anecdoti.* Mutinae, Heres Soliani, 1869. In-8º, 2 f. 199 pag.

577. UCCELLI (P. A.) *Sancti Thomae Aquinatis doctoris angelici sermones noviter reperti, officium de festo sancti Augustini, et preces piae.* Parma, 1869.

578. GHILARDI (J.-Th.). et UCCELLI (Pet-Ant.). *Sancti Thomae Aquinatis doctoris Angelici ordinis Praedicatorum Sermones quadragesimales ex codice vaticano depromti nunc primum in lucem editi.* Monteregali, tip Bianco, 1872. In-8º, IX-167 pag.

579. UCCELLI (P. A.). *Sermoni inediti di S. Tommaso e S. Bonaventura, cavati da due codici Vaticani,* Napoli, Vincenzo Manfredi, 1871. In-8º, 48 pag. (S F., CIX. (1870) p. 395-404.)

580. UCCELLI per cura di Mons. Parocchi vescovo di Pavia, a publié d'autres sermons de St Thomas dans S C., IV, (1874.)

581. UCCELLI (P. A.). *Sermone inedito di S. Tommaso d'Aquino sulla Natività della S. Vergine.* I gigli a Maria, XII, (1874), p. 125-43.

582. UCCELLI (P. A.) *Sermoni inediti dell'angelico dottore San Tommaso d'Aquino.* Genio catt. di Reggio.- Emilia, 1875 ; à part : In-8º, 58 pag.

583. BAUNARD (L.) *Quid utilitatis praedicationi sacrae conferat doctoris angelici sancti Thomae Aquinatis scriptorum meditatio, oratio.* R S E, IVe série IX, (1879), p. 236-47.

584. BOURSIN (L.) *La prédication en France au XIIIe siècle et les sermons de St Thomas d'Aquin.* Bull. acad. St Thomas. Coutances, Paris, Salettes, 1882. In-8°, 51 p. •
COIGNARD (M.) → 1979

585. HAURÉAU (B.) [*Deux sermons inédits de St Thomas*] *Notices et extraits de quelques manuscrits latins de la bibliothèque Nationale.* Paris, Klincksieck, 1892. Tome IV, p. 79-93.

586. GARDEIL (A.) O. P. *Trois exordes inédits de sermons de St Thomas d'Aquin.* R. Thom., I, (1893), p. 379-386.

587. *Exordia tria anecdota S. Thomae Aquinatis.* D T., 1913.

588. SALVATORE (F.). *Due sermoni inediti di S. Tommaso d'Aquino.* Roma, 1912. 27 pages. (Deux discours d'ouverture de cours de S. Th.)

589. UCCELLI (P. A.). *Del catechismo di S. Tommaso d'Aquino e la prima petizione del Paternostro da lui spiegata.* SF, C (1880), XVII, p. 97-115. Napoli, 1880. In-8°, 20 pages.

590. UCCELLI (P. A.). *La esposizione della salutazione angelica di S. Tommaso d'Aquino, collazionata con otto codici ed illustrata.* I Gigli a Maria, XII (1874), p. 57-96, 97-116.

591. UCCELLI (P. A.) *Salutationis Angelicae bina expositio S. Thomae ex codd. Parisiensibus, altera cum particula nec originale peccatum incurrit B. V. altera anecdota.* Parisiis, Soye et Bonchet, 18...

592. PAPEBROCHIUS (Dan.). *Dissertatio de officio pro festo corporis Christi Urbani IV jussu per S. Thomam composito.* AA. SS. Boll. 1685 mai. id. Palmé. p. 51-3 xxx 12^b.

593. [AUBERMONT (Joann. Ant. d'] *Expunctio appendicis Papebrochii officium corporis Christi a S. Thoma compositum denegantis.* Gandavi, sd. In-4°.

594. ALEXANDER (Natalis). *Dissertationes historicae et criticae quibus officium venerabilis sacramenti Sancti Thomae vindicatur contra RR. PP. Henschenii et Papebrochii conjecturas, deinde titulus praeceptoris S. Thomae, ex elogio Alexandri Halensis expungitur contra popularem opinionem. Accedit panegyricus Angelico Doctori dictus.* Parisiis, Ant. Dezallier, 1680. In-12, 170 pag. Item *Historia ecclesiastica. VIII, Venetiis,* 1774.

595. St DOMINIQUE (Jean de) [MAISON (Jean) O. P.] *Dissertatio historica in appendicem P.P. Godefridi Henschenii et Danielis Papebrochii S. J. AA. SS. ad 5 april. p. 903 et seq. pro officio Corporis Christi D. Thomae.*

596. GRANGE (J.) *L'office du Saint Sacrement.* Rev. monde cath., XXIV, (1869), p. 359-75.

597. BATTAGLINI (Ferd.) *St Thomas auctor officii SS. Sacramenti ex epigrapho Vulsiniensi.* D T., II, (1884) p. 233-236.

598. CORMIER (H. M.) O. P. *Étude sur St Thomas d'Aquin et l'office du T. S. Sacrement, discours prononcé au Congrès Eucharistique de Toulouse* 1886. In-12, 38 pages.
CORMIER (H. M.) O. P. → 262.

599. PILLET (A.). *Saint Thomas d'Aquin et l'office du Saint Sacrement.* Bull. fac. cathol., VIII, (1887), p. 124-30.

600. BIONDI (M.). *Traduzione del ritmo sulla ss. Eucaristia di S. Tommaso d'Aquino e distico sulla croce.* Arezzo, 1891. In-8°, 14 pages.

601. CHEVALIER (Chanoine Ulysse) *Poésie liturgique au moyen-âge, rythme et histoire, hymnaires latins.* Paris, Picard, 1893. p. 111-112.

602. BAUMGARTNER (A.) *Geschichte der Weltliteratur IV. Die lateinische und grieschische Literatur der christlichen Völker* (1900) p. 456 seq. sur les poésies de St Thomas d'Aquin.

603. HERTKENS (J.) *Dichtungen des hl. Thomas von Aquin.* P B. 1900.

604. GRABMANN (M.). *Die theologie der eucharistischen Hymnen des hl. Thomas von Aquin.* Kath. , III folge. , XXV, (1912), pp. 385-99.

605. GROSSI (E.) *La poesia eucaristica di S. Tommaso d'Aquino dans la poesia eucaristica del III secolo ai giorni nostri* ; Ros., 1907, p. 265-284.

606. BLUME (Cl.). S. J. *Das Fronleichnams Fest : seine ersten Urkunden und offizien.* T G, I, (1909), pp. 337-49.

607. MORIN (G.) *L'office cistercien pour la fête-Dieu comparé avec celui de St Thomas d'Aquin.* R. Bén., XXVII, (1910), p. 236-246.

608. BLUME (Cl). *Thomas von Aquin und das Fronleichnams offizium insbesondern der Hymnus Verbum supernum.* T G, III, (1911), p. 358-372.

609. BOELEN (J. J. G.). *De sacraments-hymnen van den H. Thomas van Aquino.* Stud., LXXVI, (1911), p. 810-862.
LOUIS (R.). O. P. = 166.

610. UCCELLI (P. A.). *Di una lettera di S. Tommaso d'Aquino intorno al modo di studiare, osservazioni critiche,* S F., CXVII, (1871), p. 293-308.
ROUSSET. = 207.

611. L... *Ein Brief des hl. Thomas v. Aquin.* Z K T, III (1879), p. 403-5.

612. *Lettera inedita di S. Tommaso d'Aquino.* O R L M, jan. febr. 1880.

613. TIRMIN (A.) *Lettres de S. Thomas d'Aquin.* Et. 1910.

614. UCCELLI (P. A.) *Orazioni et detti di S. Tommaso d'Aquino dottore angelico.* S F, CI, (1868), p. 353-61, 441-50. Napoli, Vincenzo Manfredi, 1868., In-8°, 32 pages.

615. HOLTUM (G. von). *Das opusculum des hl. Thomas « de quatuor oppositis »* J P S T, XV (1901), p. 280-309, 422-434.

616. UCCELLI (P. A.) *Parte terza inedita de pluralitate formarum di San Tommaso d'Aquino.* S F, D. II (1876), p. 110-30, 177-95, 602-3. Napoli, 1876. In-8°, 43 pag.

617. WILD (I.) *Die zusammensetzung des opusculum des hl. Thomas von Aquin « de intellectu et intelligibili »* J P S T, XVIII (1903).

618. VANZOLINI (G.). *Somma delle penitenze dei fra Tommaso d'Aquino dell'ordine dei Predicatori.* Il propugnatore VI, (1873), I, 406-30 ; II, 31-47 ; VII (1874) I, 69-93, II, 147-53 ; 348-63.

619. ALOISIO (R.). *S. Tommaso d'Aquino, Opuscoli inediti ossia trattato dell'avento, vita, stato e morto dell'Antichristo, dal latino con note e delucidazioni.* Napoli, 1890. In-8°, VIII-153 p.

620. UCCELLI (P. A.). *Un opuscolo di S. Tommaso d'Aquino sugli accidenti eucaristici.* S F., XXXVII, (1859), p. 304-22.

621. VERATTI (B.) *Due sonetti attribuiti a S. Tommaso d'Aquino.* O R L M, II série IX, (1867) p. 269-89.
UCCELLI (P. A.) 577.

622. BAURAIN (L.) *Los himnos de la fiesta de San Augustin |attribués à St Thomas|* C D, T. LXI, (1903), p. 212-216, sq.

623. UCCELLI (P. A.) *Del Bello. Questione inedita di S. Tommaso d'Aquino, con notizie storico-critiche de codici da cui fui cavata e comparazione de' luighi rispondente pel prof. M. Signoriello.* Napoli, 1869. In-8°, extr. de la S F., série III, vol. V, p. 431-432.

624. AMELLI (G.) *D. Thomae Aquinatis de arte musica nunc primum ex codice bibliothecae Universitatis Ticinensis edidit et illustravit...*- s.l.n.d. [Mediolani, typ. S. Josephi, 1880] In-8°, 29 pag.

III. — DOCTRINES PHILOSOPHIQUES

A. — GÉNÉRALITÉS

HÖRTEL (H.) = 42.

625. MONTET (L.). *Mémoire sur Saint Thomas d'Aquin (considéré comme philosophe)* Mém. acad. scien. mor. polit. (1847), savants étrangers, II, (1847), p. 511-611. Paris, Firmin-Didot, 1847. In-4°, 103 p.

626. RÉMUSAT (Ch. de). *Rapport sur le concours relatif à l'examen critique de la philosophie de St Thomas d'Aquin.* Compte rendu acad. scien. mor. polit., CXX, (1857), p. 5-33, 321-48.

627. CACHEUX (N.) *De la philosophie de Saint Thomas d'Aquin.* Paris, 1858. In-8°, XXVIII-640 pag.

628. CARO (E. M.) *La philosophie de Saint Thomas d'Aquin.* Rev. contemp., B III, (1858), p. 129-150.

629. DAVID. *La philosophie de Saint Thomas d'Aquin.* Correspondant, Août 1859.

630. NAVILLE (E.). *Etude sur l'œuvre de Saint Thomas d'Aquin.* Paris, 1859. In-8°, 78 pag.

631. STÖCKL (A.) *Geschichte der Philosophie des Mittelalters.* Mainz, F. Kirchheim, 1864-66. 3 vol. In-8°, t. II, p. 421-734.

632. LILLA (V.). *La mente dell' Aquinate e la filosofia moderna.* Torino, 1873. In-8°, 358 pag.

633. BAUMANN (J.). *Thomas v. Aquino.* München, 1874.

634. CELESIA (M.) *Il secolo di S. Tommaso d'Aquino e la nostra contemporaneita raffronti.* Palermo, 1874.

GAUDENZI (Tomm.) O. P. = 230.

635. HOLTZMANN (H.). *Thomas v. Aquino und die Scholastik, ein Vortrag.* Karlsruhe, G. Braun, 1874. In-8°, 40 p.

636. FILONI (G.) *La scienza cristiana e S. Tommaso d'Aquino, considerazione, con un saggio di lessico filosofico scolastico.* Firenze, Egisto Cini, 1876. In-8°, 80 p.

637. TALAMO (S.) *Il rinnovamento del pensiero tomistico e la scienza moderna.* Siena, 1878. 2° éd.

638. DAVIDSON (Th.) *The philosophy of Thomas Aquinas.* Jahrh. spek. Phil., XIII, (1876), p. 87.

DORIA (Gius). = 233.

639. GRIMM (H.) [*Lettre sur la philosophie de Saint Thomas d'Aquin, trad. de l'italien*] Journal of specul. theol., 1879.

640. HAUREAU (B.) *Histoire de la philosophie scolastique.* Paris, II, (1880) I, p. 338-462.

641. HETTINGER (F.) *Thomas von Aquin und die europäische Civilisation* 2° edit, Francfurter Zeitgemässe Broschüre, 1880, Bd. 1, p. 249-281. Frankfurt a M. 1880. In-8°, 33 p. ; ibid. 1898; In-8°, 33 pa. trad. ital. de L. MANZONI *Tommaso d'Aquino e la civilta europea,* Napoli 1882.

642. TALAMO (S.) *La filosofia de S. Tommaso e i suoi avversari.* Gli studi in Italia. III, (1880), 1, p. 231-44.

643. CASTELLETTI (C.) *S. Tommaso d'Aquino e la scienza moderna dissertazione.* Bergamo, 1881. In-24°, 48 p.

644. FERRI (L.) *Due parole alla « Civiltà cattolica » sulla filosofia di S. Tommaso,* Filos. scuole Ital., XXIII, (1881).

645. GABRIELLI (V.) *Santo Tommaso d'Aquino e questo secolo. Ragionamente.* Roma, 1881. In-8°, 45 pag.

646. LAUDA (Luigi). *S. Tommaso e la sua scuola.* Benevento, 1881. In-8°, 48 pag.

647. SCHNEID (M.) *Die Philosophie des hl. Thomas und ihre Bedeutung für die Gegenwart.* Würsburg 1881, 113 pag. (Katholische Studien VI, 3-4.)

648. EUCKEN (R.) *Thomas von Aquino als Philosoph.* Allg. Zeitung, 1882.

649. MASINELLI (A.) *La filosofia di*

S. Tommaso nel secolo XIX, O R L M., IV série IX, (1882), p. 328-46.

650. MERCIER (D.) *La philosophie de S. Thomas.* Rev. cath., (Louvain), LIII, (1882), p. 736-58.

651. PESNELLE (E.). *L'autorité scientifique de S. Thomas.* Rev. cath. Bordeaux, V série IV, (1882), p. 719-29.

652. SALADO Y MOREJON. *Santo Tomás de Aquino y la razon humana.* Murcia, 1882.

653. BIERBOWER (A.) *St Thomas Aquinas.* New-Englander, XLII, 1883, p. 86.

654. LAMEY (Mayeul). *La philosophie de S. Thomas.* Pau, 1883.

655. POULAIN. *Examen de la doctrine de S. Thomas.* Dieppe, 1883. In-8º, 323 p.

656. JACCOUD. *Saint Thomas et la science moderne.* Rev. Suisse cath. XV, (1884) p. 408-23, 509-24.

657. HAVATY. *Analyse der Philosophie des hl. Thomas von Aquino.* 1885.

658. POSPISIL. *Philosophie nach den Grundsätzen des hl. Thomas von Aquino.* 1885.

659. CORNOLDI (G. M.). *La filosofia di S. Tommaso e l'epoca presente.* Prato, 1886.

660. EUCKEN (R.). *Die Philosophie des Thomas von Aquin und die Kultur der Neuzeit* Zeitschr. Philosophie, und phil. Kritik. 1885. Halle, M. Pfeffer, 1886. In-8º, III-54 p. 2º édit. Bade Sachsa, Haacke, 1910. In-8º, 52 pag. (LRKD, XXXVII (1911) c. 136-137 = Endres ; T L Z, XXXVIII (1913) c. 312 = T. Elsenhaus.)

661. *La filosofia di S. Tommaso e l'epoca presente.* C C., XIV série, IV, (1886).

662. ADEODATUS (Aurel.). *Die Philosophie und Kultur der Neuzeit und die Philosophie des hl. Thomas von Aquino.* Köln, J. P. Bachem, 1887. (Erste Vereinsschrift der Görresgesellschaft für 1887. p. 1-65.)

663. FRANCHI (A.). *Le caractère général de S. Thomas et de sa philosophie.* An.Ph.Ch.,VII série XVII, (1887), p. 497-512.

664. GRASSI (Luigi Jac.). *S. Tommaso d'Aquino e la sua filosofia.* Genova 1888. In-8º, 22 p.

665. CARIA (E. de). *Philosophia divi Thomae Aquinatis versibus exposita.* Neapoli, 1889. In-8º, 168 p.

666. CAPELLO (F.) *Principii di filosofia secondo San Tommaso.* Rassegna nazionale, LVI, (1890)

667. CROLET (L.) *Doctrine philosophique de Saint Thomas d'Aquin résumée d'après le Dr Stoeckl.* Paris, Roger et Chernoviz. In-12, XIX, 398 pag.

668. EUCKEN (R.) *Frohschammers Thomas v. Aquin.* Phil. Monatshefte, 1890.

669. DE GROOT (J. V.). *De philosophia S. Thomae Aquinatis.* D T, 1890-91.

670. d'HULST (Mgr). *St Thomas et le spiritualisme à la Sorbonne.* An. Ph. Ch., 1890, p. 376.

671. MAUMUS (V.). *Saint Thomas d'Aquin et la philosophie chrétienne.* Paris, Lecoffre, 1890, 2 vol. XLIV ; 506 et 450 p.

672. NADDEO (P.). *Il pensiero filosofico e il renovamento della filosofia.* Riv. ital. di Filos, 1890.

673. RABUS (L.). *Zur Philosophie des Thomas v. Aquino.* Neue Kirchl. Zeitschrift. 1890, pp. 157-173.

674. AUTORE (M.). *Il purismo tomista e la filosofia cristiana.* S F. , vol. CXVI-CXVIII.

675. CAPPUCCINI (B.). *La scolastica e S. Tommaso d'Aquino, discorso.* Camerino, 1892. In-8º, 33 p.

676. *Lo studio della filosofia di S. Tommaso ed il laicato cattolico.* C C., XVI, série, V, (1893), p. 402-16.

677. FROHSCHAMMER (J.). *Die Philosophie d. Thomas v. Aquin und die eneuerte scholastik.* Paedagogium, IX, p. 491-509.

DE GROOT (J. V.). = 269.

678. MÜLLER (J.). *St Thomas und die moderne Wissenchaft.* Beilage zur allg. Zeitung. München 1894.Nº 244-245 In-4º, 9 pag.

679. GLOSSNER (Michael). *Die philosophie des hl. Thomas von Aquin gegen Frohschammer.* J P S T, 1895.

680. EDWARD (A. P.).*S. Thomas and modern thought.* C U B, 1896.

681. FERREIRA DEUSDADO(O.) *Eusino da philosofia thomista.* Rev. educ. e ens. 1896.

682. PACE (E.). *St Thomas and modern thought.* C U B, 1896.

683. WILLMANN (O.) *Geschichte des Idealismus.* Braunschweig, II, (1896), p. 442-541.

684. DANIELS (A.). *St Thomas von*

Aquin als Lehrmeister der Philosophie für die Welt, die Kirche und das Mönchsthum, S M B C O, XVIII, (1897), p. 299-304.

685. MAUSBACH (J.) *Die organische Einheit des heiligen Thomas von Aquin, Vortrag auf der Generalversammlung der Görresgesellschaft zü Münster.* Jahresb. der Görresgesellschaft, 1898.

686. MISSAGLIA (A.). *Summula doctrina: D. Thomae Aquinatis adjecto opusculo Cardin. |Joannis| de Turrecremata De romano pontifice.* Mediolani, Romae, 1899 ; 3 vol. In-16, 280-LXXVIII, 387- et 448 pag.

687. TRAPIELLO (Fr.). *Santo Tomás de Aquino.* Rev. eccles., 1900.

688. KAUFMANN (N.) *Die Philosophie des hl. Thomas und die Cultur der Neuzeit.* Schw. Kirchenzeitung, 1901.

689. PICAVET (F.). *Travaux d'ensemble sur la scolastique et le néo-thomisme.* Rev. Philos., 1902.

690. FABRE D'ENVIEU. *Examen critique de la philosophie thomiste.* Paris, 1904.

691. LINDSAY (J.). *La philosophie de Saint Thomas.* R N S. 1904.

692. DE WULF (M.). *Introduction à la philosophie néo-scolastique.* Louvain, Institut supérieur de philosophie. Paris, Alcan, 1904. In-8°, 350 pag.

693. PICAVET (F.). *Esquisse d'une histoire comparée des philosophies médiévales.* Paris, 1905 ; 2e édit., ibid., 1907.

694. RENFIGO (F. M.) *Santo Tomás de Aquino ante la ciencia moderna.* El Rosario, 1906.

695. *S. Thomas Aquinas and médieval thought.* D R. , janvier 1906.

696. PICAVET (F.) *Thomisme et Philosophies médiévales.* Revue phil., 1908-1909.

697. FOX (J.). *St Thomas and his philosophy.* C U B., XIV, (1908), p. 339-350.

698. FARGES (A.). *Passè, présent et avenir du mouvement de renaissance néo-scolastique.* Paris, 1909.

699. MERKLEN (F.). *La modernité de Saint Thomas.* R. Aug., XIV, (1909), mars.

700. TIBERGHIEN. *Divus Thomas aetati nostrae quam aptissimus philosophus.* Q E. , 1910.

701. BALTHASAR (N.). *Deux guides dans l'étude du thomisme.* R N S., 1911, p. 100-107.

702. BASSANI (L.). *S. Tommaso d'Aquino e il pensiero moderno. Studio storico-filosofico.* Siena, tip. S. Bernardino, 1911.
ENDRES (J. A.). = 170.

703. KREUSSEN (R.). *Thomas von Aquin. Sein Verhältniss zum Christentum und zur Philosophie.* Intern. Kirchl. Zeitung, 1911, p. 37-61.

704. STÖCKL (A.). *Grundriss der Geschichte der Philosophie.* Kustein, Mainz, 1911.

705. DROEGE (T.). C. SS. R. *Die Philosophie des hl. Thomas von Aquino und das moderne Denken* H P Bl., C. XLIX, (1912), p. 7-35, 81-96.

706. BAEUMKER (CL). *Die christliche philosophie des Mittelalters* [Die Kultur der Gegenwart. Paul Hinneberg, I, 5.] Berlin und Leipzig, B. G. Teubner, 1913, p. 338-431.

707. GRABMANN (M.). *Der hl. Thomas von Aquin im Werturteil der modernen Wissenschaft.* T G, V, (1913).

708. UEBERWEGS - BAUMGAR - TNER. *Grundriss der Geschichte der Philosophie der patristischen und scholastischen Zeit.* 10 Aufl. Berlin, E. S. Mittler und Sohn, 1915. In-8°, XVII-658-266 pag.

709. DURANTEL (J.). *Le retour à Dieu par l'intelligence et la volonté dans la philosophie de St Thomas.* Paris Alcan, [1918] In-8°, XIX-412 pag. [Collection historique des grands philosophes.]. (R S P T IX, (1920), p. 626-632 = M. Jacquin. O. P.)

710. KENNEDY (D. J.). O. P. *St Thomas Aquinas and medieval philosophy.* New-York, Encyclopedia Press, 1919. In-8°, 133 pag. 2 pl. (T L Z, XLV, (1920), c. 251-2 = R. Seeberg.)

711. GILLET (M. S.). O. P. *Saint Thomas philosophe préféré de l'Eglise.* R J, X, (1920), p. 481.

712. SERTILLANGES (A.D.). *Saint Thomas d'Aquin, philosophe.* R J, X, (1920), p. 601-618.

B. — EXPOSÉS GÉNÉRAUX

713. GOUDIN (A.). O. P. *Philosophia juxta inconcussa tutissimaque Divi Thomae dogmata, logicam, physicam, moralem et metaphysicam complectens.* Parisiis, 1679, ed. Roux Lavergne. Paris, 1851-1861 ; ed. Mareddu Orvieto 1859-60 ; Trad. franç. par le R. P. BOURARD. O. P. *Philosophie suivant les principes de St Thomas.* Paris, 1864. 4 vol. In-8°, id. 1865. 4 vol. In-8°.

714. BELLANGER (A.). *De Antonii Goudin philosophia juxta inconcussa tutissimaque Divi Thomae dogmata, thesim Facultati litterarum Pictaviensi proponebat..* Montligeon, (Orne), impr. libr. de Montligeon, 1905. In-8°, 99 p.

715. *Philosophia S. Th. Aquinatis auribus hujus temporis accomodata.* Valence, 1820.

716. PUIGCERVER. *Philosophiae S. Thomae Aquin. auribus hujus temporis accommodata.* 1824.

717. ROSELLI (S. M.) O. P. *Summa philosophica ad mentem Angelici Doctoris S. Thomae Aquinatis.* Romae, 1837 ; Bononiae, 1859.

718. GIORGIO (A. de). *Institutiones philosophicae ad mentem divi Thomae.* Paris, Castermann, 1854. 2 vol.

719. PLASSMANN (H. E.). *Die Schule des hl. Thomas von Aquino.* Soest, 1857-62. 5 vol. In-8° ; Paderborn, 1858, 5 vol ; trad. ital. par G. GIUDICI : *La Scuola di S. Tommaso d'Aquino.* Milano, 1858-69. 2 vol. In-8°.

720. WERNER (K.). *Der h. Thomas von Aquin.* Regensburg, 1858-59. 3 vol. In-8°.

721. JOURDAIN (C. B.). *La philosophie de Saint Thomas d'Aquin.* Paris, 1858. 2 vol. In-8°, XXII-453 et 498 ; trad. ital. par P. G. B. : *La filosofia di S. Tommaso d'Aquino.* Firenze, Cellini e C. , 1859, 2 vol. In-8° et In-16° Autre par N. NICODEMI, Napoli, 1861. In-8°, 508 p.

722. GONZALES (Z.). *Estudios sobre la filosofia de santo Tomás.* Manila, 1864. 3 vol. In-8°, XXXVI et 646 p., II p. 570, III p. 620 ; 2e édicion, Madrid, San José, 1886-87. 3 vol. In-8° ; trad. allem. par C. J. NOLTE : *Die Philosophie des heil. Thomas von Aquin.* Regensburg, 1885. 3 vol. In-8°. XII, 461, 395 pag.

723. KLEUTGEN (P.). S. J. *Philo-*

sophie der Vorzeit. Münster, 1863 ; trad. française : *La Philosophie scolastique exposée et défendue, traduite de l'allemand par le* R. P. Constant SIERP. Paris Gaume et Duprey, 1868-1870. 4 vol. In-8°, XVI-560, 549, 579, 594 pag ; trad. ital. de P. CURCI S. J. *La filosofia antica esposta e difesa.* Roma, 1866-68. 5 vol.

724. ROSSET (M.). *Prima principia scientiarum, seu philosophia catholica juxta D. Thomam ejusque interpretatores respectu habito ad hodiernam disciplinarum rationem.* Paris, Vivès, 1866; 2e édit. , 1873.

725. SOLLANO Y DAVALOS (Diez de). J. M. *Logicae compendium juxta doctrinam S. Thomae Aq.* Léon, 1868 ; 2e edit : 1900.

726. LEPIDI (A.). O. P. *Elementa philosophiae christianae.* Lovanii, Peeters, 1875.

727. VALLET (P.) *Praelectiones philosophicae ad mentem S. Thomae Aquinatis.* Paris, 1879 ; 2e édit : 1891 ; 9e édit : Paris, Roger et Chernoviz, 1909. 2 vol. In-18°.

728. PESCH (T.). S. J. *Institutiones philosophiae naturalis secundum principia S. Thomae Aquinatis.* Freiburg i. B. 1880 ; 2e édit. 1897.

729. ZIGLIARA (Th. M.). O. P. *Œuvres philosophiques,* trad. de l'italien par l'abbé A. MURGUE. Lyon, Vitte et Perrussel, 1880-1. 3 vol. In-8°, XIII-399, XV-499, 507 pag.

730. CORNOLDI (G. M.) S. J. *La filosofia scolastica speculativa di S. Tommaso d'Aquino.* Bologne, 1881. gr-In-12, XIII-937 pag.

731. COMMER (E.). *System der Philosophie.* Münster, 1883-1885.

732. JOHANNES A S. THOMA. *Cursus Philos. Thomist.* Parisiis, 1883. 3 vol. In-4°.

733. MEYER (Theodorus). S. J. *Institutiones juris naturalis seu philosophiae moralis universae secundum principia S. Thomae Aquinatis.* Freib. i. B., Herder, 1885 ; 2e édit. 1900. 2 vol. In-8°.

734. ALAMANNUS (C.). S. J. *Summa philosophiae in ordinem cursus philosophiae accommodata a Cosmo Alamanno, editio adornata a FELCHLIN et BERINGER.* Parisiis, 1885-1890. 2 vol. gr. In-8°.

735. ZIGLIARA (Th. M.). O. P. *Summa philosophica in usum scholarum.* Edit. 6. Lugduni, Parisiis, Delhomme et Briguet, 1887. 3 vol. In-12, 603-602 et 411 pag ; 15e édit. Paris, Beauchesne, 1913.

736. SCHIFFINI (Sanctus) S. J. *Principia philosophica ad mentem Aquinatis.* Augustae Taurinorum, Speirani, 1886 ; 1894.

737. PESCH (T.). S. J. *Institutiones logicales secundum principia S. Thomae Aquinatis.* Friburgi, Herder, 1888-90. 2 vol. In-8º.

738. FROSCHAMMER(J.).*Die Philosophie des Thomas v. Aquino Kritisch gewürdigt.* Leipzig, F. A. Brockhaus, 1889. In-8º, XXII et 537 pag.

739. SINIBALDI (Jac.). *Praelectiones philosophiae christianae ad mentem S. Thomae Aq.* Coimbra, 1889.

740. SCHIFFINI (Sanctus) S. J., *Institutiones philosophicae ad mentem Aquinatis.* Augustae Taurinorum, 1889.

741. LORENZELLI (B.). *Philosophiae theoreticae institutiones secundum doctrinam Aristotelis et Thomae Aquinatis.* Paris, Lethielleux. Romae, 1890-1895. 2 vol. In-8º, X-329, VI-528 p.

742. FARGES (Albert). *Etudes philosophiques pour vulgariser les théories d'Aristote et de St Thomas et leur accord avec les sciences.*

1º. *Théorie fondamentale de l'acte, de la puissance, du moteur et du mobile.* 2e édit : Paris, Roger et Chernoviz, 1891 ; 7e édit. *avec la critique de la philosophie nouvelle de MM. Bergson et Leroy et du modernisme philosophique.* Paris, Berche et Tralin, 1909.

2º *Matière et forme en présence des sciences modernes.* Paris, 1888. In-8º 222 pag ; 2e édit : Paris, Roger et Chernoviz, 1892 ; 6e édit.

3º. *La vie et l'évolution des espèces avec une thèse sur l'évolution étendue à la formation du corps de l'homme.* 2e édit. Paris, Roger et Chernoviz, 1892 ; 6e édit.

4º. *Le cerveau, l'âme et les facultés (réfutation du matérialisme contemporain avec planches anatomiques)* 2e édit. Paris, Roger et Chernoviz, 1892 ; 7e édit.

5º. *L'objectivité de la perception des sens externes et les théories modernes.* Paris, 1885. In-8º, 109 pag. ; 2e édit. Paris, Roger et Chernoviz, 1891 ; 6e édit.

6º. *L'idée du contenu dans l'espace et le temps. Réfutation du kantisme, du dynamisme et du réalisme.* Paris, Roger et Chernoviz, 1892. In-8º ; 6e édit.

7º. *L'idée de Dieu d'après la raison et la science.* Paris, Roger et Chernoviz, 1893. In-8º ; 4e édit.

8º. *La liberté et les fondements de la morale avec la critique des systèmes de morale contemporaine.* Paris, Berche, 1902. In-8º.

9º. *La crise de la certitude, étude des bases de la connaissance et de la croyance avec la critique du néokantisme et du pragmatisme et du newtonisme.* Paris, Berche, 1907. In-8º.

743. LAHOUSSE S. J. *Summa philosophica ad mentem D. Thomae.* Lovanii, 1892.

744. DE MARIA (Michel) S. J. *Philosophia peripatetico-scholastica.* Romae, 1892. 3 vol.

745. HONTHEIM (Jos.) *Institutiones theodicae sive theologiae naturalis secundum principia S. Thomae Aquinatis, ad usum scholasticum.* Friburgi i Br., Herder, 1893.

746. FARGES, BRIN et BARBEDETTE. *Philosophia scolastica ad mentem S. Thomae Aquinatis exposita et recentioribus scientiarum inventis aptata.* ed. 4ª Paris, Berche et Tralin, 1894. 2 vol. In-12 ; 9ª ibid. , 1903, 2 In-12.

747. DUPEYRAT. *Philosophia maxime vero thomistica (manuductio ad scholasticam)* 4ª edit. Paris, Lecoffre, 1894.

748. MANDATO (Pius de). *Philosophicae institutiones secundum doctrinam Aristotelis et S. Th. Aq.* Romae, De propag. fide, 1894. In-8º.

749. PESCH (T.). S. J. *Institutiones psychologicae secundum principia S. Thomae Aquinatis.* Friburgi, Herder, 1896-1898.

750. CHRYSOSTOM (Br.) *Elementa philosophicae scholasticae.* New-York, 1897.

751. MANCINI (Hieron. M.).O. P. *Elementa philosophica ad mentem D. Thomae Aquinatis ad triennium accommodata.* Romae, typ. polyglotta, 1898. 3 vol. In-8º.
BULLIAT = 444.

752. GREDT (Jos.) O. S. B. *Elementa philosophicae Aristotelico-thomisticae.* Rome, Desclée, Lefebvre et Cie, 1899. In-12º (vol. 1 *Philo. propaed. log. minor. log. major. ontol. phil. nat. ;*

T. 1. *Logica et philosophia naturalis. Ed. altera.* Freiburg, Herder, 1909, XXV-496 pag.; T. II. Freib. iB., Herder, 1912 *(metaphysica, ethica)* In-8°, XIX-447 p.

753. ENGLERT (W. Ph.). *Logica prima pars Summae philosophicae ex operibus Angelici doctoris Sancti Thomae Aquinatis Ord. Praed. juxta cursum philosophicum Cosmi Alamanni instituta.* Paderbornae, Ferd. Schoeningh, 1901. In-8°, XVIII-254 p.

754. GEORGIO A VILLAFRANCHA O. Cap. *Compendium philosophiae juxta dogmata D. Thomae. D. Bonaventurae et Scoti ad hodiernum usum Scholarum accommodatum.* Paris, Lethielleux, [1902] 3 vol. In-12, X-618, 364, 652.

755. FARGES (A.). BARBEDETTE (D.). *Cours de philosophie scolastique d'après la pensée d'Aristote et de St Thomas mise au courant de la science moderne, Nouvelle édition entièrement refondue avec index alphabétique.* Paris, Berche et Tralin, 1905. 2 vol. In-12, XXIV-526, 542 pag.

756. HUGON (E.) O. P. *Cursus philosophiae thomisticae.* Paris, 1906.

757. *Lectiones logicae ad mentem sancti Thomae per seminarii Utinensis alumnum.* Utini, ex officina patronatus, 1910.

758. SERTILLANGES (A. D.). *Saint Thomas d'Aquin.* Paris, Alcan, 1910. 2 vol. In-8°, VII-334 et 352 p. [Les grands philosophes.]

759. BLANC (Mgr. Elie). *La philosophie de St Thomas d'Aquin d'après M. A. D. Sertillanges.* La pensée contemporaine, VII, (1910), p. 513-527.

760. REINSTADLER (S.). *Elementa philosophiae scolasticae.* Freiburg i, B. Herder, 1911. 2 vol. In-12. XXVIII-499 et XIX-496 p.; 6e édit.; 9e et 10e éd., ibid 1920.

761. LEHU (Leonardus) O. P. *Philosophia moralis et socialis* tomus prior : *Ethica generalis.* Paris, Gabalda, 1914. In-8°, VIII-325.

762. LOTTINI (J.).O. P. *Compendium philosophiae scolasticae ad mentem S. Thomae Aquinatis.* Ratisbonae et Romae, Pustet, 1911. T. I. *Logica et ontologia.* In-12, 605 p. 3 vol.

C. — MÉTHODOLOGIE

763. MAFFEUS (J.). *Sylva distinctionum thomisticarum.* Pisis, 1677. In-fol.

764. MARTINEZ DE RIPALDA (Joan.) *De usu et abusu doctrinae d. Thomae.* Leodii, 1704. 2 part. in-fol. 6 f. 244-346 et 259 pag.

765. *La scienza della storia in S. Tommaso.* S F, 1880.

766. MEIS (A. C. De). *De mente et doctrina Thomae Aquinatis.* Maceratae, 188..

767. PFEIFER (F. X.) *Harmonische Beziehungen zwischen Scholastik und moderner Naturwissenschaft mit spez. Rücksicht auf Albertus Magnus, St Thomas von Aquin und die Worte der Enzyclica Aeterni Patris.* Augsburg, 1881. In-8°, IV-100 pag.

768. ASTROMOFF (J.). *Introductio ad intelligendam doctrinam Angelici Doctoris.* Roma, 1884. In-4°, 447 pag.

769. TERSCH (R.) *Meditationen über die Philosophie und Theologie des hl. Thomas von Aquin.* Prag, 1885-6. 2 vol.

770. GUALANDI (L.) *Tre questioni importantissime sullo studio di S. Tommaso.* Roma, 1887. In-8°, 24 p.

771. ENDRES (J. A.). *Über die Ursprung und die Entwicklung des scholastischen Lehrmethode.* Ph. J., II, (1889), p. 52 seq.

772. MARTANI (L.) *Osservazioni preliminari allo studio della filosofia tomistica.* Piacenza, 1889.

773. COCONNIER (Th.). *Le vrai thomiste.* R. Thom., I, (1893), p. 8-26.

774. CHOLLET. (A.). *Oratio solemniter habita in sacello archigymnasii catholici Insulis nonis martii M D. CCCXVII. De synthesi philosophica D. Thomae Aquinatis.* R S E, V, (1897), p. 207-219. Lille, 1897.

GARGIALO (B.) = 903.

GRABMANN (M.) = 1098.

775. GRABMANN (M.) *Streiflichtes über Ziel u. Weg des Studiums der thomistischen Philosophie* J P ST, 1900.

776. MARIÉTAN (J.) O. S. A. *Problème de la classification des sciences d'Aristote à St Thomas, thèse.* Paris, Alcan, 1901. In-8°, 203 pag.

777. PELLEGRINI (C.) *S. Tom-*

maso e gli studi del clero S C, 1904, juillet.

778. RICHARD (T.). *Etude critique sur le but et la nature de la scolastique.* R. Thom. , XII, (1904), p. 166-186.
COMPAGNON (J.) = 1939.

779. RICHARD (T.) *Actualité de la méthode scolastique.* R. Thom., XV, (1907), p. 770-785.
GRABMANN (M.) = 1789.
KIRFEL (H.) = 167.

780. MONTAGNE (A.). *Le doute méthodique selon St Thomas d'Aquin.* R. Thom., XVIII, (1910), p. 432-46 ; trad. ital. *Il dubio metodico secondo S. Tommaso d'Aquino.* R F N S, 1910, p. 130-141.

781. AUDIN (S.) C. J. *De la méthode dans l'enseignement de la philosophie scolastique.* R. Thom., XIX, (1911), p. 617-627.

782. RICHARD (T.) *Un modèle d'exposition scolastique* R. Thom., XX, (1912), p. 137-155.

783. RICHARD (T.) *Introduction à l'étude et à l'enseignement de la scolastique.* Paris, Bonne Presse, sd [1913] In-12, VIII-333 pag.

784. GÉNY (P.) *Questions d'enseignement de la philosophie scolastique.* Paris, Beauchesne, 1913. In-16, 235 pag.

785. BARBEDETTE (Chanoine D.). *Manière d'enseigner la philosophie scolastique pour répondre aux besoins des séminaristes.* Luçon, 1914. In-8°, 90 pag.

786. MARITAIN (J.) *L'esprit de la philosophie scolastique et la liberté intellectuelle.* R. Thom., XXII, (1914), p. 517.

787. PETITOT (H.) O. P. *Introduction à la philosophie traditionnelle ou*

classique. Paris, G. Beauchesne, 1914. In-12, 227 pag.

788. JELÉNSKA (Louise). *La construction du système philosophique d'après St Thomas d'Aquin,* thèse. Fribourg, impr. de l'œuvre de S. Paul. In-8°, 110 pag.

789. MASNOVO (A.) *L'articolo nella Somma Teologica di S. Tommaso.* R F N S., VIII, (1916), p. 238-248.

790. MASNOVO (A.). *Il contributo di S. Tommaso nella costruzione generale delle Summe teologiche.* R F N S. , VIII, (1916). p. 555-565.

791. EHRLE (Fr.) S. J. *Grundsaetzliches zur Charakteristik der neueren und neuesten Scholastik.* (Ergänzungshefte zu den Stimmen der Zeit. I. R., H. 6). Freiburg i. B., Herder, 1918. In-8°, 32 pag (R S P T, IX, (1920), p. 284-5 = M. Jacquin, O. P.)
MASNOVO (Can. A.) = 539.

792. MILES CHRISTI. *Introduction de la scolastique dans l'enseignement secondaire.* Paris, Bonne Presse.

793. GRABMANN (M.). *Einführung in die Summa theologiae des hl. Thomas von Aquin.* Freiburg i. B., Herder, 1919. In-12, VIII-134 pag. (R N S : XXII, (1920), p. 245-7 = N Balthasar; R S P T, IX, (1920), p. 283-4 = M. Jacquin. O. P.; T L Z., XLV, (1920), c. 51-2 = R. Seeberg; Z K T., XLIV, (1920), p. 438 = F. Klinke S. J.

794. TRUC (Gonz.) *Le retour à la scolastique.* Paris, La Renaissance du livre [1919] In-8°, XVI-163 pag.

795. GILSON (Etienne). *Le thomisme. Introduction au système de St Thomas d'Aquin.* Strasbourg, A. Vix, 1920. In-8°, 174 pag. (R S P T, IX, (1920), = M. Jacquin O. P.)

D. — ÉPISTÉMOLOGIE

796. BONNETTY (A.) *De l'opinion de St Thomas sur l'origine de nos connaissances.* An Ph Ch, XIV, (1846), p. 302-22, XVI, (1847), p. 399-404.

797. *Del realismo di S. Tommaso d'Aquino.* CC, 2e série, III, (1856).
SCHMID (Al.) = 1922.

798. LIBERATORE (M.) S. J, *Della conoscenza intellectuale.* Roma, 1858. Traduct. allemande : *Die Erkenntnistheorie des hl Thomas von Aquin aus d. italien von* E. FRANZ. Mainz, 1861.

In-8° ; trad. franç : *Théorie de la connaissance intellectuelle d'après Saint Thomas.* Paris, Lethielleux ; Leipzig, Kittler ; Tournai, Castermann, 1863. In-12, XX et 584 pages ; autre trad. franç.: *Traité de la connaissance intellectuelle d'après St Thomas,* traduit de l'italien par l'abbé F. DESHAYES. Paris, Berche et Tralin, 1885. In-8°.

799. WALKER. *Essay on the origin of knowledge according to the philosophy of St Thomas.* London, 1858.

800. SERAPH SCHMEITZL (Fr.) *Die Aristotelisch-tomistische Erkenntnisslehre.* München, 1861.

801. SIGNORIELLO (N.). *Sulla conoscenza sensitiva.* S F, CXIX,(1867), p. 89, CXXV, p. 322 seq.
MERTEN (J.) = 1842.

802. AUTORE (M.) *Degli universali a prop. dell'opera del P. Liberatore.* S F, CXXV, p. 476 seq.

803. ZIGLIARA (T. M.) O. P. *Sopra alcune interpretazioni della dottrina ideologica di S. Tommaso d'Aquino del prof. G. C. Ubaghs. Osservazioni.* Viterbo, 1870 ; 2ᵉ edit. In-8º, 88 pag.

804. FERRÉ (C. M.). *Saint Thomas of Aquin and Ideology (traduit de l'italien en anglais)* London, Burns, 1875. In-12, 42 pag ; trad. franç. par MARTIN : *Saint Thomas d'Aquin et l'idéologie.* R S E, IV série, IV, (1876) p. 489-518; 3º édit. Paris, 1881. In-12.

805. *St Thomas Aquinas on the theory of human knowledge.* D R., XXV (1875), p. 405-34.

806. DELAUNAY (D.) *Sancti Thomae de origine idearum doctrina qualisquum ab ipso proposita, tum a Liberatore defensa fuit breviter recensatur et dijudicatur, thesis.* Lutetiae Parisiorum, Thorin, 1876. In-8º, X et 101 p.

807. HARPER. *Thomas evidence and certainty in their relation to conceptual truth.* Mancester, 1876.

808. BOURQUARD (L. C.). *Doctrine de la connaissance d'après St Thomas d'Aquin, thèse.* Paris, Lethielleux ; Angers, P. Lachèse, 1877. In-8º, III et 234 pag.

809. *Saint Thomas d'Aquin et le système des idées innées.* R S E, IVᵉ série, V, (1877) p. 174-188. Réponse au travail de FERRÉ : *St Thomas et l'idéologie.*

810. SANSEVERINO (G.) *I Principali sistemi della filosofia sul criterio, discussi con le dottrine dei SS. Padri e dottori del M. E.,* S F., t. XIX-XXXVI.

811. FAGGIOLI (P.) *Saggio della teorica di S. Tommaso d'Aquino sulla conoscenza umana.* Faenza, 1880. In-16, 62 p.
Dal lume del intelletto = 1844.

812. GIORDANO (Lud.). *Doctrina S. Thomae Aquinatis circa psychologicam idearum originem.* Vigevano, 1881. In-8º, 40 p.

813. OTTEN (A.) *Allgemeine Erkenntnislehre des hl. Thomas.* Paderborn, 1882.

814. FABRI (G.). *Utrum intellectus sit potentia passiva.* A R T A, 14 déc. 1882.

815. ANGELINI (Aug.) *Esame delle obiezioni, istanze ed accuse dei moderni filosofi contro l'ideologia della scuola Tomistica.* Studi in Italia, 1883. II

816. ANGELINI (Aug.). *Studi ideologici in difesa di S. Tommaso e della sua scuola.* Scienza ital. 1883. VIII, I, p. 158-79, 215-35, 324-38, 451-64, 502-16 ; II, p. 27-40, 156-67, 212-31.

817. CORNOLDI (P. Giov. M.) S. J. *Sulla dottrina di S. Tommaso intorno all'intelletto agente.* A R T A., 1 marzo 1883.

818. FONTANA (Mons. E.) *Utrum intellectus sit aliqua potentia animae et utrum ratio sit alia potentia ab intellectu.* A R T A, 1883.

819. SATOLLI (Fr.) *Utrum memoria sit in intellectu. Utrum sit alia potentia ab intellectu.* A R T A, 15 febr. 1883.

820. FABRI (Giov.) *Le specie intelligibili dei corpi.* A R T A, 1884, memoria reportata dal periorico S F, vol. CXXXVI.

821. FONTANA (Mons E.). *Come l'umana conoscenza muova dalle ragioni eterne e dalle cose sensibili.* A R T A, 1884.

822. FONTANA (Mons. E.). *Utrum intellectus noster intelligat res corporeas et materiales per abstractionem a phantasmatibus.* A R T A, 1885.

823. MAZELLA (Camillo). S. J. *De'varii gradi nella conoscenza intellettiva.* A R T A, 5 fasc. 1, 1885.

824. TORNATORE (Io. B.). *De humanae cognitionis modo origine ac profectu ad mentem D. Thomae.* Placentiae, 1885.

825. DOMET DE VORGES. *Théorie de la connaissance d'après St Thomas.* An Ph Ch, 1886, p. 455.

826. FABRI (G.) *Utrum anima intellectiva seipsam cognoscat per suam essentiam.* A R T A, 21 gennaio 1886.

827. FONTANA (Mons. E.) *Utrum anima humana, secundum statum vitae praesentis possit intelligere substantias immateriales per seipsas.* A R T A, 1886.

828. LORENZELLI (Ben.) *Utrum intellectus noster per cognitionem materi-*

alium possit pervenire ad intelligendum substantias immateriales. A R T A, 1 aprile 1886.

ROSSI 2175.

829. SIGNORIELLO (N.). *Santo Tommaso e l'antropomorfismo* S F, V série, XLI, (1886), 378 ; XLII, p. 9 ; XLIII, p. 179-95 ; XLIV, p. 274-93.

830. GARDAIR (J.). *La connaissance d'après St Thomas d'Aquin.* An Ph Ch., XVI, (1887), p. 572-95.

831. SCAMARELLA (G.). *Del lume dell'intelletto agente secondo la mente di S. Tommaso d'Aquino.* Parabiago, 1886. In-8°, 47 pag.

832. CAPPELLAZZI (A.). *Gli elementi del pensiero, studio di psicologia e ideologia secondo la dottrina di S. Tommaso d'Aquino.* Crema, 1887-90, 4 vol. In-8°, 159, 247.. et 307 pag.

833. *Del lume dell'intelletto giusta l'insegnamento di S. Tommaso.* Rosmini II., I, 1888.

834. KAUFMANN (Nik.). *Die Erkenntnislehre des hl. Thomas von Aquin und ihre Bedeutung in der Gegenwart.* Ph J, II, (1889), p. 22-51. Luzern, 1892.

835. OLIVIERI (Sebast.). *Tractatus de ideologia ex operibus divi Thomae Aquinatis depromptus.* Genuae, 1890. In-16, 98 pag.

836. PIAT (Cl.). *L'intellect actif.* Paris, Leroux, 1890.

837. PIAT (C.). *Quid divini nostri ideis tribuat divus Thomas.* Paris, E. Leroux, 1890. In-8°, 75 pag.

838. VESPIGNANI (A. M.). *Dell' intelletto agente e dell' intelletto possibile.* Parma, Facciadori. 1892,

839. CALVANESE (S.). *Della conoscenza sensitiva.* S F, CXLV, 1893.

840. GARDAIR (J.). *Philosophie de St Thomas ; la connaissance.* Paris, Lethielleux, 1895. In-16, 308 pag.

841. GARDAIR (J.) *L'objectivité de la sensation.* An Ph Ch.,1895, p. 9-29.

842. DOMET DE VORGES (E.) *L'objectivité de la connaissance intellectuelle d'après St Thomas d'Aquin.* R N S, 1896.

843. COUAILHAC (M.). *Doctrina de idaeis divi Thomae divique Bonaventurae conciliatrix.* Parisiis, V. Lecoffre, 1897. In-8°, III-117 p.

844. CHOLLET (J. A). *De la connaissance d'après St Thomas.* R S E, 1898.

845. GREDT (J.). *Das Erkennen (suivant St Thomas)* J P S T, 1898, p. 408-421.

846. GEYSER (J.). *Wie erklärt Thomas von Aquin unsere Warhnehmung des Aussenwelt.* Ph J., 1899, p. 130-47.

847. *De la connaissance sensible d'après les philosophes scolastiques.* Études franciscaines, VIII, 1902.

848. BECELAERE (F. L. Van). *A summary exposition of St Thomas Aquina's philosophy of knowledge.* Philosophical Rev. XIII. (1903).

GARRIGOU - LAGRANGE (R.) O. P. -- 1002.

849. BOBBA (R.). *Esame storico critico della teoria delle idee immagini attribuita da B. Hauréau a S. Tommaso nell'opera intitolata « Singularités historiques et littéraires »* Mem. accad. di Torino, 1908.

850. ROUSSELOT (P.). *L'intellectualisme de St Thomas.* Paris, Alcan, 1908. In-8°, XXV-256 pag. (R. Ph. -- Charles Pierre ; à part Montligeon (Orne), 1908. In-8°, 8 pag. ; Riv. stor. crit. scien. teolog., IV, (1908), p. 885-7 -- E B ; The month, CXII, (1908), p. 548-550 ; An Ph Ch, 1909, p. 449-470 ; B L E, 1909, p. 301-310 -- R. Hourcade R S P T, 1909, p. 328-332 = Noble O. P. ; Stud. LXXII, (1909), p. 548.)

851. CIRILLO (L.). *Il pensiero di S. Tommaso sull'origine dell'anima umana e la sue facoltà, studio criticopolemico.* Napoli, tip. moderna di G. Enrico e L. Alberti, 1908. In-16, 111p.

852. SERTILLANGES (A. D.). *Agnosticisme et anthropomorphisme. Etudes de philosophie thomiste.* Paris, 1908.

853. SERTILLANGES (A. D.) *L'idée générale de la connaissance d'après St Thomas d'Aquin,* R S P T, 1908, p. 449-465.

854. DERCY (H.). *L'intellectualisme de St Thomas.* R Aug., XIV, (1909), p. 458-463.

855. FARGES (A.). *L'union du sujet et de l'objet dans la perception des sens externes.* R. Ph. , 1909.

856. MELDIDIER (P.). *L'intellect agent.* R. Aug., 1909.

857. GALLOT (B.). *L'intellectualisme de St Thomas.* An Ph Ch., C L V I I I (1909), p. 449-70.

858. ROSA (E.). *L'intellettualismo di S. Tommaso a proposito dell' opera del*

Rousselot « l'Int. de St Th. » C C., mars 1909.

859. ROURE (L.) *L'intellectualisme de Saint Thomas.* Et. 1909, 5 janv.

860. VIEL (M. A.). O. P. *L'intellectualisme de St Thomas d'après un livre récent.* R. Thom., XVII, (1909), p. 79-86, 471-478.

861. DONATI (G. M.). *Teoria della conoscenza di S. Tommaso d'Aquino.* Firenze, 1911.

862. SINÉTY (Robert de.). S. J. *La connaissance sensible des qualités secondaires.* Revue quest. scientif., 20 avril, 1911.

863. LANNA (Domenico.). *La dottrina gnoseologica di S. Tommaso nel momento attuale della coscienza filosofica* R F N S, 1912, p. 512-536. BOVE (Salvador) = 1818.

864. ROUSSELOT (P.). *Métaphysique thomiste et critique de la connaissance.* R N S, 1910, p. 476-509.

865. VARISCO (B.). *Sù la teoria della conoscenza di S. Tommaso d'Aquino.* *Conferenza tenuta al « Congresso delle scienze ».* Napoli, 1910, 17 déc.

866. GARDEIL (A.). O. P. *Faculté du divin ou faculté de l'être. Observations sur une note de l'article de M. Rousselot : Métaphysique thomiste et critique de la connaissance.* R N S, 1911, p. 90-100.

867. MERCIER (D.). *Critériologie générale ou traité de la certitude*, 6e édit. Paris, Alcan, 1911. In-8º, VII-407 pag. ; 7e édit, Paris, Alcan, 1918. In-8º, 408

pag. (Bibl. de l'Institut supérieur de Philosophie.)

868. ARNAIZ (M.). *Psicologia de la intelligencia.* C D, 1913, p. 163-175, 241-246.

869. BAUMGARTNER (M.). *Zum thomistischen Wahrheitsbegriff*, dans *Festgabe zum 60 Geburstag Clemens Baeumker.* Münster, Aschendorff, 1913, p. 241-260. [B G Ph. M A Supplementband]

870. BAUMGARTNER (M.). *Zum thomistischen Lehre von den ersten Prinzipien des Erkenntnis.* [Festschrift für G. Fr. von Hertling] Freiburg i. B, Herder, 1913, p. 1-16.

871. BLANC (E.). *Une interprétation abusive de la doctrine de St Thomas sur l'origine de la nature de nos connaissances.* U C, 1913, p. 153-160.

872. GUICHAOUA (Le) *A propos des rapports entre la métaphysique thomiste et la théorie de la connaissance.* R N S, XX, (1913), p. 88-101.

873. LANNA (Domenico). *La teoria della conoscenza in S. Tomaso d'Aquino.* Firenze, libreria editrice fiorentina, [1913] In-12, VIII-305 p. (Bibl. della rivista di filosofia néo-scolastica A. 5.) R N S, XXI, (1914), p. 282-3 = F. Palhoriés.)

874. NYS (D.) *Une critique à côté (la connaissance d'après St Thomas)* R N S, XX, (1913), p. 218-225.

NOËL, LE ROHELLEC et CLAVERIE = 2068, 2069, 2070..

875. NOËL (L.). *Le thomisme et le point de vue critique* R Ph., XIX, [1919], p. 34-51.

KAZUBOWSKI (R.M.).O.P. = 1819

E. — LOGIQUE

876. FRANCARDI (Luigi). *Logica giusta i precetti del filosofo d'Aquino.* 1855.

877. PLASSMANN (H. E.) *Die Logik gemäss d. Schule des hl. Thomas.* Soest, 1860. SOLLANO Y DAVALOS = 725.

878. CRESCENZO (V de). *Il problema degli Universali secondo la dottrina di Tommaso d'Aquino.* S. F., CXVIII.

879. VINATI (J.). *Relationum definitio et divisio ad mentem S. Thomae,* D T, 1890-91. AMO Y AGREDA (M. Del) = 962. PESCH = 737.

880. PHILALÈTE. *Saint Thomas et la définition aristotélicienne.* S C, 1898. *Lectiones logicae* = 757.

881. SCHWALM (M. B.). O. P. *La croyance naturelle et la science [d'après St Thomas]* C S I C Fribourg (Suisse) du 16 au 20 août 1897. Fribourg, œuvre de Saint Paul, 1898, p. 574-589.

882. RICHARD (T.) O. P. *Philosophie du raisonnement dans la science d'après Saint Thomas.* Paris, Bonne Presse, [1919].

883. MERCIER (D.) *Logique*, 5e édit. Louvain, Paris, Alcan, 1909. In-4º, VII-379 pag. [Bibl. de l'Institut supérieur de Philosophie]

F. — PHYSIQUE

884. RIBOLDI (A.) *La fisica di San Tommaso.* S C.

885. HUGONIN (F. A.) *De materia et forma apud sanctum Thomam.* Sancti Clodoaldi, 1854. In-8°, 3-71.

886. SCHNEID (M.). *Die scholastische Lehre von Materie und Form in ihre Harmonie mit den Thatsachen der Naturwissenschaft.* Eichstädt 1873 ; 2e éd. Eichstädt 1877 ; 3e éd. revue et augmentée sous ce titre : *Naturphilosophie im Geiste des hl. Thomas von Aquin.* Paderborn, F. Schöningh, 1890. In-8°, XI-432 pag.

887. COPPOLA (Raff.). *S. Tommaso d'Aquino e la scienze naturali.* Milano, 1874. In-8°, 28 p.

888. CORNOLDI (G. M.). *S. J. La sintesi chimica secondo i princìpii filosofici di S. Tommaso d'Aquino.* Bologna, 1876.

889. CORNOLDI (G. M.). *S. J. Della pluralità delle forme secondo i princìpii filosofici di S. Tommaso d'Aquino.* Bologna, 1877. In-8°, 372 pag.

890. RAMIÈRE (H.). *S. J. L'accord de la philosophie de St Thomas et de la science moderne au sujet de la composition des corps.* Paris, 1877. In-8°, 112 p. ; trad. ital : *La filosofia di S. Tommaso dimostrata in accordo colla scienza moderna nella questione della composizione dei corpi, corredeta di note.* Roma, 1877. In-8, 180 p.

891. BOTTALLA. *S. J. La composition des corps d'après les deux principaux systèmes qui divisent les écoles catholiques.* Paris, 1878.

892. ARBOIS (Giac.). *Saggio di fisica e chimica con riguardo alla dottrina di S. Tommaso d'Aquino...* LIECHTY (Reinh de.) = 1863.

893. CORNOLDI (G. M.).S. J. *Dei princìpii fisico-razionali secondo S. Tommaso d'Aquino, commentario dell'opuscolo «de principiis naturae».* Bologna, 1881. In-8°.

894. CASTELLOTE (S.) *La fisica razionale di S. Tommaso d'Aquino, discorso.* O R L M., IV série, XV, (1884) p. 321-328.

895. ZANON (G.) *Dottrina dell'Aquinate intorno alla luce corporale.* Scienza ital., IX, (1884), 1, p. 535-42. KAUFMANN (N.). = 1811.

896. TORNATORE (J. B.). *Exposi-* tio principii traditi a d. *Thoma Aquinat- ad naturam investigandam rei materialis et rei immaterialis.* Placentiae, 1887. In-8°, XV-367 pag. BARONE (A.). = 1879.

897. CORNOLDI (G. M.). *Sistema fisico di San Tommaso* CC, 1891-02 ; IX, 172-85, 397-411, 660-73 ; X, 139-55, 284-96, XI, 143-56, 527-40, XII, 157-66, 554-63. Roma, 1891. Trad. anglaise : DERING (E. H.). *The physical system of St Thomas.* London, 1895. In-16, XVI-228 pag.

898. *The scholastic doctrine of Science,* D R., XXVI, p. 151-185.

899. SINIBALDI (J.). *Sistema fisico di S. Tommaso.* CC, 1891.

900. TORREGROSSA (Ign.). *De constitutione corporum relate ad originem et finalitatem juxta veram Angelici Doctoris mentem.* C S I C, (1894-5), III, p. 104-11.

901. GARDAIR (J.) *Les formes substantielles périssables d'après St Thomas.* An Ph Ch, 1896.

902. MILLION (F.). *La clef de la philosophie scolastique. Etude sur la composition substantielle des corps d'après Saint Thomas.* Paris, 1897.

903. GARGIALO (B.) *Del sistema scientifico di San Tommaso d'Aquino.* Sansevero, 1898.

904. DE MUNNYNCK (Marc) O. P *Note sur l'atomisme et l'hylémorphisme.* C S I C Fribourg. Fribourg impr. S. Paul, 1898 ; 3e section, sciences philosophiques, p. 441-451.

905. DARLEY (Etienne). *L'action de la volonté libre et la conservation de l'énergie d'après Saint Thomas.* R. Thom., VII, (1899), p. 400-412. MARTIN (M.) O. P. = 1856.

906. DARLEY (Etienne). *L'accord de la liberté avec la conservation de l'énergie et Saint Thomas.* R. Thom., VIII, (1900), p. 551-564. Paris impr. Levé, sd. (1900) In-8°, 14 pag.

907. NYS (D.) *L'énergétique et la théorie néo-scolastique.* Louvain, 1902. In-8°, 61 pag.

908. PIDAL Y MÓN (A.). *La doctrina científica de Santo Tomás.* C T, I, (1910), p. 28-41.

909. HEDDE (F.) *La lumière d'après les anciens [et St Thomas]* R.Thom., XX, (1912), p. 224-29.

910. O'MALLEY (A.). *The physical science in St Thomas's Summa*. A E R, XLIX, (1913), p. 314-325.

911. KOSPERSKA (A.). *Die Stel-lung der religiösen Orden zu den Profan-wissenschaften im 12 und 13 Jahrhun-dert*. Freiburg (Schweiz), St Paulus Druckerei, 1914. In-8°, 16-211 pag.

G. — COSMOLOGIE.

912. WERNER (Karl). *Die Kosmo-logie und Naturlehre d. scholast. Mit-telalters*. Sitzungsber d. k. Akad. d. Wissenschaft. Phil. hist Kl. , Bd. 75. Wien, 1873, p. 299-403.

913. LEPIDI (P.) O. P. *Cosmologia* Lovanii, Peters, 1879.

914. PETZ (F. S.). *Kosmos und Psyche, oder philosophische Unter-suchungen über die Welt und die Seele, über deren Wesen, Ursprung, Bestim-mung und Dauer,mit besonderem Rück-sicht auf Plato, Aristoteles, und Thomas von Aquin, sowie auf andere ältere und neuere Philosopheme*. Mainz, 1879. In-8°, VIII-165 p.

915. SCHANZ. *Die scholastische Kos-mologie*. T Q S, 1, (1885).

916. NYS (D.). *Le problème cos-mologique*. Louvain, Fonteyn, 1888. In-8°, 202 pag.

MICHEL (A.). O. P. — 1825.

917. MANDONNET (P.) O. P. *Les idées cosmographiques d'Albert le Grand et de St Thomas d'Aquin et la découver-te de l'Amérique*. R. Thom., I, (1893), p. 46-64, 200-221.

918. LAHOUSSE (P.) S. J. *Cosmo-logia*. Lovanii, Peters, 1896.

919. NYS (D.) *La notion d'espace du point de vue cosmologique et psy-chologique*. Louvain, 1901. In-8°, 289 pag.

920. WLLEMS (Ch.). *Die obersten Seins und Denkgesetze nach Aristo-teles und dem hl. Thomas von Aquin*. Ph. J, XIV-XV, (1901-1902).

921. NYS (D.). *Cosmologie ou étude philosophique du monde inorganique*. 2ᵉ éd. Louvain, 1906. In-8°, 607 pag.

922. SERTILLANGES (A. D.). *La contingence dans la nature selon Saint Thomas d'Aquin*. R S P T, III, (1901), p. 665-681.

923. SERTILLANGES (A. D.) *Les principes de la nature selon St Thomas d'Aquin*. R. Thom. , XVII, (1909).p. 538-561.

924. HUGON (E.). O. P. *Cosmolo-gia*. Paris, Lethielleux, 1910.

925. SPÄTH. *Die Körperlehre d. heil. Thomas*. Kath, LVII, p. 167-8, 253-70, 296-383.

926. PAPON (J. T.). *Un point d'his-toire de l'astronomie: Saint Thomas d'Aquin et la théorie des marées*. R P A, XVII, (1914), p. 756-758.

H. — BIOLOGIE

927. REY (O.). *Etudes de biologie : Saint Thomas d'Aquin et le transfor-misme*. An. Ph. Ch., VII série, VIII, (1883), p. 69-85.

928. TORNATORE. *De vita ejus-que gradibus ad mentem S. Thomae*, D T, 1.

929. MENICHINI (M.). *La storia naturale e le teoriche filosofiche di S. Tommaso d'Aquino*. S F, CXVI.

930. CAVALRESE (Salvat.). *Del sistema nella storia naturale secondo gli insegnamenti di S. Tommaso, Dis-sert*. S F, Napoli, 1884, In-8°, XXIV-69 p.

MAUSBACH (J.) = 1210.

931. GARDEIL (A.) O. P. *L'évo-lutionisme et les principes de Saint Tho-mas d'Aquin*. R. Thom., I, (1893).1 p. 27-45, 316-327, 725-737 ; II, (1894), p. 29-42 ; III, (1895), p. 61-84, 606-633 ; IV, (1896), p. 64-86, 215-247.

932. MAC DONALD (A.) *St Tho-mas and the evolution*. The Gasket, 1896.

933. DE LANGEN-WENDELS (J.). O. P. *Le concept thomiste de l'instinct des animaux*. C S I C, Fribourg, 1897. Troisième section, Sciences philoso-phiques. Fribourg, 1898, p. 257-287.

934. SALIS SEVIS (F.) *La vera dottrina di S. Agostino, di S. Tommaso e del P. Suarez contro la generazione spontanea primitiva*. Roma, 1897.

935. *Santo Tommaso e la generazione spontanea primitiva*. C C, XVII, série XI, (1897), p. 676-91.

936. DE GROOT (J. V.). *Denkers over ziel en leven. De H. Thomas van Aquino en de nieuwe biologie, René Descartes, Boerhaave, Maine de Biran,* Lacordaire. Amsterdam, P. Brand, Bussum, L. J. Veen, 1917. In-8°, VIII-345 pag.

I. — ANTHROPOLOGIE

MORGOTT (F.) — 954.

937. VANDENESCH (H.). *Doctrina D. Thomae Aquinatis de concupiscentia, dissertatio dogmatica.* Bonn, 1871. In-8°, VII-73. p.

ZIGLIARA (T. M.) = 1908.

938. DURSO (F.). *La ragione umana, studi secondo la dottrina di S. Tommaso d'Aquino.* Bologna, tip. Mareggiani, 1874.

939. *Saggio di questioni antropologiche secondo i principi di S. Tommaso d'Aquino, dedicato all'angelico dottore nel VI centenario dall'acad. tom. di Perugia.* Perugia, V. Santucci, 1874.

940. La BOUILLERIE (R. de). *L'homme, sa nature, son âme, ses facultés et sa fin d'après S. Thomas d'Aquin.* Paris, 1880. In-8°, XV-331 p. (Rev. cath. (Louvain, 1881) J. LI p. 95-9 — Dupont (A).

941. SCHÜTZ (L.). *Die vis aestimativa seu cogitativa des hl. Thomas von Aquin.* Jahresbericht der Görresgesellschaft. Sektion für Philosophie für das Jahr. 1883. Köln, 1884.

BÜCCHI (G.). = 980.

942. GLOSSNER (M.). *Die Lehre des hl. Thomas und seiner Schule vom Prinzip der Individuation, Ein Beitrag zum philosophischen Verständnis der Materie,* J P S T, I, (1886) p. 40-112. Paderborn, 1888. In-8°, XV-182 p.

943. SCARPATI (P. M.). *Antropologia insegnata nella Summa di S. Tommaso d'Aquino ed esposta nelle sue parte principali a quadri sinottici e in forma sillogistica.* Napoli, 1890. In-8°, IV-157 pag.

944. PESCH. (T.). S. J. *Seele und Leib als zwei Bestandteile der einen Menschensubstanz, gemäss der Lehre des hl. Thomas von Aquin.* Ph J., IX.

945. GARDAIR (J.). *Corps et âme. Essai sur la philosophie de St Thomas.* Paris, 1892. In-16°, VIII-391 p.

946. GARDAIR (J.). *La philosophie de Saint Thomas. La nature humaine.* Paris, Lethielleux [1896] In-16°, 420 p.

947. P. M. *De unione animae et corporis fragmenta psychologiae.* Scotus, Suarez, S. Thomas. D T, 1896.

948. MATTIA (G. de). *La mente di S. Tommaso intorno all'origine dell' anima, sua unione col corpo ed origine delle idee.* Napoli, 1900.

949. ABERT (F.). *Die thomistische Lehre der Seinseinheit von Leib und Seele* Internat. Kongress der Katholischen Gelehrten. München, 1901.

NOBLE (H. D.). O. P. = 977.

950. NOBLE (H. D.). O. P. *L'individualité affective d'après S. Thomas.* R S P T ,V, (1911), p. 546-551.

951. MEIER (Mathias). *Die Lehre des Thomas von Aquino de passionibus animae in quellanalystischer Darstellung* [B G Ph M A, XI, 2] Münster, Aschendorff, 1912, In-8°, XV-160 pag.; (D L Z, XXXVIII, (1913), c. 560-562 = O Scheel ; S M L, LXXXV, (1913), p. 179-182 = J. Bessner S. J. ; T Rev, XIV, 1917. = M. Grabmann.)

952. WIMMER (J. B.). S. J. *De anima intellectiva ut forma corporis.* Z K T, 1919, p. 577-617, 1920, p. 1-43.

Sur la définition du concile de Vienne voyez N° 1908-1912.

J. — PSYCHOLOGIE

953. COMBES (J. Em.). *La psychologie de St Thomas d'Aquin.* Montpellier, 1860. In-8°, VI et 536 pag.

954. MORGOTT (Fr. V. P.) *Geist und Natur im Menschen. Die Lehre des hl. Thomas über die Grundfragen der Psychologie im ihrer Beziehung zür Kirchenlehre ùnd zür neueren Wissenschaft. Progr.* Eichstätt, 1860. In-4°, 71 pag.

955. PLASSMANN (H. E.). *Die Psychologie auf Grundlage d. Physik gemäss d. Schule des hl. Thomas.* Soest, 1860.

956. LECOULTRE (Henri). *Essai sur la psychologie des actions humaines d'après les systèmes d'Aristote et de Saint Thomas d'Aquin.* Lausanne, Georges Bridel, 1883. In-8°, 300 pag.

CAPPELLAZZI (A.). = 832.

957. KNAUER (Vinc.). *Grundli-nien zür aristotelisch-thomistischen Psychologie.* Wien, Konegen, 1885. In-8º, VIII, 283 pag.

958. BARBERIS (A.). *L'esthésimétrie et la psychologie de Saint Thomas* C. S. I. C., 1888-89 ; II, p. 562-8. An. Ph. Ch. 1888, p. 113-123.

959. ORTÍ Y LARA (J. M.). *Principios de psicologia según la doctrina de Santo Tomás de Aquino, mirando al estado actual de la cultura moderna.* Madrid, 1890.

960. NEUMAYR (E.). *Theorie des Strebens nach Thomas von Aquin. Eine Studie zur Geschichte der Psychologie.* Bozen, 1888. Leipzig, 1891. 2 part. In-8º, 44 et 33 pag.

961. SCHNEID (M.). *Die Psychologie im Geiste des hl. Thomas.* Paderborn, 1892. In-8º, X-360 pag.

962. AMO Y AGREDA (M. del). *Elementos di psychologia, logica y etica segun la doctrina di Santo Tomás.* Madrid, 1897.

963. ALIBERT (C.). *La psychologie thomiste et les théories modernes.* Paris, G. Beauchéne, [1903] In-8º, VI-417 pag.

964. PACE (E. A.). *The psychology of St Thomas.* Manhattau Quart., 1904. MOISANT (X). = 169.

965. MERCIER (D.). *Psychologie.* 9e édit. Louvain, Paris, Alcan, 1912. 2 vol. In-8º, VIII-378 pag. 4 pl.

966. *Physiological psychology of St Thomas Aquinas.* D R., 1882, XC, p. 345.

967. DOMET DE VORGES. *Les certitudes de l'expérience.* C S I C Fribourg. 1987, Fribourg, œuvre St-Paul, 1898, sciences philosophiques, p. 662-690.

968. ERMONI (V.). *Le thomisme et les résultats de la psychologie expérimentale.* R N S, 1898.

969. NOBLE (H. D.). O. P. *Note pour l'étude de la psycho-physiologie d'Albert le.Grand et de St Thomas ; le cerveau et les facultés sensibles.* R.Thom., XIII, (1905), p. 91-109.

970. FONTAINE (C.). *De la sensation et de la pensée selon St Thomas.* Louvain, 1885. In-8º, 261 pag.

971. FARGES. *Théorie de la perception immédiate d'après Aristote et Saint Thomas.* C S I C. (1891), I.II, p. 157-75.

972. DOMET DE VORGES. *La perception et la psychologie thomiste.* Paris, 1892. In-8º, XI-282 pag.

973. CARON (Laurent). *La perception et la psychologie thomiste.* Compte-rendu présenté à l'académie des sciences, des lettres et des arts d'Amiens. Amiens, Ivert et Tellier, 1894. In-8º.

974. ROLAND-GOSSELIN (M. D.) O. P. *Ce que Saint Thomas pense de la sensation immédiate et de ses organes.* R S P T, VIII, (1914). p. 104-105.

975. FARGES (Mgr.). *Théorie de la perception immédiate des sens externes d'après Aristote et St Thomas.* R.Thom., N S, II, (1919), p. 297-34.

976. DUBOSCQ (Th.). *Les émotions d'après Saint Thomas, étude de psycho-physiologie rétrospective.* An. Ph. Ch., XXXIV, (1896), p. 15-25, 169-83. Paris. Roger et Chernoviz, 1896. In-8º, 28 pag.

977. NOBLE (H. D.). O. P. *La nature de l'émotion selon les modernes et selon St Thomas.* R S P T, II, (1908) p. 225-245, 466-483 ; III, (1909), p. 313-319 ; IV (1910), p. 661-677 ; V, (1911), p. 689-707.

978. GEMELLI (A.). *La teoria aristotelico-tomistica dell'emozioni.* R F N S., 1909.

979. MORGOTT (F). *Die Theorie des Gefühle im System des hl. Thomas.* Jahresbericht über des bisch. Lyceum zü Eichstätt f. d. Studienjahr 1863-64. Eichstätt, 1864.

980. BUCCHI (Gen.). *Le passioni secondo la dottrina dell'angelico.* Firenze, 1888. In-16, 214 pag.

981. GARDAIR (J.). *Philosophie de St Thomas : les passions et la volonté.* Paris, 1892. In-8º, 510 pag.

982. DANTON (F. V.). *Les onze passions du cœur humain. Etude morale par St Thomas d'Aquin, reproduction fidèle et très complète d'un des nombreux chefs d'œuvre du docteur angélique avec des modifications de forme et de style qui en rendent la lecture beaucoup plus agréable et intéressante que dans l'édition originale, composée à l'usage des écoles.* Limé, maison de la bonne presse de l'Aisne, 1895. In-8º.

983. SVOŘCIK (Constantin.). *Die Theorie der Gefühle nach dem hl. Thomas von Aquin.* S M B C O, XXIII (1902), p. 16-30, 243-60.

984. RICCIARDELLI (R. M.). *De passionibus classificatio.* D T,1903.
MEIER (Matthias). = 951.

985. LE ROHELLEC (J.). *La théorie des passions chez St Thomas.* R Ph., XIII, (1913), p. 306-314.

986. SMITH (Henr. Ign.). O. P. *Classification of desires in St Thomas and in modern sociology.* Washington, 1915. In-8°, 58 pag.

987. *La psychologia dell'imaginazione secondo l'Aquinate* C C, 1899.

988. BARON (J.). *Die Bedeutung der Phantasmen für die Entstehung der Begriffe bei Thomas v. Aquin. Ein Beitrag zur Geschichte des erkenntnistheorestischen Dualismus.* Inaug. diss. Münster, Verlag und Druck « Der Westfale », 1902, VIII et 59 pag.

989. MAC-DONALD (A.). *St Thomas and the memory.* Eccl. Rev. 1902.

990. GARNIER. *Théorie de l'intelligence chez Aristote et St Thomas,* thèse. Nancy, Crépin-Leblond, 1902.
ARNAIZ (P. M.). - 868.

991. BUCCHI (G.). *L'amore secondo la dottrina dell'Angelico.* Pistoia, 1887. In-16, 133 pag.

992. ROUSSELOT (P.). *Pour l'histoire du problème de l'amour au moyen-âge.* Münster, 1908. In-8°, VI-104 p. [B G Ph. M A VI, 6]

MAUSBACH (J.). = 1210.
993. THÜRING (H.). *Die Willensfreiheit des Menschen nach der Lehre des hl. Thomas von Aquino.* Kath. Schweiz. Blätt. 1891.
GARDAIR. — 981.
SCHIEFFERENS (M.) = 1934.
994. SERTILLANGES (A. ¿). *Le désir et la volonté selon St Thomas.* R Ph, 1909, p. 501-515.

995. VERWEYEN (J.). *Das Problem der Willensfreiheit in der Scholastik,* Heidelberg, Carl Winter, 1909. In-8°, VI-263 pag. (S. Thomas p. 127-156.)

996. ŽMAVC (J.). *Die psychologisch-ethische Seite der Lehre Thomas von Aquin über die Willensfreiheit.* J P S T, XIII, 1899.

997. FELDNER (Gonz.). O. P. *Die Lehre des heil. Thomas von Aquin über die Willensfreiheit der vernünftigen* Wesen. Graz, Moser, 1910. In-8°, VIII-74 pag.

998. RENZ (O.). *Die Einfluss des Willens und der Tugend auf die Wahrheit und Sicherheit des Gewissens, Studie nach dem hl. Thomas von Aquin.* Festgabe Baeumker, Münster i W, Aschendorff, 1913, p. 269-285. [B G Ph M A. Supplement Band.]

D N J C = 1165.
999. MERCIER (D.). *Le déterminisme mécanique et le libre arbitre.* Louvain, 1883-4.
DARLEY (E.). = 905.

1000. ACKERMANN. *Freiheit bei S. Thomas* ca. 1891.

1001. BODOYRA (Oreste). *S. Tommaso d'Aquino defensore della vera libertà.* Torino, 1874. In-8°, 30 pag.

1002. GARRIGOU - LAGRANGE (R.)O. P. *Intellectualisme et liberté chez Saint Thomas.* R S P T, I (1907), p. 649-673, II (1908) p. 5-32 ; à part, Kain, 1908. In-8°, 56 pag. (R. Thom. XVIII, (1910), p. 393-4 = Pègues. O. P.)

1003. DE MUNNYNCK. O. P. *La démonstration métaphysique du libre arbitre,* R N S, (1913), p. 13-38, 181-204, 279-93.

1004. SCHWALM (M. B.). O. P. *L'action intellectuelle d'un maître d'après Saint Thomas.* R.Thom., VII, (1900), p. 251-272.

1005. GRABMANN (M.). *Die Psychologie des Lehrens und Lernens nach dem hl. Thomas von Aquin.* Die christliche Schule, 1910, p. 145-51.

1006. TINCANI (G.). *L'azione intellettuale del maestro secondo S. Tommaso d'Aquino.* S C, série V, vol. XIX (1920) p. 37-50, 115-29, 173-85.

1007. PFEIFER (F.). *Ein argument des hl. Thomas für die Einheit der Seele beleuchtet.* J P S T, 1889.

1008. PACE (E. A.). *The soul in the system of St Thomas.* C U B, 1898.

1009. PACE (E. A.). *The concept of immortality in the philosophy of St Thomas.* CU B, VI, (1900), p. 3-17.
ABERT (F. P.) = 949.

1010. FABRE (S.). *La preuve thomiste de la spiritualité de l'âme humaine.* R. Aug., 1909, p. 692-713.

1011. COCONNIER (Th.) O. P. *L'âme.* Dictionnaire apologétique, 1911.

K. — MÉTAPHYSIQUE

1012. PLASSMANN (H. E.). *Metaphysik gemäss d. Schule des hl. Thomas von Aquino.* Soest, 1858.

1013. FABRE. *Défense de l'ontologisme contre les attaques récentes de quelques écrivains qui se disent disciples de Saint Thomas.* 1862. In-8º.

1014. UBAGS (G. C.). *De quelques principes de métaphysique générale de St Thomas d'Aquin.* Rev. cath. Louvain, VIII série, III (1866), p. 153-73.

1015. LUCA (G. de) O. P. *Saggio ontologico sulle dottrine dell'Aquinate e del Vico.* Napoli, 1870.

ZIGLIARA = 1878.

1016. MURGUE (A.). *Questions d'ontologie. Études sur St Thomas.* Lyon, 1876. In-12, 261 pag.

1017. *Studi sulla metafisica di S. Tommaso di Aquino.* S F, mars 1880.

1018. PRISCO (G.). *La metafisica di S. Tommaso e la speculazione monistica.* S F, CXXXIV.

1019. PRISCO (Gius.). *La metafisica di Tommaso d'Aquino.* A R T A, III, (1883), p. 451-75 ; IV, p. 191-245, 417-83 ; V, p. 203-39, 387-441.

1020. HULST (Mgr d'). *Valeur scientifique de la métaphysique de Saint Thomas.* An Ph Ch, VII série, XVI, (1887), p. 5-26, 217-27, 521-38.

1021. ORTI Y LARA (J. M.). *Lecciones sumarias de metafisica y filosofia natural segun la mente de S. Tomás.* Madrid 1887.

1022. KAUFMANN (N.). *Elemente der aristotelischen Ontologie mit Berücksichtigung der Weiterbildung durch den hl. Thomas von Aquin und neuere Aristoteliker.* Luzern, 1896, In-8º, 152 pag.

1023. SACHS (J.). *Grundzüge der Metaphysik im Geiste d. hl. Thomas v. Aquin unter Zugrundelegg. d. Vorlesgn von M. Schneid.* 2 aufl. Paderborn, 1896. In-8º, VIII-253 pag.

1024. GÉNY (PAUL). *L'enseignement de la métaphysique scolastique.* Et., 1908.

1025. GARRIGOU - LAGRANGE (R.) O. P. *Philosophie de l'être et ontologisme.* R. Thom. , 1909. p. 221-2.

1026. MERCIER (D.). *Métaphysique générale ou ontologie* 5ᵉ édit. Louvain, Paris, Alcan, 1910. In-4º, XXIII-572 pag. (Bibliothèque de l'institut supérieur de Philosophie).

DINDINGER (J.). = 2156.

1027. CONTINI. *Criterio tomistico nella investigazione dell'ente creato e divino* A R T A, 1878, p. 53-82.

1028. LEPIDI (A.) O. P. *De ente generalissimo prout est aliquid psychologicum, logicum, ontologicum.* D T, I, Placentiae, Jose Tedeschi, 1881, In-8º, 52 pag.

1029. DESBUTS (B.). *La notion d'analogie d'après St Thomas d'Aquin.* An. Ph. Ch., 1906.

PETAZZI (G. M.) S. J. = 1937.

1030. GARRIGOU - LAGRANGE (R.) O. P. *La valeur transcendante et analogique des notions premières ; thomisme et agnosticisme* R. Thom., XX, (1912), p. 628-48 ; 721-42.

1031. BLANCHE (F. A.) O. P. *Sur le sens de quelques locutions concernant l'analogie dans la langue de St Thomas d'Aquin,* R S P T, X, (1921), p. 52-59.

1032. *De Pulchro et bono ex commentario anecdoto Sti Thomae Aquinatis* S F, C, V, (1869), p. 389-410 459-68.

1033. MENICHINI (G. M.). *Del vero, del buono e del bello secondo le dottrine de' padri e dottori della chiesa, specialmente di S. Tommaso d'Aquino, in relazione colle teoriche de' moderni Cousin, Gioberti ed altri* S F, XXXIX, ser. IV, vol. X-XIV. (1879).

1034. TORNATORE (J. B.). *Principia S. Thomae, quibus innititur doctrina « de ente communi ».* D T, 1890.

1035. CHOLLET (A.). *De la notion d'ordre. Parallélisme des trois ordres de l'être, du vrai, du bien.* Paris, Lethielleux, sd. In-12. 259 pag.

1036. PUCCINI (R.). *La teorica del numero infinito e la sua pretesa opposizione ai principii de S. Tommaso.* C S I C Fribourg, 1898. Sciences philosophiques, p. 514-555.

1037. MERCIER (D.). *L'unité et le nombre d'après St Thomas d'Aquin.* R N S, 1901.

LANGENBERG (G.). = 1157.

1038. PERIER (M. P.). *Mathématique et métaphysique.* R. Ph., 1919, p. 516-533. [Analyse les idées de St Thomas sur la multitude innombrable.]

1039. BOVET (A.). *Saint Thomas et la vérité.* Rev. Fribourg, 1904.

1040. SIGNORIELLO (Nunzio). *La metafisica di S. Tommaso intorno al malo.* A R T A, (1881-3), I, p. 187-208 ; II, p. 231-5, 487-510; III, p. 83-104. Roma, 1882. In-8°.

1041. BECKER (F.). *Le principe de causalité d'après la philosophie scolastique, réfutation de l'empirisme et du subjectivisme.* trad. du hollandais par MANSION. Amiens, 1877.

1042. COSTER (J. de.). *Le problème de la finalité (selon St Thomas) thèse.* Louvain, C. Peeters, 1887. In-8°, 127 p.

1043. KAUFMANN (N.). *Das Causalitätsprinzip bei Thomas von Aquin* Ph J., 1891 ; trad. de l'allemand par A. DEIBER ; *Étude de la cause finale et son importance au temps présent.* Paris, Alcan, 1898. In-12, XIX, 155 pag.

1044. ESSER(Th.). *Quaestiones quodlibetales. Ursache und Verursachung.* J P S T, XIII, (1899).

1045. RÉGNON (Théodore de) S. J. *La métaphysique des causes d'après St-Thomas et Albert le Grand*, 2e édit. Paris, V. Retaux, 1906. In-8°, XVIII, 663 p. portr.

1046. HUGON (E.) O. P. *La causalité instrumentale en théologie*, Paris, Téqui, 1907.

1047. GARRIGOU - LAGRANGE (R.). O. P. *Comment le principe de raison d'être se rattache au principe d'identité d'après S. Thomas.* R. Thom., XVI, (1903), p. 422-42.

1048. RICHARD (P.). *La causalité instrumentale, physique, morale intentionnelle.* R N S, 1909, p. 5-31, 260-9.

1049. GARRIGOU - LAGRANGE (R.). O. P. *Les preuves de Dieu rattachées au principe de non contradiction.* Paris, Beauchesne, 1910. In-12, 239 pag.

1050. LAMINNE (J.). *Le principe de contradiction et le principe de causalité.* R N S, XIX, (1912), p. 453-88.

1051. STEINBUCHEL (Theodor). *Der Zweckgedanke in der Philosophie des Thomas von Aquino nach den Quellen dargestellt.* Münster, Aschendorff, 1912. In-8°, XIV-154 p. [B G Ph M A, XI, 1] (S M L, LXXXV, (1913), p. 179 = J, Bessner S. J. ; T L Z, XXXIX, (1914) c. 46-48 = Scheel. ; T. Rev, XVI, (1917) = M. Grabmann.)

1052. SCHULEMANN(G.). *Das Kausalprinzip in der philosophie des hl.* *Thomas von Aquin.* Münster, Aschendorff, 1915. In-8°, XVIII-116 pag. [BG Ph M A XIII-5]

1053. STUFLER (J.). S. J. *Bemerkungen zur Lehre des heil Thomas über die virtus instrumentalis.* Z K T, XLII, (1918), p. 719-762.

1054. LIECHTY (R. de). *Les questions disputées. Traité de l'être et de l'essence.* Bar le Duc, 1883.

1055. RITTLER (A.). *Wesenheit und Dasein in den Geschöpfen nach die Lehre des hl. Thomas von Aquino.* (Programm Regensburg), Stadtamhof, J. u. K. Mayr, 1887. In-8°, 119 p.

PECCI (G.). = 503.

1056. FRATI (S.) *Il quod est ed il quo est ossia della composizione delle creature secondo la dottrine di S. Tommaso.* Estratto dal periodico Il Rosmini del 16 settembre 1887. Milano, A. Lombardi, 1887. In-8°, 15 p.

1057. FELDNER (G.). *Das Verhältnis der Wesenheit zù dem Dasein in den geschaffenen Dingen nach der Lehre des hl. Thomas von Aquino.* J P S T, V-VI. (1891-92), II, 1888; 5-23 ; III, 1, 288-411; IV, 51-129 ; V, 72-195 ; VI, 28-206 ; 307-385 ; VII, 142-272.

1058. FELCHLIN (B.) S. J. *Lehrte der hl. Thomas den realen Unterschied zwischen Wesenheit und Dasein in den Geschöpfen.* Z K T, XVI, (1892), p. 82-96, 428-45. .

1059. SCHINDELE (S.). *Zur Geschichte der Unterscheidung von Wesenheit und Dasein in der Scholastik.* München, 1900.

1060. DYROFF (A.). *Über den Existenzialbegriff.* Freiburg i Br., 1902.

1061. GLOSSNER (M). *Zur neuesten philosophischen Literatur (de essentia et existentia).* J P S T, XVI, (1902), p. 197 seq.

1062. GRABMANN (M.). *Die Lehre des Johannes Theutonicus über den Unterschied von Wesenheit und Dasein (cod. Vatic. lat. 1902)* J P S T, XVII, (1903),

1063. ZIGON (F.). *Zur Lehre des hl. Thomas von Wesenheit und Sein.* J P S T, XVIII, (1904), XIX, (1905), p. 396-411.

1064. PICCIRELLI (J. M.). S. J. *Disquisitio metaphysica, theologica, critica de distinctione actuatam inter essentiam existentiamque creati entis intercedente ac praecipue de mente Ange.*

lici Doctoris circa eamdem quaestionem.
Neapoli, 1906. In-8°, 424 p.

1065. FRIEDRICHS (O. A.). *Beiträge zu einer Geschichte der theorie des Existenzialurteile. I Diss.*Prenzlau, 1906.

1066. SCHULTES (R.). O. P. *Die reale Unterscheidung von Wesenheit und Dasein.* J P S T, XX, (1907), p. 23 seq.

1067. POULPIQUET (A. de). *Le point central de la controverse sur la distinction de l'essence et de l'existence.* R N S, 1906, Louvain, 1906. In-8°, 17 pag.

1068. HOURCADE (R.) *Essence et existence (à propos d'un livre récent.)* B L E, 1908, p. 90-99.

1069. SCHINDELE (S.). *Aseität Gottes, Essentia und Existentia, im Neuplatonismus.* Ph J. , XXII, (1909) p. 3-19. 159-170.
MANDONNET (P.) = 1883.

1070. PRADO (N. del.) O. P. *La vérité fondamentale de la philosophie chrétienne selon St Thomas d'Aquin.* R. Thom., XVIII, (1910), p. 209-227, 340-360.

1071. PRADO (N. del.) O. P. *La verdad fundamental de la filosofia cristiana.* C T., Madrid, tip. de la Rev. de arch. Bibl. y Museos, 1910. In-8°, 31 pag.

1072. MATTIUSI (G.). S. J. *Essenza ed existenza* R F N S, II; (1910), 596 ; III, (1911), p. 167-186, 335-356.

1073. MASNOVO (A.). *Note sulla distinzione reale fra essenza ed essere in creatis* R F N S, III, (1911), p. 356-364.

1074. PRADO (N. del). O. P. *De veritate fundamentali philosophiae christianae.* Friburgi Helvetiorum, 1911. In-8°, XLV-659 p.

1075. PRADO (N. del.) O. P. *El problema ontologico. Dialogos entre un filosofo y un teologo sobre la question de essentia et esse y varios articulos sobre distintas materias.* Vergara, el Santissimo Rosario, 1915. In-8° 203 p.
BINZECHER (E.) = 2196.

1076. FELDNER (G.) O. P. *Die*

Quellen des hl. Thomas von Aquin für seine Lehre von realen Unterschied zwischen Wesenheit und Existenz in den Geschöpfen D T, IX, VI, (1919), p.27-44 136-53.

1077. GRABMANN (M.). *Die Schrift « de ente et essentia » und die Seinsmetaphysik des hl. Thomas von Aquin.* Beiträge zur Phil. u. Paed. Festgabe zum 80 Geburtstage von Otto Willmann. (Freiburgi B.,Herder,(1919), p. 97-116.

1078. KAUFMANN (N.) *Der Akt ist früher als die Potenz Ein wichtiges Princip der aristotelischen-thomistischen Philosophie,* J P S T, 1, N° 4.
FARGES (Mgr.) = 742 (1°).

BAUR (L.) = 2151.

1079. HUGON (E.) O. P. *La doctrine de St Thomas sur les accidents et les applications à l'ordre naturel et à l'ordre surnaturel.* R. Thom., N S, I, (1918), p. 144-158.

GLOSSNER (M.) = 942.

1080. ORSI (D'.) *Del concetto di personalità secondo le dottrine di S.Tommaso* S F, II, (1876), p. 293 et seq.

1081. CAPPELLAZZI (Andr.) *La persona nella dottrina di S. Tommaso d'Aquino, studi.* Siena, 1899. In-8°, VIII-390 p.

1082. STEPHINGER (L.) *Die Lehre der menschlichen Person und ihrer Einheit bei Aristoteles und Thomas von Aquin.* München, Franz Paul Datterer, [1903] In-8°, 96 pag.

1083. HUGON (E.) O. P. *Les notions de nature, substance, personne.* R.Thom., XV, (1907), p. 753-69.

1084. WELSCHEN (R.) O. P. *La personne, son concept d'après Saint Thomas.* R. Thom. , N S, II, (1919), p. 1-26.

1085. HUBERT (F.) *Etudes thomistes. Le principe d'individuation de la substance corporelle.* R. Aug., 1910, p. 401-25.

1086. MICHEL (A.). *L'évolution du concept de « personne » dans les rapports de la philosophie chrétienne avec la théologie.* R. Ph., 1919, p. 487-515.

L. — THÉODICÉE

1087. [BARRET (CH.)] *Etudes philosophiques sur Dieu et la création d'après la somme de Saint Thomas*

Contra gentes. Paris, impr. J. B. Gros 1848. In-8°, 293 pag.

1088. DELITZSCH (Joh.). *Die Got*

teslehre des Thomas von Aquino. Leipzig, Dörffling und Franke, 1870. In-8°, 111-116 pag.

1089. LECOULTRE (Henri). *La doctrine de Dieu d'après Aristote et St Thomas d'Aquin.* Lausanne, 1877.

1090. MARCHETTI. *Filosofia moderna e dottrina di S. Tommaso in rapporto alla dimostrazione filosofica della divina simplicità.* A R T A, 1878, p. 83-110.

1091. *Die Lehre des hl. Thomas über Gott.* Kath. XXIX p. 26-42, 167-80, 291-308, XXX, p. 316-336.

1092. SCHNEIDER (C. M.) O. P. *Natur, Vernunft, Gott. Abhandlung über die naturliche Erkenntnis Gottes nach der Lehre des hl. Thomas von Aquin.* Regensburg, 1882.

1093. ERCOLE (P. d'). *Il teismo filosofico cristiano considerato con spaciale riguardo a San Tommaso.* Torino, 1884.

1094. SALVANY (M.). *El concepto de Dios segun S. Tomás.* Rev. de España, I. 1885.

1095. *Die Erkennbarkeit Gottes nach der Lehre des hl. Thomas von Aquin.* Kath. LXXXIII, p. 242-257.

1096. BROOKHOFF (J.). *Die Lehre des hl. Thomas über die Erkennbarkeit Gottes.* J P S T. 1887, p. 224-351 ; 1888, p. 122-37; 1889, p. 182-97; 1890, 332-57 ; 1891, p. 332-57, 451-68.

1097. DARD (A.). *La théodicée de St Thomas d'Aquin. Existence nature et attributs de Dieu. Opérations de Dieu.* Paris, Bloud et Barral, 1892. 2 vol. In-12.

1098. GRABMANN (M.). *Der Genius der Werke des hl. Thomas und die Gottes-Idee.* J P S T, XIII, (1899), 43 pag.

1099. DE MUNNYNCK (M. P. de) *Praelectiones de Dei existentia.* Lovanii, A. Uystpruyst, Dieudonné, 1904. In-8°, 102 p.

1100. SCHUMACHER (M.). C S C. *The knowableness of God, its relation to the theory of knowledge in St Thomas.* Dissert. Notre Dame, Indiana, University Press, 1905. In-12, 200 p.

1101. SERTILLANGES (A. D.). *Les sources de la croyance en Dieu.* Paris, Perrin [1906] In-8°, 572 pag.

1102. GARRIGOU-LAGRANGE (R.) O. P. *Le panthéisme de la philosophie nouvelle et la preuve de la transcendance divine.* R. Thom., XII, (1907), p. 613-642.

1103. CHOSSAT S. J. *La nature de Dieu d'après les scolastiques.* Dictionnaire de théologie. T. IV, fasc. XXIX., col. 1152-1243.

1104. GARDEIL (A.). O. P. « Destruction des destructions » du R. P. Chossat ; à propos de l'article sur la nature de Dieu d'après les scolastiques. R.Thom., XVIII, (1910), p. 361-391.

WEERTZ (Heinrich) = 1836.

1105. BALTHASAR (N.). *La méthode en théodicée. Idéalisme anselmien et réalisme thomiste.* Ann. Institut sup. philosophie, 1912.

1106. PAGANO (A.) OLGIATI (F.). *L'individualità di Dio secondo S. Tommaso.* R F N S, 1912.

1107. GARRIGOU - LAGRANGE (R.). O. P. *Dieu.* Dictionnaire apologétique, 1910, col. 941-1088.

1108. GARRIGOU - LAGRANGE (R.). O. P. *Dieu, son existence et sa nature. Solution thomiste des antinomies agnostiques.* Paris, Beauchesne, 1915. In-8°, 770 pag. ; 3e édit., ibid., 1920.

1109. FELDNER (G.). *Die sogenannte Aseität Gottes als Konstitutives Prinzip seiner Wesenheit.* J P S T, VII.

1110. KAUFMANN (Nik.). *Der Beweis des hl. Thomas v. Aquin für die Existenz eines transcendenten « Ersten Bewegers » der Welt. Eine Widerlegung des modernen Materialismus.* Luzern, 1882.

1111. CHRYSOSTOM (Brother) *The theistic argument of St Thomas.* Philos. Rev., 1894.

1112. GARDAIR (J.). *Exposé critique des preuves de l'existence de Dieu données par St Thomas d'Aquin.* Compte rendu acad. scien. mor. polit., II série, 1896, XLVI.

1113. MÜLLER (J.). S. J. *Der Gottesbeweis aus der Bewegung.* Z K T, XXI, (1897) p. 644-672.

1114. ROLFES (Eug.). *Die Gottesbeweis bei Thomas von Aquin und Aristoteles erklärt und vertheidigt.* Köln, J. P. Bachem, 1898. In-8°.

1115. SERTILLANGES (A. D.). *La preuve de l'existence de Dieu et l'éternité du monde.* C S I C, Fribourg, 1897. Fribourg, œuvre de St Paul, 1898. Sciences philosophiques, p. 590-630.

BUONPENSIERE. = 1471.

1116. HEBERT (M.). *La dernière idole; étude sur la «personnalité divine».* Métaphysique et morale, 1902 [prétend que les preuves apportées par St Thomas pour prouver l'existence de Dieu sont insuffisantes.]

1117. WEBER (Sim.). *Der Gottesbeweis aus der Bewegung bei Thomas von Aquin auf seinen Wortlaut untersucht. Ein Beitrag zur Textkritik und Erklärung der Summa contra gentiles.* Freiburg, Herder, 1902. In-8°, IV-43 pag.

1118. PASCHEN (O.). *Der Ontologische Gottesbeweis in der Scholastik* (Kaiser Karlsgymnasium zù Aachen, Beiläge zum Jahresbericht, 1902-1903) Aachen, 1903.

1119. GARRIGOU - LAGRANGE (R.). O. P. *Note sur la preuve de Dieu par les degrés des êtres chez St Thomas.* R. Thom., XII, (1904), p. 363-381.

1120. GARRIGOU - LAGRANGE (R.) O. P. *Les preuves thomistes de l'existence de Dieu critiquées par M. Le Roy.* R. Thom., XV, 1907, p. 313-331.

1121. GRÜNWALD (G.). *Geschichte der Gottesbeweise in Mittelalter bis zum Ausgang der Hochscholastik.* Münster, Aschendorff. In-8°, X-164 pag. [B G Ph. M A VI, 3]

1122. ROLFES (E.). *Zum Gottesbeweis des hl. Thomas.* J P S T, XXII, (1907), p. 80-94.

1123. DANIELS (A.). *Quellenbeiträge und Untersuchungen zur Geschichte der Gottesbeweise im dreizehnten Jahrhundert mit besonderer Berücksichtigung des Arguments im Proslogion des hl. Anselm.* Münster, Aschendorff, 1909, In-8°, XII-167 pag. [B G Ph. M A VIII, 1-2.]

GARRIGOU-LAGRANGE(R.).O.P. = 1495.

1124. PRADO (N. del.). *Utrum Deus sit q. 2 a 3.* J P S T, 1909, p. 114-152.

GARRIGOU-LAGRANGE (R.). = 1049.

1125. PRADO (Norb. del.) O. P. *An Deus sit (comment. de la II q. de la I p.).* J P S T, XXIII, (1909), p. 438-451 ; XXIV, (1910), p. 114-152.

1126. HENRY (P.). *Histoire des preuves de l'existence de Dieu au moyen âge, jusqu'à la fin de l'apogée de la scolastique.* R.Thom., XIX, (1911). p. 1-24, 141-58.

1127. KIRFEL (H.) C. SS. R. *Zum Gottesbeweis des hl. Thomas aus der Ordnung der Wirkursache.* J P S T, XXV, (1911), p. 146-63.

1128. AUDIN (A.). *A proposito della dimostrazione tomistica dell'existenza di Dio.* R F N S, 1912, p. 758-769.

1129. KIRFEL (H.) C. S.S. R. *Der Gottesbeweis aus den Seinstufen.* J P S T, XXVI, (1912), p. 545-488.

1130. KIRFEL (H.). C. S.S. R. *Gottesbeweis oder Gottesbeweise beim hl. Thomas von Aquin.* J P S T, XXVII, (1913), p. 3-4, 451-460. (contre le travail de Audin).

1131. MATTIUSI (G.). S. J. *Sulle cinque vie di S. Tommaso* R F N S, 1913, p. 67-72 (contre l'article de Audin).

1132. ROLFES (E.). *Zu dem Gottesbeweis des hl. Thomas aus den Stufen der Vollkommenheit.* Ph J., XXVI, (1913), p. 146-659 (discute une interprétation de Kirfel sur la preuve de l'existence de Dieu par les degrés d'être chez St Thomas.)

1133. GILSON (E.). *Le système de Thomas d'Aquin sur la connaissance de Dieu et les preuves de son existence.* Rev. cours et confér. Mars avril 1914. Lille, 1914.

1134. URBANO (L. D.). O. P. *La prueba del movimento y la existencia de Dios.* C T. , XV, (1917), p. 79-100.

1135. ALBRECHT (A.). *Das Ursachgesetzt und die erste Ursache bei Thomas von Aquin.* Ph J., XXXIII, (1920), p. 173-82. (analyse la 2° via de St Thomas).

1136. JOLY (R.). *La preuve de l'existence de Dieu par les degrés de l'être. « Quarta via » de la somme théologique. Sources et exposés.* Gand, 1920.

1137. PÉRIER (P. M.). *Dieu premier moteur [d'après St Thomas].* R P A., 1920, p. 540-48.

1138. HOLTUM (G. van) O. S. B. *Der Gottesbeweis aus der Ordnung der Welt.* D T., VII, (1920), p. 16-33.

1139. SCHNEIDER (Ceslas M.) O. P. *Das Wissen Gottes nach der Lehre des hl. Thomas v. Aquino.* Regensburg, 1884-86. 4 vol. XVI, 483 p. ; VIII, 687 p., ; 621 p. ; VII, 558 pag.

GUILLERMIN (H.). O. P. = 1171.

1140. CAPPELLAZZI (Andr.). *La dottrina di S. Tommaso sulla conoscenza che Dio ha delle cose, studio.* Parma, 1893. In-16, 74 pag.

1141. GAYRAUD, (H.). *La pres-*

cience d'vine des futurs libres d'après S. Thom.is. An Ph Ch, 1895, p. 500.

1142. RAMELLINI (C.). *De intelligere Dei. Ratio ordinis argumentorum in summa philosophica, cap. 54-61.* D T, V, (1894-1896.)
ZIGON (F.). 1998.

1143. SCHMID (Al. von). *Die Seinweise Gottes nach dem hl. Thomas von Aquin.* C. S. I. C. Fribourg 1897. Fribourg, impr. de St Paul, 1898.- 3ᵉ sect. phil., p. 556-566.

1144. BERG (C. Van den) *De ideis divinis seu de divina essentia, prout est omnium rerum et primum exemplar juxta doctrinam doctoris Angelici Thomae Aquinatis.* Herzogenbosc, 1872.

1145. PACE (E.). *The world copy, according to S. Thomas.* C U B, 1899.

1146. BAEUMKER (Cl.).*Witelo, ein Philosoph und Naturforscher des XIII Jahrhunderts.* Münster i W, Aschendorff, 1908. In-8º, VI-686 pag. [B G Ph. M A III, 2.] (doctrine de St Thomas sur Dieu).

1147. ALÈS (Adhémar d'). S. J. *Science divine et décrets divins à propos d'un livre récent (Garrigou-Lagrange : Dieu* cf. nº 1103) R S R, VIII, (1917), p. 1-35.

1148. GARRIGOU - LAGRANGE (R.) O. P. *Saint Thomas et le néo-molinisme. A propos d'une nouvelle mise en valeur de la théorie moliniste de la science moyenne. Réponse au R. P. d'Alès, S. J.* Rome, Collegio Angelico, [1917] In-8º, 47 p.

1149. LANGEN (H.). *Thomas von Aquin, von der philosophischen Möglichkeit einer ewigen Weltschöpfung* Jahresbericht über die höhere Bürgerschule zu Cupen f. d. Schuljahr, 1864-65.

1150. COMMER (E.). *Die Thomistische Lehre von Weltanfange in ihrem geschichlichen Zusammenhange.* Kath. 1883.
RITTLER = 1055.
ESSER (Thom.) = 1539.

1151. SERTILLANGES (A. D.). *L'idée de création dans St Thomas d'Aquin.* R S P T, I, (1907), p. 239-51.

1152. DURANTEL (J.). *La notion de création dans St Thomas.* An. Ph. Ch., 1912.
STUFLER (J.). S. J. = 1541.

GERARDIN. = 1781.

1153 RAMEY (R. P.). *De l'idée d'infini d'après St Thomas d'Aquin.* An. Ph. Ch., 1886.
SERTILLANGES (A. D.) = 1115.

1154. NYS (D.). *La notion de temps d'après les principes de St Thomas d'Aquin.* Louvain, 1898. In-12, 232 p. ; 2ᵉ édit., Louvain, Paris, Alcan, 1913. In-4º, 308 pag.

1155. DUGENS (M. P.) *Le temps et le mouvement selon les scolastiques.* R. Ph., 1913-4.

1156. BEEMELMANS (Friedrich) *Zeit und Ewigkeit nach Thomas von Aquin.* Münster, Aschendorff, 1914. In-8º, VII, 64 p. [B G Ph. M A XVII, 1,] (T. Rev., XVI, (1917) = M. Grabmann ; R S P T, IX, (1920), p. 635 = M. Jacquin O. P.)

1157. LANGENBERG (G.). *Des hl. Thomas Lehre von Unendlichen und die neuere Mathematik.* Ph J., XXX, (1917), p. 79-97.

1158. ISENKRAHE (C.). *Untersuchungen über das Endliche und Unendliche mit Ausblicken auf die philosophische Apologetik. Zweites Heft : Die Lehre des hl. Thomas von Unendlichen, ihre Auslegung durch Prof. Langenberg, und ihr Verhaeltnis zur neuzeitlichen Mathematik.* Bonn, Marcus und Weber, 1920. In-8º, VIII-230 pag.

1159. PETRUS DE STO JOSEPHO. *Defensio S. Thomae doct. angelici adversus physicae praedeterminationis propugnatores.* Parisiis, 1643. In-4º ; Duaci. 1664. In-24.

1160. MASSOULIÉ (A.) O. P. S. *Thomas Aquin. sui interpretes de divina motione et libertate creata.* Roma, Komareck, 1707. 2 vol. In-8º.

1161. EFFINGER (Rom.). *Judicium divi Thomae de libertate creata, gratia, voluntate divina, praedeterminatione et scientia media.* Constantiae, 1734. In-4º, 340 pag.

1162. *Teorica di S. Tommaso' intorno alla providenza.* CC, III série 1, (1856)..

1163. GIACOMO DEL SACRO CUOR DI MARIA. *Nuovo saggio intorno all'azione di Dio sulla libertà dell' uomo secondo la vera dottrina di S. Tommaso.* Neapoli, tip della R. Acc. delle scienze fisiche e matematiche, 1877. In-8º, 238 pag.

1164. BEAUDOIN (Régin.) O. P. *De la prémotion physique selon St Tho-*

mas, *réplique à la Civiltà cattolica et réponse au R. P. Mazzella*. Ann. monde relig. 1879. III, p. 37-51, 129-37, 261-75, 476-87, 770-91. Bar-le-Duc, typ. des Célestins, 1879. In-8º, 23 pag.

1165. D. N. J. C. *De libertate et praemotione secundum mentem S. Thomae.* Romae, 1882. In-8º, 247 pag.

1166. DUPONT (A.). *La prédétermination physique et la doctrine de St Thomas.* Rev. cath., Louvain, 1882-1883, LIII, p. 785-806 ; LIV, p. 25-42.

1167. MANNENS (P.). *Doctrina S. Thomae de praedestinatione. Thèse...* Louvain, 1883. In-8º, 218 pag.

1168. PROSPER (P.). *Saint Thomas a-t-il enseigné la prédétermination physique ?* Paris, Leipzig, Tournai, 1883. In-8º, 31 pag.

1169. PECCI (Jos.). *S. Tommaso circa l'influsso divino e la scienza mezza.* A R T A, V, (1885), p. 99-145 ; traduct. allemande :*Lehre des hl. Thomas über den Einfluss Gottes auf die Handlungen der vernünftigen Geschöpfe und über die Scientia media, aus dem italienischen übersetzt von G. TRILLER.* Paderborn, Münster, Schöningh, 1888. In-8º, 56 pag.; traduct. espagnole : RUIBAL (A.). *Doctrina de Santo Tomás acerca del influjo de Dios en las acciones de las criaturas racionales y sobre la ciencia media, por su Ema el Cardenal J. Pecci,* trad. de l'italiano. Santiago, tip Galaica, 1901. In-8º, 151 pag.

1170. DUMMERMUTH (A. M.) O. P. *S. Thomas et doctrina praemotionis physicae seu responsio ad R. P. Scheemann S. J. , aliosque doctrinae scholae Thomisticae impugnatores.* Paris, Louvain, 1886. In-8º, VIII, 759 pag.

1171. GUILLERMIN (H.). O. P. *L'opuscule de S. Em. le cardinal Pecci sur la prémotion physique et la science moyenne.* An. Ph. Ch., 1886.

1172. LESSERTEUR (E. C.). *Sentiment de St Thomas sur la prédétermination physique.* An. Ph.Ch., G. XIV, (1886), p. 633-45.

1173. SCHNEIDER (Ceslas. M.). O. P. *Die Praemotio physica nach Thomas.* J P S T, I, (1886), p. 135-75.

1174. BAUDIER (L.). *Saint Thomas et la prédétermination physique.* R S E, V, (1887), p 146-66, 258-58, 349-64, 443-56, 535-53. (S. Cath 1887, I 464-6 = P. Rodillon.)

1175. BAUDIER (L.). *Saint Thomas et la prédestination.* Et., XLIV, (1888), p. 179-205.

1176. LESSERTEUR (E. C.). *Saint Thomas et la prédestination.* Paris, 1888. In-8º, 264 pag.

1177. ADEODATUS (A.). *S. Eminenz des Cardinals Jos. Pecci Schrift Lehre des hl. Thomas über den Einfluss Gottes auf die Handlungen der vernünftigen Geschöpfe und über die scientia media, analysirt,* Mainz, F. Kirchheim, 1888. In-8º, 65 pag.

1178. BONACINNA (Carlo.) *Dottrina di S. Tommaso d'Aquino sul concorso generale di Dio nell'azione creata.* Milano, 1889. In-8º, 115 pag.

1179. FELDNER (G.). *Die Lehre des hl. Thomas über den Einfluss Gottes auf die Handlungen der vernünftigen Geschöpfe dargelegt von S. Eminenz Kardinal Joseph Pecci, kritisch beleuchtet.* Graz, Moser, 1889. In-8º, 103 pag.

1180. CORNOLDI (G. M.). *Quale secondo S. Tommaso sia la concordia delle mozione divina colla libertà umana.* CC, XV ser., V, (1890), p. 673-93 ; 2º edit. Roma, 1890. In-8º, 294.
GAYRAUD (Hippol.) · 1569.

1181. FRINS (V.). *S. Thomae Aquinatis doctrina de cooperatione Dei cum omni creatura praesertim libera seu s. Thomas praedeterminationis physicae ad omnem actionem creatam adversarius, responsio ad... A. Dummermuth.* Parisiis, Lethielleux, 1893. In-8º, 3 f. 498 p.

1182. BERTHIER (J. J.) O. P. *Le néo-molinisme et le paléo-thomisme à propos d'un livre du R. P. Frins.* R. Thom., 1, (1893), p. 83-102, 169-99, 471-508.

1183. DUMMERMUTH (A.) *Defensio doctrinae S. Thomae Aquinatis de praemotione physica, seu responsio ad R. P. V. Frins S. J.* Lovanii, Uyspruyst, 1895. In-8º, VI et 436 p.

1184. GAYRAUD (Hippol.). *Le prédéterminisme de St Thomas.* R C F., IV, (1895), p. 230-44.

1185. GAYRAUD (Hippol.). *Saint Thomas et le prédéterminisme.* Paris, Lethielleux, [1895] In-16, 137 pag.

1186. GUILLERMIN (H.). *Saint Thomas et le prédéterminisme.* R.Thom., III, (1895), p. 162-87, 437-76, 549-76 ; IV, (1896) 642-58. Paris, bureaux de la revue thomiste, 1896. In-8º.

1187. FRINS (V.). *S. J. Replik auf das von P. F. A. M. Dummermuth O. P. herausgegebene Buch « Defensio doctrinae S. Thomae »* Z K T., XX, (1896)

p. 626-69 ; trad. fr. *Courte réponse au ivre de A. M. Dummermuth « Defensio doctrinae S. Thomae »*, Et., LXVIII, (1896), p. 142-64.

1188. MANSER (J. A.). *Possibilitas praemotionis physicae thomisticae in actibus liberis naturalibus, juxta mentem divi Aquinatis.* Friburgi Helvetiorum, bibl. Universitatis, 1896. In-8º, 85 pag.

1189. VILLARD (A.). O. P. *La providence [d'après St Thomas]* R. Thom., IV, (1896), p. 569-591, 711-724. (1897), p. 195-212.

1190. BISSCHOP (H.). O. P. *Thomistes et molinistes. Réplique à la courte réponse du R. P. Frins S. J. au livre du R. P. Dummermuth O. P. Defensio doctrinae S. Thomae Aq.* Paris, bureaux de la Rev. Thomiste. [1897] In-8º, 58 pag.

JEILER (I) = 1881.

1191. De MUNNYNCK (M.) O. P. *La prémotion physique selon l'école dominicaine.* R N S, Louvain, Institut supérieur de philosophie, 1901. In-8º, 20 pag.

1192. PAPAGNI (Th.) O. P. *La mente di S. Tommaso intorno alla mozione divina nelle creature e le questioni che vi hanno rapporto.* Benevento, d'Alessandro, 1902, 92 pag. (Et., CII, (1905), p. 704-710. — G. Sortais; Z K T, XXVII, (1903), p. 712-18 = F Hatheyer S. J.)

NEVENT (E.). — 1579.

1193. SERTILLANGES (A. D.). *La providence, la contingence et la liberté selon St Thomas d'Aquin.* R S P T, III, (1909), p. 5-16.

1194. DESBUTS (B.). *Une utilisation de la doctrine thomiste du concours divin.* An. Ph. Ch., CLVI, (1911), p. 247-260.

MARTIN (R. M.) = 1857.

1195. PRADO (N. del.) O. P. *Characteres essentiales physicae praemotionis juxta doctrinam Divi Thomae.* J P S T, XVI, p 51-30.

1196. STUFLER (J. B.) S. J. *Num S. Thomas praedeterminationem physicam docuerit.* Z K T, XLII, (1920), p. 177-212, 321-65, 477-504.

M. — MORALE

1197. PASSERINI (P. M.) *De hominum statibus et officiis Inspectiones morales ad ultimas septem quaestiones Secundae Divi Thomae.* Romae 1763-65. 3 vol. In-fol.

1198. [BACH (G. H.)] *D. Thomas de quibusdam philosophicis quaestionibus et praesertim de philosophia morali.* Rothomagi, Nicetas, Périaux, 1836. In-8º, 48 pag.

1199. NEANDER (A.). *Ueber die Eintheilung der Tugenden bei Thomas von Aquin.* Abhandlung. der Berliner Akademie der Wissenschaften, 1846, p. 341-354 ; idem dans Wissenschaftliche Abhandlungen Neanders hrsgg. von J. C. Jacobi, 1851. p. 42-57.

1200. [MONTET (Léon).] *De principiis quibus constat Thomae Aquinatis ethica commentatio.* Parisiis, Joubert, 1848. In-8º, 47 pag.

1201. PLASSMANN (H. E.). *Die Moral gemäss die Schule des hl. Thomas von Aquin.* Soest, 1861.

1203. RIETTER (A.). *Die moral des heiligen Thomas von Aquin.* München, JJ. Lentner, 1858. In-12, VI-632 pag.

1204. LINNARSON (N. J.) *Thomas af Aquino sasom moral-theologie.* Upsal, 1866. In-8º, I f. 111 p.

1205. FAVA (R.). *Sul principio informatore della morale di S. Tommaso e l'organismo ideale delle sue parti, discorso.* Napoli, 1867. In-8º, 36 p.

1206. JAHNEL. *Woher stammt der Ausdruck « Synderesis » bei den Scholastikern.* T Q S, LII, (1870), p. 241-51.

REDEPENNING (W.) = 1805.

1207. CORONA (P. A. del). *I quattro cardini della felicità secondo S. Tommaso d'Aquino.* Firenze, 1876. In-16, 228 p. (Correspondant CVII, 1877, p. 362-3.)

1208. NITZSCH. (F.) *Ueber die Entstehung der scholastischen Lehre von der Synderesis. Ein historischer Beitrag zur Lehre vom Gewissen.* Jahrbüch. für protest. Theol., V, (1879), p. 492-507.

1209. GUADAGNIN (Gir.). *Della umana felicità secondo la dottrina di S. Tommaso d'Aquino.* Treviso, 1882. In-16, 52 p.

1210. MAUSBACH (Jos.). *Divi Thomae Aquinatis de voluntate et appetitu sensitivo doctrina, commentatio ethica.* Paderborn, F. F. Schöningh, 1888. In-8º, IV-63 pag.

1211. RABUS (L.). *Zur Synderesis der Scholastiker.* Luthardt's Zeitschrift, 1888, p. 384 et seq.

1212. BARONE (A.). *San Tommaso e la filosofia morale, discorso accademico.* Nola, 1889. In-8°, 22 pag.

1213. APPEL (Heinr.). *Die Lehre der Scholastiker von der Synderesis.* Rostock, Volckmann u. Jerosch, 1891. In-8°, 60 pag.

. 1214. GHEYN (G. van den.). *La définition de la religion d'après St. Thomas.* An. Ph. Ch., 1891, p. 36-58.

1215. HUBER (S.). *Die Glückseligkeitslehre des Aristoteles und hl. Thomas von Aquino, ein historisch-kritischer Vergleich.* Freising, 1893. In-8°, 2 f. V-96 p.

1216. WEISS (C.) *Über den Begriff der Tugend in allgemeinen nach der Lehre des hl. Thomas von Aquin.* J P ST., 1893.

1217. VALENSISE (D.). *In doctrinam S. Thomae Aq. de bono.* D T, V, (1894-96).

1218. VALENSISE (Dom.). *De mente D. Thomae quoad sufficientiam probabilitatis in judiciis moralibus brevis expositio.* In-8°.

DANTON (F. V.) = 982.

AMO Y AGREDA (M. del.) = 962

1219. SZALAY (H.). *Over de geestelijkheid der menschelijke ziel bij S. Tomas,* Böles Fol. 1897.

1220. MAUSBACH (J.). *Der Begriff des sittlich Guten nach dem hl. Thomas von Aquin,* C S I C. Fribourg, 1897. Fribourg, libr. St Paul, 1898, Sciences philosophiques, p. 361-79.

1221. WILD (I.). *Das Mass der Nützlichkeit nach dem, hl. Thomas.* Monatschrift für christl. sozial reform.

1222. LEIBER. *Name und Begriff der Synderesis in den Mittelalterlichen scholastik.* Ph J. Hft 3.

1223. MAUSBACH (J.). *Zur Begriffsbestimmung des sittlich Guten.* Ph. J. XII, (1899), [et la controverse entre Mausbach et Cathrein, XIII, (1900) et XIV, (1901)]

ZMAVC (J.). = 1299.

1224. ZMAVC (J.) *Die Prinzipien der Moral bei Thomas von Aquin.* A G Ph, XII, (1899), p. 290-304.

1225. KAUFMANN (N.). *La finalité dans l'ordre moral. Etude sur la théologie dans l'Ethique et la Politique d'Aristote et de St Thomas.* R N S, VI, (1899).

1226. KASTIL (A.) *Die Frage nach der Erkenntnis des Guten bei Aristoteles und Thomas von Aquin.* Stizungsberichte der K. K. Akad. d. Wiss, zu Wien 1900.

1227. GARDAIR (J.). *Philosophie de St Thomas : Les vertus naturelles.* Paris, Lethielleux, [1901] In-16, 523 p.

1228. PACE (E. A.) *St Thomas theory of education.* C U B, VIII, (1902), p. 290-303.

1229. FELDNER (G.) O. P. *Das wesen der Sittlichkeit nach dem hl. Thomas von Aquin.* J P S T, XVIII, (1904) p. 267-276, 308-326.

1230. HUGUENY (E.) O. P. *A quel bonheur sommes-nous destinés. Commentaire de l'art. 8 de la quest. 3 de la I^a II^{ae}* R. Thom, XII, (1904), p. 661-681, XIII, (1905), p. 29-43.

1231. WILLMANN (O.). *Des hl. Thomas v. Aquin Untersuchungen über dem Lehrer (de Magistro)* p. 40-45 von : W. aus Hörsaal und Schulstube gesammelte kleinere Schriften zur Erziehungs und Unterrichtslehre. Freiburg i B, Herder, 1904, 328 pag.

1232. GONNET (Th.). *Du principe fondamental de la morale d'après Aristote et St Thomas.* U C, 1905.

1233. HUGUENY (Et.) O. P. *L'éveil du sens moral ; commentaire de l'art. 6. q. LXXXIX. I^a II^{ae}.* R. Thom. XIII, (1905), p. 509-529, 647-668.

1234. MAUSBACH (Joseph). *Ausgewählte Texte zur allgemeinen Moral aus den Werken des hl. Thomas von Aquin.* Münster, Aschendorff, 1905. In-8°, VIII-II pag. (T Rev, X, (1911), p. 40)

1235. BACHERE (Paula de). *La probabilité morale d'après St Thomas.* R. Aug., septembre 1906.

1236. LAHITTON (Joseph). *La vocation sacerdotale d'après la doctrine de l'Eglise, de St Thomas et de St Alphonse de Liguori.* R. Thom., XVII, (1909), p. 422-40.

1237. De BIE (J.) *Philosophia moralis ad mentem S. Thomae Aquinatis.* Louvain, Centink. , 1910. In-8°, 292 pag.

1238. CHÉNON (E.). *Saint Thomas d'Aquin et la guerre.* Bull. ligue cath. français pour la paix, oct. déc. 1910. (I T Q, VI, (1911), p. 384.)

1239. DEPLOIGE (S.). *Morale thomiste et science des mœurs.* R N S, XVII. (1910), p. 445-475.

1240. MOOCK (W.) *Der Begriff des Masses bei Thomas von Aquin besonders nach der quaestiones disputatae de veritate.* J P S T, XXIV, (1910), p. 303-359. (R. Thom., XVIII, (1910), p. 282).

1241. LA BARRE (A. de). S. J. *La morale d'après St Thomas d'Aquin et les théologiens scolastiques. Memento théorique et guide bibliographique.*Paris, G. Beauchêne et Cie, 1911 In-8⁰, XXV-154 pag. (Polybiblion, CXXIV, (1912), p. 421-2 : = H. Gisors., Z K T, XXXVI, (1912), p. 631 = A Schmidt, S. J ; C U B, XIX, (1913), p. 142.)

1242. BEAUDOIN (REG.) O. P. *Tractatus de conscientia, cura et studio R. P. Gardeil O. P. editus* Tournai, Desclée, Paris, Gabalda; Fribourg; Herder, 1911. In-8⁰, 146 pag.

1243. HURTAUD (J.). O. P. *La vocation au sacerdoce.* Paris, Galbada, 1911. In-12, 453 pag.

1244. LAHITTON (Chanoine). *Deux conceptions divergentes de la vocation sacerdotale.* Paris, Lethielleux, 1911. In-16, 310 pag.

LAUER (Hermann.) = 1868

1245. MAUSBACH (Joseph). *Grundlage und Ausbildung des Charakters nach dem hl. Thomas v. Aquin.* Freiburg i B, Herder, 1911. In-8⁰, IX-98 pag. (L R K D, XXXVIII, (1912), c. 378-379 = W. Sewitalski.)

1246. RENZ (Oskar.). *Die synteresis nach dem hl. Thomas von Aquin* (B. G. Ph. M.A. X 1-2) Münster, Aschendorff, 1911. In-8⁰, VI-240 pag. (une partie de ce travail a été tirée à part comme thèse sous le même titre.) (Muséum, 1911-1912, XIX, c. 441-443 = J. Th. Beysens. ; S M L. LXXXII, 1912, p. 436-439 = M. Reichmann. S. J.; T Rev., XVI, (1917) = M. Grabmann.)

1247. STOCKUMS (M. W.) *Die Unerveränddlichkeit des natürlichen Sittengesetzes in der scholastische Ethik. Eine ethisch - geschichtliche Untersuchung,* [Freiburger Theol. Studien hrsg. v. G. Hoberg u. Pfeilschrifter], Freiburg i. B, Herder, 1911. In-8⁰, XI-166 pag. (T Rev., XVI, (1917) = M. Grabmann.)

1248. THOMASIUS. *Le bonheur d'après S. Thomas d'Aquin.* Rev. apologétique, XIII, (1911), p. 87-107.

1249. WAGNER (F.). *Das natürliche Sittengesetz nach der Lehre des hl. Thomas von Aquin.* Inaug Diss. Breslau, R. Nischkowsky, 1910. In-8⁰, 48 pag.

Cette thèse a été republiée dans l'ouvrage suivant dont elle forme la première partie :

1250. WAGNER (F.). *Das natürliche Sittengesetz nach der Lehre des hl. Thomas v. Aquin.* Freiburg i B., Herder, 1911. In-8⁰, VIII-120 p. (L R K D, XXXVIII, (1912), c. 74 = A. Ott. ; T. Rev. X, (1911), c. 495 = C. Adloff ; Theolog. Litteraturblatt, XXXII, (1911), c. 522-523 = L. Lemme.)

1251. DEPLOIGE (S.). *Le conflit de la morale et de la sociologie.* Louvain, 1911. 2ᵉ édit. Louvain, Paris, Alcan, 1912, In-8⁰, XVI-424 pag. [Bibliothèque de l'Institut supérieur de philosophie.]

1252. GOYAU (Georges). *Le thomisme et la nouvelle science des mœurs.* Autour du catholicisme social. 5ᵉ série ; à part sl. [Paris, Perrin] 1912. In-8⁰, 12 pag.

1253. LE GUYADER (P. A.). *Les morales positives et la morale thomiste.* R. Ph., 1912, p. 514-33.

KUHLMANN (B. C.). O. P. =1391.

1254. SERTILLANGES (A. D.). *La sanction morale dans la philosophie de St Thomas.* R S P T, VI, (1912), p. 213-235.

1255. SERTILLANGES (A. D.). *La notion philosophique de la vertu.* R C F., 1912.

STEINBÜCHEL (T.). = 1051.

1256. TROELTSCH. (E.). *Die sozial-lehren der christlichen Kirchen und Gruppen.* E. Troeltsch Gesammelte Schriften. Bd. I, Tübingen, 1912. Thomistische Ethik, p. 252-285.

1257. WAGNER (F.). *Der Begriff des Guten und Bösen nach Thomas von Aquin und Bonaventura.* J P S T, XXVII, (1912), XXVIII, p. 55-81, 136-158, 306-343; Paderborn, F. Schöning, 1913. In-8⁰, 88 pag.

1258. WINKLER (M.). *Die Tugendlehre des hl. Thomas von Aquin nach ihren aristotelischen plotinischen und christlichen Bestandteilen.* Bamberg. 1913.

1259. KOPP (Robert). *Vaterland und Vaterlandsliebe nach der christlichen Moral mit besonderer Berücksichtigung des hl. Thomas von Aquin. (Inaug Diss.)* Luzern, Räber und C⁰, 1915. In-8⁰, VII-128 pag.

1260. PÈGUES (Th.) O. P. *Saint

Thomas d'Aquin et la guerre. Paris, Téqui, 1916. In-24, 41 pag.

1261. SERTILLANGES (A. D.) *La philosophie morale de saint Thomas d'Aquin.* Paris, Alcan [1916] In-8°, II-592 pag.

1262. MICHEL (A.). *La culte de la patrie d'après saint Thomas d'Aquin.* R P A, XXV, (1917), p. 257-269.

1263. KOLB (V.). S. J. *Kurzer Abriss der Tugendlehre nach dem hl. Kirchenlehrer Thomas von Aquin.* Wien, 1918.

1264. MANSER (G.). O. P. *Die Bedeutung des hl. Thomas von Aquin für die Erziehungslehre, Vortrag gehalten... im aargauischen kath. Erziehungsverein in Brugg, den 15 April 1918.* Schweitzer Schule. 1918.

1265. CANERAS Y ARAÑO (José). *Filosofia de la ley segun santo Tomás de Aquino.* Madrid, taileres de Editorial Reus, 1919. In-4°, XVI-175 p. 4 pl.

1266. MATHIS (Th.). *Ueber die sittliche Indifferenz der menschlichen Handlung in Anlehnung an Thomas von Aquin (Inaug Diss)* Stans, Ad. und P. von Matt, 1918. In-8°, XVI-248 pag.

1267. PFEIFFER (Nikolaus). *Die Klugheit in der Ethik von Aristoteles und Thomas von Aquin.* Freiburg, St Paulus Druckerei, 1918. In-8°, XI et 44 pag.

1268. SCHINDLER (F.). *Begriff und Wesen der Liebe bei Thomas von Aquin.* Beiträge zur Phil. u Paed. Freiburg, Herder, 1919.

1269. SERTILLANGES (A. D.). *Saint Thomas moraliste.* R J, X, (1920), p. 489-506.

1270. LOTTIN (Dom Odon) O. S. B. *Loi morale naturelle et loi positive d'après St Thomas d'Aquin* (extrait de l'Action cath.) Louvain, Bruxelles, Action catholique, 1920. In-8°, 67 pag.

N. — DOCTRINES ÉCONOMIQUES ET SOCIALES

1271. CONTZEN (H.). *De Thomae Aquinatis sententiis ad oeconomicam politicam pertinentibus.* Basilae, 1861. In-8°, 22 pag.

1272. CONTZEN (H.). *Thomas von Aquino als volkswirtschaflichen Schriftsteller. Ein Beitrag zur nationalökonomischen Dogmengeschichte des Mittelalters.* Leipzig, 1861. In-8°, 16 pag.

1273. FUNCK. *Ueber die ökonomischen Anschauugen der mittelalterlichen Theologen.* Zeitschr. f. d. ges. Staatswissenschaft. XXV, (1869), p. 125-175.

1274. CONTZEN (H.). *Die nationalökonomischen Gründsätze des hl. Thomas von Aquino. Ein Beitrag zur Geschichte der volkswirtschaftlichen Litteratur im Mittelalter.* Christliche soziale Blätter, III, (1870), p. 130-135.

THÖMES (N.). = 456.

ROSSI. = 2134.

1275. *S. Tommaso e la fòrmola lo stato et la chiesa.* S. F. 1879 déc. et seq. Pars prima. Berolini, 1875. gr. In-8°, VIII-150 pag.

ANDRULLO (Juan) S. J. = 1345.

1276. BONALDO. *S. Tommaso maestro di giusto governo.* S C, juin 1880.

1277. L (Dr.). *Die Soziallehre des h. Thomas.* Christl. soziale Blätter 1880-83.

GUADAGNIN (L.) = 1209.

1278. CONCILIO (J. de). *The doctrine of St Thomas on the right of property and its use.* New-York, 1887.

1279. COSTA ROSSETTI. *Allgemeine Grundlagung der nationalökonomie. Beitrag zu einem System der Nationalökonomie im Geiste der Scholastik.* Freiburg, 1888.

1280. CERRUTI (F.). *De' principii pedagogico-sociali di S. Tommaso.* Torino, tip Salesiana, 1893. In-8°, 38 p.

1281. HOHOFF. *Die Wertlehre des h. Thomas v. Aquino.* Monatschrift für christl. Socialreform. Wien, S.Polten, 1893, Heft 9 et 10.

1282. SCHWALM (M. B.). O. P. *Bulletin de science sociale : St Thomas d'Aquin et les récents progrès de la science sociale.* R. Thom., I, (1893), p. 639-58 ; 11, (1894), p. 106-131.

1283. QUILLIET (H. R.). *Doctrina socialis et politica divi Thomae Aquinatis.* R S E, G. IX, (1894), p. 340-55.

1284. SCHNEIDER (C. M.) O. P. *Die sozialistische Staatsidee beleuchtet durch Thomas v. Aquin.* Paderborn, Bonifacius. Druckerei, 1894. In-8°, 98 pag.

1285. SCHNEIDER (Ceslaus M.) O. P. *Die Grundprincipien des hl. Thomas und der moderne Sozialismus.*

J P S T, VIII, (1894), p. 22-42, 139-70, 303-334.

1286. SCHWALM (M.B.). *Saint Thomas d'Aquin et l'école de la science sociale.* Science sociale, XVIII, (1894).

1287. BRANTS. *Les théories économiques aux XIIIe et XIVe siècles.* Louvain, 1895.

1288. DEPLOIGE (S.) *La théorie thomiste de la propriété.* R N S, 1895, p. 61-82, 163-75, 286-301.

1289. SCHWALM (M. B.) O. P. *La propriété d'après la philosophie de saint Thomas d'Aquin.* R. Thom., III, (1895). p. 281-307, p. 634-60.

1290. WALTER (F.). *Das Eigenthum nach der Lehre des hl. Thomas von Aquin und des socialismus.* Freiburg i Br., Herder, 1895. In-8°, VIII-228 pag.

1291. BIEDERLACK (J.) S. J. *Zur Gesellschafts-und Wirthschaftslehre des heiligen Thomas.* Z K T, XX, (1896), p. 574-584.

1292. GAYRAUD (H.) *L'antisémitisme de Saint Thomas d'Aquin.* La Quinzaine, VI, (1895), p. 385-401 ; Paris, E. Dentu, 1896. In-8°, XI-370 pag.

1293. MERCIER (Alexandre) O. P. *Théorie du juste salaire (d'après St Thomas).* R. Thom., IV, (1896), p. 317-341, 545-568.

1294. HICKEY (L. J.) O. P. *Le principe du « laissez faire » suivant l'histoire et devant St Thomas.* C S I C. Fribourg (Suisse) 1897. Sciences phil. p. 168-184. Fribourg, 1898. In-8°.

1295. MAURENBRECHER (Max) *Thomas von Aquino's Stellung zum Wirthschaftsleben seiner Zeit.* 1 Heft. Leipzig, J.J. Weber, 1898. In-8°, VIII-122 pag.

1296. SCHAUB (F.). *Die Eigenthumslehre nach Thomas von Aquin und dem modernen Sozialismus, mit besonderer Berücksichtigung der beiderseitigen Weltanschauungen.* Freiburg i. B. Herder, 1898. In-8°, XXIV-446 pag.

1297. MONTAGNE (A.) O. P. *Origine de la société. Contrat social. Etre social.* R. Thom., VI, (1898), 529-552, VII, (1899), p. 82-95, 213-228, 569-583.

1298. BRUIN (B.) *Sint Thomas en het Socialisme.* Stud. 1899.

1299. ŽMAVC (J.) *Die Werththeorie bei Aristoteles und Thomas von Aquin.* A G Ph, XII, 1899, Berlin.

1300. ASHLEY (W. J.). *Histoire des doctrines économiques de l'Angleterre,* trad. P. Boudois, Paris, 1900 (*Les idées de saint Thomas d'Aquin sur le « juste prix ».* T. 1 p. 164-185).

CASALIS (M.) – 2112.

1301. DIDIOT (J.). *Saint Thomas d'Aquin est-il socialiste?* Rev. de Lille. 1899 ; Paris, Sueur-Charruey, 1900. In-8°, 13 pag.

1302. HILGENREINER (K.). *Die Erwerbsarbeit in den Werken des hl. Thomas von Aquin.* Kath., LXXXI, (1901) Bd. I p. 62-87, 104-121, 303-18, 421-41, 529-54, Bd II p. 71-2, 139-64.

1303. ZOLLMANN. *Thomas v. Aquin und der Sozialismus.* Deutsche Volksstimme, 1901.

1304. CAPPELLAZZI (A.). *La dottrina di San Tommaso nella sociologia moderna.* P. I Sociologia economica. Bitonto, 1902.

1305. CAPPELLAZZI (A.). *Die Staatslehre des Thomas v. Aquin.* Preussische Jahrbücher, 113, (1903).

BRENTANO – 1374.

LESSEL (K.) = 1376.

1306. ROEY (E. van). *La monnaie d'après saint Thomas d'Aquin ; sa nature, ses fonctions, sa productivité dans les contrats qui s'y rapportent.* R N S, XII, (1905), p. 27-54, 207-238.

1307. KOSTANECKI (A. V.). *Arbeit und Armut.* Freiburg i Br. , 1906.

1308. WENN BONUCCI. *La derogabilità del diritto naturale nella scolastica.* Perugia, 1906.

1309. CALIPPE (Ch.). *La destination et l'usage des biens naturels d'après saint Thomas d'Aquin.* An. Ph. Ch., (1907), p. 151-167.

1310. TALAMO (S.). *La schiavitù nelle opere dei dottori scholastici.* Rev. internaz. science sociali e discipline ausiliare XV, vol XLIV, (1907), (R. Thom, XV, (1907), p. 809-814 = R. B.)

1311. TALAMO (S.). *Il concetto della schiavitù da Aristotele ai dottori scolastici.* Roma, 1908.

1312. AMBERG (R.). *Die Steuer in der Rechtsphilosophie der Scholastiker. Ein Beitrag zur Beurteilung der Scholastiker in ihren Beziehungen zum Rechts und Wirtschaftslehren ihrer Zeit.* Berlin, Leipzig W Rotschild, 1909. (sur St Thomas p. 17-24)

1313. SLATER (P.). S. J. *The just price (d'après St Thomas)* I T Q, (1909), p. 146-157.

1314. ALLARD (PAUL.) *Les philosophes scolastiques et l'esclavage.* Rev. quest. histor., XLIV, p. 475 et seq.

1315. LEPINSKI (Bruno). *Divi Thomae de usu divitiarum doctrina* (diss). Friburgi Helvetiorum, typ. consociationis S. Pauli, 1910. In-8°, 45 pag.

1316. SCHWALM (M. B.) O. P. *Leçons de philosophie sociale.* Paris, Bloud, [1910 et 1911] 2 vol. In-12, XX-427- et 530 pag.

VILMAIN (J.) = 1382.

1317. LA BARRE (A. de.) S. J. *Le droit à l'existence d'après saint Thomas d'Aquin et S. Alphonse de Liguori.* Le mouvement social, 1911.

1318. HEALTY (P. J.). *St Thomas and the social question.* C U B, XVII, p. 568-586. (doctrine de St Thomas sur la propriété).

WALTER (F.). = 1370.

1319. MANDONNET (P.) *Saint Thomas et les sciences sociales.* R. Thom., XX, (1912), p.654-665. (Rev. d'histoire de l'Église, 1913, XIV, p. 445-446.)

1320. MÜLLER (K.). *Die Arbeit nach den moral-philosophischen Grundsätzen des hl. Thomas von Aquin.* (*Inaug. Diss*). Freiburg (Schweiz), Canisius-Druckerei, 1913. In-8°, 205 et XVIII pag.

1321. ORLICH (A. M.). M. C. *L'uso dei beni nella morale di San Tommaso* (*tesi*) S C,(1912) , p. 200-223, 447-466, (1913), p.41-61,378-405,390-413; Monza, Artigianelli, 1913. In-8°, 120 pag.

1322. ROBERT (M.) O. P. *La doctrine sociale de S. Thomas et sa réalisation dans les faits.* R. Thom., XX,(1912) p. 49-65.

1323. KULMANN (B. C.) O. P. *Gebenren en behooren.* Kat. , 1913.

1324. ROBERT (M.) O. P. *Hiérarchie nécessaire des fonctions économiques d'après saint Thomas d'Aquin.* R.Thom., XXI, [1913), p. 419-431.

1325. SCHREIBER (Edmund). *Die volkswirtschaftliche Anschauungen der Scholastik seit Thomas von Aquin.* Iena, G. Fischer, 1913. In-4°, VIII-247 pag. (Beïtrage Geschichte Nationalökonomie I Hft.)

1326. O'RAHILLY (Alfred). *The democracy of S. Thomas.* Studies, IX, (1920), p. 1-19.

1327. O'RAHILLY (Alfred). *S. Thomas's theory of property.* Studies, IX, (1920), p. 337-354.

1328. MC. LAUGHLIN (J. B.) *S. Thomas and property.* Studies, IX, (1920) p. 570-8 [réfute O'Rahilly].

1329. NOGUER (N.) *Proprietario o administrator y usufructuario.* R. F. (1920), p. 308-25 (s'appuie sur un texte de St Thomas, II II, q. 66 pour affirmer que l'homme peut être propriétaire du sol et non simple administrateur ou usufruitier.)

1330. ROLFES (E.). *Alte und neue Bodenpolitik.* D T. , VII, (1920), p. 1-15 (compare l'orientation socialiste de la politique agraire allemande aux théories aristotélicienne et thomiste du droit de propriété.)

0. — DOCTRINES POLITIQUES

1331. [PATUZZI (J.V.) O.P.] *Difesa della dottrina dell'Angelico dottor san Tommaso sopra l'articolo quarto della q. 154, 2ª 2ᵃᵉ.* Lucca, F. M. Benedini, 1746. In-4°, XVI-196 pag..

1332. *La verità vendicata in favore di S. Tommaso.* S.I. nd. [c. 1762] In-4°, 59 pag.

1333. EUSEBIO ERANISTE [PATUZZI (J. V.) O. P.] *Lettere apologetiche ovvero difesa della dottrina di S. Tommaso... sulla materia del tirannicidio.* Venezia, 1763. In-8°.

1334. ALBINI (Lodovico) O. P. *Dissertazione polemica sopra le voci calunniose sparse contro San Tommaso di Aquino intorno al tirannicidio scritta in francese da un teologo domenicano.* Roma, Carlo Mordacchini, 1817. In-8°, VII-64 pag.

1335. [PASSERO DE CORNELIANO (Charl.)] *Note sur les principes politiques de St Thomas.* Paris, 1819. In-8°.

1336. DORSCHEUS (Jo. Gr.). *La dottrina di S. Tommaso sull'origine del potere e sul preteso diritto di resistenza.* S F, (1849), A. XVII, p. 161-199, 321-45.

1337. SANSEVERINO (Gaet.). *La dottrina di S. Tommaso d'Aquino sull'origine del potere e sul preteso diritto di resistenza.* S F, XVII,(1849), p.161-99

321-45. Napoli, Biblioteca cattolica, 1853. In-8°, 92 pag.

1338. BRESSOLES (G.). *Etudes sur le traité des lois de saint Thomas d'Aquin*, Rec. acad. législ. Toulouse, II, (1853), p. 206.

1339. [MARÉCHAL (F. C.)] *De legis natura et partibus secundum D. Thomam Aquinatem*. Lugduni, A Vingtrinier, 1854. In-8°, 94 pag.

1340. FEUGUERAY (H. R.). *Essai sur les doctrines politiques de saint Thomas d'Aquin*. Paris, Chamerot, 1857. In-8°, XXII-263 p.

1341. CONTZEN (Heinr.). *Zur Würdigung des Mittelalters mit besonderer Beziehung auf die Staatslehre des hl. Thomas von Aquino*. Cassel, Luckhardt, 1870. In-8°, 29 p.
    UCCELLI (A.) = 507.
    SCOLARI (G. B.) = 1859.
    NADEAU (L.) = 508.

1342. VILLA (D.) *Soltante i principii razionali della filosofia tomistica possono riordinare moralmente e civilmente la società.*

1343. BAUMANN (J. J.). *Die Staatslehre des hl. Thomas von Aquino, des grössten Theologen und Philosophen der Katholischen Kirche. Ein Beitrag zur Frage zwischen Kirche und Staat.* Leipzig, S. Hirzel, 1873. In-8°, XVI-203 p.
    BODOYRA (O.) = 1001.
    FIETTA = 2134.
    THÖMES (N.) = 456.

1344. *Die staatslehre des hl. Thomas von Aquin und ihre Bedeutung für die Gegenwart.* H P Bl., LXXVII, (1876), p. 41-59, 113-31, 273-91.

1345. ANDRULLO (J.) S. J. *S. Tomás de Aquino y la formula « el estado esta subordinado a la Iglesia come el cuerpo al alma.»* CT., XIV-XV, (1880).

1346. BOULAS (F.) *S. Thomae de regimine principum doctrina, thesis.* Barri Ducis, Contand Laguerre, 1880. In-8°, 97 pag.

1347. TALAMO (S.) *Il concetto della schiavitù secondo Aristotele e S. Tommaso.* Roma, 1881.

1348. BURRI (Ant.). *Le teorie politiche di S. Tommaso e il moderno diritto publico.* Roma, Tip. della soc. cattolica, 1884. In-8°, 160 pag.

1349. HERTLING (G. von). *Zur Geschichte der aristotelischen Politik im Mittelalter.* Rheinisches Museum, XXXIX, 1884.

1350. HERTLING (G. Frhr von). *Zur Beantwortung der göttinger Jubilaeums-rede. Öffener Brief an Hern Professor Dr Albrecht Ritschl.* Münster, Paderborn, F. Schöningh, 1887. In-8°, 55 pag.

1351. POU Y ORDERAS (A. J.). *Santo Tomás de Aquino, luz de los jurisconsultos.* La ciencia cristiana. 1887. II pp. 37 et seq. 120 et seq.

1352. RITSCHL (A.). *Drei akademische Reden* (Bonn 1887) p. 47 et seq : *Ueber die thomistische Auffassung des Naturrechtes, des Staates und der Fürstengewalt.*
    BARONE (Fr. Gius. Ant.). = 2105.
    MARINIS (E. de) = 1951.

1353. CATHREIN (V) S. J. *Das « Jus Gentium » im römischen Recht und beim hl. Thomas v. Aquin.* Ph J., II, (1889), p. 37-388.

1354. FERNANDEZ (F.) *Doctrinas juridicas de santo Tomás di Aquino.* Madrid, 1889. In-4°, 184 pag.

1355. SCHNEIDER (C. M.) O. P. *Der heilige Thomas und die Sklaverei.* S. Thomasblätter, 1889.

1356. ANTONIADES (Basil.). *Die Staatslehre des Thomas von Aquino.* Leipzig, Robolsky, 1890. In-8°, VI-127 p.

1357. ANTONIADES (Basil.) *Entstehung und Verfassung des Staates nach Thomas von Aquin.* Leipzig, F. Beck [1890] In-8°, 39 pag. (Extrait de l'ouvrage précédent.)

1358. KEESEN. *La mission de l'état d'après la doctrine et la méthode de St Thomas d'Aquin.* Bruxelles, Logé, 1890.

1359. MIRALLES Y SIBERT (J.) *Santo Tomás de Aquino y el moderno régimen constitucional.* Madrid, 1890.

1360. NOLENS (Will. Huh.). *De leer van den hl. Thomas v. Aquin over het recht proefschrift.* Utrecht, Beijers, 1890. In-8°, 181 pag.

1361. ONCLAIR (Aug). *La doctrine de saint Thomas d'Aquin concernant le droit.* Revue cathol. instit. et du droit, V, (1890), p. 193-212.
    BAZAILLAS (A.) = 509.
    CERRUTI (F.) = 1280.

1362. DUHR (B.). *Berichtigung in Betreff der Lehre des hl. Thomas über die Erlaubtheit des Tyrannenmordes.* H J, XIV, (1893), p. 107-9.
    HOHOFF = 1281.
    HUBER (S.) = 1215.

1363. MAUMUS (V.) O. P. *Les doctrines politiques de saint Thomas.* R. Thom. , I, (1893), pp. 302-315.
QUILLIET (H. R.) = 1283.

1364. BOSONE (C. A.) *Der Aufsatz « De regimine principum » von Thomas von Aquino. Ein Beitrag zur Kenntnis der Staatsphilosophie im Mittelalter (Inaug-Diss.)* Bonn., Hauptmann, 1894. In-8º, 70 pag.

1365. DES FAVIERS. *La politique de saint Thomas d'Aquin.* Controv. et contemp., p. 689-699.

1366. CARLYLE (Dr. A. J.) *The political theories of St Thomas Aquino.* Scottish Rev. 1896, p. 126-150.

1367. CARLYLE (R. W.) *Theories of Thomas Aquinas on Church and State.* Econ. Rev. 1896.

1368. CRAHAY (Edouard). *La politique de St Thomas d'Aquin.* Louvain, Institut supérieur de philosophie, 1896. In-8º, XXIV-156 pag. (Bibliothèque de l'Institut supérieur de Philosophie)
GAYRAUD (H.) = 1202.
DEPLOIGE (S.) = 1826.
MAUSBACH (J.) = 1220 et 1223.
KAUFMANN (N.) = 1225.
ŹMAVC (J.) = 1299.

1369. CAPPELLAZZI(A.) *San Tommaso e la schiavitù.* Crema, 1900.

1370. WALTER (Fr.) *Thomas von Aquino.* Handwörterbuch der Staatswissenschaften, VII² p. 99-110. Iena, 1911³ p. 1186-1197.

1371. MONTAGNE (H. A.) O. P. *La pensée de saint Thomas sur les diverses formes de gouvernement.* R. Thom., VIII, (1900), p. 4-6 ; 631-647 ; IX, (1901), p. 322-337, 674-693, X, (1902), p. 282-301.

1372. GOEDECKMEYER (A.) *Die Staatslehre des Thomas von Aquino.* Preussiche Jahrb., CXIII, (1903), p. 398-419.
GRABMANN (M.) = 1770.

1373. WIJNBERGEN (A. von). *Iets over straf en strafrecht naar de beginselen van den H. Thomas von Aquine.* Tijdschrift voor Strafrecht. 1903.

1374. BRENTANO. *Zur Genealogie der Angriffe auf das Eigentum.* Archiv für Sozialwissenschaft und Sozial politik, N F., XIX, (1904), Tübingen, p. 251 et seq.

1375. BRANDS (B.). *Zur Strafrechts-philosophie des Thomas v. Aquin.* Zeitschrift für vergleichende Rechtswissenschaft, XVIII, (1905).

1376. LESSEL (K.). *Die Entwicklungsgeschichte der Kanonnisch scholastischen Wucherlehre in 13 Jahrhundert.* Luxemburg, 1905. In-8º.

1377. ADOLF (A.) *Thomas von Aquin und das Mendikantentum.* Freiburg i. Br., 1908, VIII-100 p.

1378. BRANDS (B.). *Die Lehre von der Strafe bei Thomas von Aquin. Ein Beitrag zur Rechtsphilosophie des Mittelalters. Inaug Diss,* Düsseldorf, L. Schwann, 1908. In-8º, 54 pag.

1379. OTT (H.). *Thomas von Aquin und das Mendikantentum.* Freiburg i Br., Herder, 1908. In-8, VIII et 100 p.

(Ce travail est la mise au point des articles parus antérieurement dans P. B., XV, 1903. Hft. 9-12 sous ce titre : *Die Bettelorden und ihre Verteidigung durch Thomas von Aquin.* Trier, Paulina Druckerei, 1903, 40 p. (S C, XIII, (1908), p. 680 = A. Villa ; L R K D, XXXIV, (1908), c. 115-117 = H. Schörs ; Z K G, XXXII, (1911), p. 147 = Hermelinck ; H J, XXIX (1908), p. 921-2 = Scharnagl ; T. Rev. VII, (1908), C. 600 2 = L. Lemmens ; A B, XXIX (1910), p. 495-9 = V[an] O[rtroy]))
ROUSSELOT (P.) = 850 (Appendice ; l'Intelligence dans la société. p. 243-252.)
AMBERG (R.) = 1312.

1380. BAUMANN (J. J.) *Die Staatslehre des heiligen Thomas von Aquino. Ein Nachtrag und zugleich ein Beitrag zur Wertschätzung mittelalter'icher Wissenschaft.* Leipzig, S. Hirzel, 1909. In-8º, 101 pag. (T. Rev., VIII, (1909,) p. 616 = V. Cathrein S. J. ; Theolog. Litteraturblatt, XXX, (1909,) p. 560-561 = C. Fey ; A K K R, XC, (1910), p. 386 = J. Pietsch.)

1381. KUHN (Fridolin.). *Die Probleme des Naturrechts bei Thomas von Aquin. Inaug Diss.* Erlangen, von Junge und Sohn, 1908, In-8º, 80 pag.
KOSTANECKI (A. V.) = 1307.

1382. VILMAIN (Joseph). *Die Staatslehre des Thomas von Aquin im Lichte mod. polit. jurist. Staatsauffassung.* Leipzig, 1910. In-8º.

1383. ZEILLER (J.) *L'idée de l'état dans St Thomas d'Aquin.* Paris, F. Alcan, [1910] In-8º, IX-209 pag. (Kat., CXL, (1911), p. 41-45 = J. D. J, Aengenent ; R. Ben. XXVIII, (1911),

p. 493 = D. R. P. ; R H E, XIII (1912), p. 196 = A. D.; Rev. historique CX, (1912), p. 92 = E. Jordan ; Rev. hist. et litt. religieuse, nouv. série, III (1912), p. 605 = A. Loisy.)

1384. ZEILLER (J.). *L'origine du pouvoir politique d'après St Thomas d'Aquin.* R. Thom., XVIII, (1910), p. 470-477. (extrait de l'ouvrage précédent)

1385. ZEILLER (J.). *Les destinées historiques de la doctrine politique de St Thomas d'Aquin.* An. Ph. Ch., 1910, p. 5-19.

1386. ZEILLER (J.). *Les théories politiques de saint Thomas et la pensée d'Aristote* R S P T, IV, (1910), p. 425-437. (extrait du N° 1383).

LA BARRE (A. de) = 1317.

1387. CALIPPE (Ch.). *La fonction sociale des pouvoirs d'après saint Thomas d'Aquin. Cours faits à la VIIe session de la Semaine sociale de Rouen* 1910. Lyon. Chronique sociale de France (1911), In-8°, 31 pag.

1388. CHARLES (M.). *Saint Thomas est-il partisan du suffrage universel?* La Croix, 7 janvier 1911.

1389. GEFFROY. *Les idées de St Thomas sur l'usage de la violence.* 1911.

1390. PÈGUES (Th. M.) O. P. *La théorie du pouvoir dans saint Thomas.* R. Thom., XXIX, (1911), p. 591-616.

WAGNER (G.) = 1249 et 1250.

WALTER (F.). = 1370.

1391. KULMANN (B. C.) O. P. *Der Gesetzbegriff beim hl. Thomas von Aquin im Lichte des Rechtsstudium seiner Zeit.* (*Diss*). Bonn, Peter Hanstein, 1912. In-8°, XI-185 p. (A L B, XXI, (1912), c. 729 = F. Schönstein ; Zeitschr. Savignystiftung f. rechtsgesch. Kan. Abtheil. XXXIII (1912), p. 389-99 = F. Heyer ; Kat, CXLII, (1912), p. 71-75 = J. Beuns ; S M L, LXXXVI, (1913), p. 336 ; R H E, XIV, (1913), p. 418 ; T G, VI (1913), p. 248 = J. Linneborn ; Kath.

4° série XI, (1913), p. 457-458; T. Rev., XVI, (1917), M. Grabmann.)

1392. MALAGOLA (A.). *Le teorie politiche di S. Tommaso d'Aquino.* Bologna, Berti, 1912. In-8°, XII-208 pag.

STEINBÜCHEL (T.) = 1051.

1393. TROELTSCH (E.). *Die Soziallehren der christlichen Kirchen und Gruppen.* E. Troeltsch gesammelte Schriften Bd I Tübingen 1912. *Thomistische Sozialphilosophie*, p. 286-358.

1394. ROBERT (Matthieu) O. P. *Le droit de guerre.* R. Thom., XXI, (1913), p. 312-315.

KOPP (R.) = 1259.

1395. KUHLMANN (B. C.) O. P. *Over het vorsten bestuur van S. Thomas.* Kat, XLVII, (1915), p. 346-360.

1396. MULLER (W.). *Der Staat in seinen Beziehungen zur sittlichen Ordnung bei Thomas von Aquin.* Münster, Aschendorff, 1916. In-8°, XI-98 pag. [B G Ph. M A, XIX, 1]

PÈGUES (Th.) = 1260.

1397. SCHILLING (O.). *Politik und Moral nach Thomas von Aquino.* T Q S., XCIX, (1917-8), p. 79-98.

1398. MASNOVO (Amato). *La pace secondo S. Tommaso.* Milano, Colombo, 1918. In-8°, 11 pag.

1399. MICHEL (A.). *Questions de guerre d'après S. Thomas d'Aquin.* Paris, 1918. In-8°, XIV-290 pag.

1400. CATHREIN (V.). S. J. *Der « Volkstaat » in Sinne des hl. Thomas von Aquin.* Archiv für Rechts und Wirtschafts phil., XII, (1919), p. 104-108.

1401. CLAVERIE (A. F.) O. P. *La notion catholique de la paix.* R. Thom., N. S., II, (1919), p. 125-66.

1402. SCHILLING (Otto). *Das Volkerrecht nach Thomas von Aquin.* Freiburg i. B., Herder, 1919. In-8°, VIII-58 pag. (Th. R., XIX, (1920) c. 18-20 = A Knecht)

1403. O'RAHILLY (P. A). *The law of nations.* Studies 1920 p. 579-96 (S. Thomas a enseigné la distinction entre droit naturel et droit des gens).

P. — ESTHÉTIQUE

1404. TAPARELLI D'AZEGLIO (L.) S. J. *Le ragioni del bello secondo i principii d. S. Tommaso.* Roma, 1860 (trad).

1405. MARCHESE (V. F.). O. P. *Delle benemerenze di S. Tommaso d'Aquino verso le belle arti.* Genova, tip. della Gioventù, 1874, In-8°, VIII-105 pag. avec grav.; ibid., 1879. In-8°, IV-129 pag.; nouv. édit. Siena, tip. S. Bernardino, 1889 ; trad. franç. de BIOLEY O. P. *Saint Thomas et les beaux arts.*

Rev. cath. Louvain, 1874, B XI, p. 380-404, 569-93, XII, 5-24. Louvain, 1874. In-8°, 78 pag.

1406. D. (C.). *La théorie du beau selon les idées de St Thomas d'Aquin.* Précis histor., III⁰ série, X, (1880), p. 107-29, 177-84, 221-32.

1407. VALLET (P.). *L'idée du beau dans la philosophie de saint Thomas d'Aquin.* Paris, Roger et Chernoviz, 1883. In-12, XII-364 pag. ; ibid. 1887. In-18, XII-384 pag.

1408. JUNGMANN (J.) S. J. *Eine angeblicke Schrift des heiligen Thomas über die Schönheit* Z K T, IX, (1885), p. 241-62.

1409. BOURQUARD (L. C.). *De l'esthétique selon les principes de St Thomas.* S. Cath., III (1889), p. 693-705 ; IV, (1890), p. 425-35, 569-81 ; V, (1891), 229-41.

1410. MOLSDORF (W.). *Die Idee des Schönen in der Weltgestaltung bei Thomas von Aquin.* (*Inaug Diss*). Iena, G. Neuenhalm, 1891. In-8°, 47 pag.

1411. MONTAGNE (A.). *L'esthétique de St Thomas d'Aquin.* Bull. inst. cath. Toulouse, II série, VI, (1894), p. 33-53.

1412. De WULF (M.). *Etudes historiques sur l'Esthétique de saint Thomas.* Louvain, Ch. Peeters, 1896. In-8°, 66 pag.

1413. De WULF (M.). *Les théories esthétiques propres à St Thomas.* R N S, 1895.

1414. AVRIL (Baron d'). *L'idée du beau dans la philosophie de St Thomas.*

1415. De SMEDT. *La théorie du beau selon les idées de St Thomas d'Aquin.*

1416. KAUFMANN(N.).*Die Begründung der Schönheit nach der Lehre des Aristoteles und des Thomas von Aquino.* Kath. Schw. Blätt. 2

1417. THIERY (A.). *Les beaux-arts et la philosophie d'Aristote et de St Thomas, discours prononcé à la distribution des prix de l'école St-Luc à Gand, le 26 août 1896.* Louvain, Ins-titut supérieur de philosophie, 1896. In-8°.

1418. VALENSISE (Mgr. Demenico). *Dell'estetica secondo i principii dell'angelico Dottore San Tommaso.* Roma, Desclée, Lefebvre et Cⁱᵉ, 1903. 2 vol.

1419. PAREDES (B.). O. P. *Ideas esteticas de Santo Tomás concepto della bellezza.* C T, 1911, p. 3-14, 345-357.

MINJON. 1904.

1420. MARITAIN (J.). *Art et scolastique.* « Les lettres », 1919.

1421. MARITAIN (J.). *Art et scolastique.* Paris, librairie de l'art catho lique [1920] In-12, 188 pag.

1422. MARITAIN (J.). *Notes sur saint Thomas et la théorie de l'art.* R J, X, (1920).

1423. AMELLI (G.). *S. Tommaso e la musica.* Il vessillo di S. Tommaso, 1880.

1424. JANSSENS (Laurent). *Le chant sacré d'après St Thomas.* R Ben., X, (1893), p. 213-25.

1425. BERTHIER (J.J.) O. P. *Le chant sacré d'après saint Thomas et Humbert de Romans.* Fribourg, œuvre de St Paul, 1894. In-8°, 19 pag.

1426. RAYMOND (L.). O. P. *Le chant sacré dans l'Eglise romaine, étude philosophique d'après St Thomas.* R. Thom., XX, (1912), p. 202-223 ; XXI, (1913), p. 49-63.

1427. JEANNIN (J.) O. S. B. *A propos d'une définition du rythme musical.* R. Thom., XXI, (1913), p. 678-90.

1428. RAYMOND (L.) O. P. *Controverse de rythmique grégorienne.* R. Thom., XXII, (1914), p. 82-6.

1429. JEANNIN (J.) O.S.B. *Respectueuse mise au point.* R. Thom., XXII, (1914), p. 462-8.

1430. RAYMOND (L.) O. P. *Mot de la fin.* R. Thom., XXII, (1914), p. 469-71,

1431. MOISSENET (Abbé). *L'enseignement du chant sacré dans les séminaires. Etude d'après S.S. Pie X et St Thomas d'Aquin.* Lyon, Janin frères, 1913. In-16, 100 pag.

IV. — DOCTRINES THÉOLOGIQUES

A. — APPROBATIONS DE L'ÉGLISE

1432. JOANNES A S^{to} THOMA O. P. *Speculum sine macula, id est Tractatus de approbatione, auctoritate et puritate doctrinae angelicae D. Thomae Aquinatis.* Augustae Ubiorum, 1658. In-8°.

1433. LUCARINUŞ (Reg.) O. P. *Manuale thomisticarum controversiarum. Accesserunt animadversiones quaedam in textu operum S. Thomae Summorumque Rom. Pontificum Bullae Brevia et sermones, quibus ostenditur quam grata et recepta semper fuerit in Ecclesia catholica hujus sancti doctrina.* Romae, ap. Successores Vit. Mascardo., 1666. In-4°.

1434. FONTANA (V. M.) O. P. *Epicinia sacra S. Thomae de Aquino ex bullis ac brevibus apostolicis nobilioribusque scriptoribus selecta.* Romae, typis N A. Tinassii, 1670. In-4°, IV-64 pag.

1435. PICINARDI (Seraph.) O. P. *De approbatione doctrinae S. Thomae.* Patavii, 1683. 3 vol. fol. ; ibid., 1688.

1436. JURANNI (Antonius Michael) O. P. *Testimonia ex catholicae ecclesiae et Summorum Pontificum oraculis, atque sapientissimorum et probatissimorum virorum scriptis pro commendatione Doctrinae Angelici Doctoris S. Thomae Aquinatis, undique decerpta, atque in unum collecta.* Matriti, 1789. In-8°, 267 pag.

1437. *Pontificum de S. Thomae doctrina sententiae.* D T, I, (1880), p. 5-7, 25-7, 41-6.

1438. *St Thomas d'Aquin patron des Ecoles.* A J P. XIX, (1880), p. 385-427, 520-7, 769-74.
Thomas Aquinas and the Vatican = 2100.
St Thomas scholarum = 60.

1439. BERTHIER (J. J.) O. P. *Sanctus Thomas Aquinas « Doctor communis » Ecclesiae.* Romae, tip. editrice nazionale, 1914. I *Testimonia Ecclesiae.* In-8°, LXVII-703 pag. et grav.

1440. *De auctoritate doctrinali Doctoris Angelici S. Thomae Aquinatis.* Avila, Successores de A. Jiménez. (1914), In-16, 40 p. et grav.

1441. MANNAIOLI (D.). *De officio adhaerendi germanae doctoris Angelici philosophiae.* Romae, typ Vaticanis, 1916. In-16, VI-95 pag.

1442. SZABO (S.) O. P. *Die Stellung des hl. Thomas in der Theologie.* D T, III, 4. Festschrift zum 700 jahrigen Jubilaeum des Predigerordens 1916.

1443. SZABO (S.) O. P. *Die theologische Wert der approbierten Lehre des hl. Thomas.* D T, V, (1918), et VI, (1919) p. 60-112.

1444. SZABO (S.) O. P. *Die Auktoritaet des heiligen Thomas von Aquin in der Theologie.* Regensburg et Rome, Fr. Pustet, 1919. In-8°, VI-189 p. (R S P T, IX, (1920), p. 662-5 = A. Gardeil O. P.)

B. — EXPOSÉS GÉNÉRAUX ET COMMENTAIRES

1445. BILLUART. *Theologia juxta mentem St Thomae.* Parisiis, 1839.

1446. BORDES (L.). *Summae theologiae minutio Divi Thomae Aquinatis.* Paris, Lecoffre, 1849. 2 vol. In-8°,

1447. ALLGORNA (Petrus) S. J. *Theologicae summae compendium.* Paris, J. Leroux, 1850. In-32.

1448. BLUTEAU (Abbé). *Catéchisme catholique d'après St Thomas d'Aquin.* Paris, V. Sarlit, 1865. 6 vol. In-12.

1449. TOLET (Fr.) S. J. *In summam theologiae S. Thomae Aquinatis enarratio.* Romae, 1869-1870. 4 vol. In-4°.

1450. GOUDIN (Ant.) O. P. *Tractatus theologici juxta inconcussa tutis-*

simaque dogmata D. Thomae Aquinatis. Nova editio cura et studio. P. Fr. A. M. DUMMERMUTH. O. P. Louvain, Peeters, 1874. 2 vol. In-8º, vol. I pp. XIV-471 ; vol. II pp. 435.

1451. CUADRADO (Francesco) *Compendium tractatuum de virtutibus, donis, etc... praesertim ex P. M. Augustini ac D. Thomae Aquinatis doctrina desumptum* etc... 1877.

1452. GRAVINA, O. P. *Totius summae theol. S. Th. Aquinatis compend. rhythmicum.* Mediolani, 1668, In-12 ; Taurini, 1879, In-32.

1453. GALEA (Luigi). *Dichiarazione delle prime ventisei questioni della Somma teologica di S. Tommaso d'Aquino.* Malta, 1881 In-8º, VIII-710 p.

1454. SCHÄTZLER. *Introductio in S. Theol. dogmaticam ad mentem D. Thomae Aquinatis ed.* P. ESSER O. P. Ratisbonae, 1882. In-8º.

1455. MORAN (J. M.) O. P. *Teologia moral segun la doctrina de los doctores de la Iglesia S. Tomás y S. Alfonso de Ligorio.* Madrid, 1883. 3 vol. In-4º.

1456. JOANNES A S. THOMA. *Cursus theologicus.* Parisiis, 1883. 10 vol. In-4º .

1457. LAVY O. P. *Conférences sur la théologie de St Thomas d'Aquin données dans la crypte de St Augustin à Paris.* (21 novembre 1883). Paris, J. Gervais, 1884-1888, 3 vol. In-18. T. I. *L'être divin.* T. II. *La création.* T. III. *La vie divine.*

1458. SATOLLI (Fr.) *In summam Theol. D. Thomae Aquinatis praelectiones.* I-V. Romae, 1884-1888.

1459. ROTELLI (A.) *Commentaires sur la question LXXIX de la somme théologique,* traduct. par J. G., An. Ph. Ch., G. XVIII, (1888-9), 283-92 ; XIX,493-501;583-92;XX,61-9,464-72.

1460. *Summae theologicae conclusiones.* Paris, Chernoviz, 1890. In-18.

1461. BILLOT (Lud.) S. J. *De Verbo incarnato commentarius in tertiam partem S. Thomae.* Romae, ex typogr. polyglotta, 1892. In-8º, 453 p.

1462. BILLOT (L.) S. J. *De Ecclesiae sacramentis, commentarius in tertiam p. S. Thomae.* T. prior complectens quaestiones de sacramentis in communi, de baptismo, confirmatione et eucharistia. Romae, 1893. In-8º, 604 p.

1463. BILLOT (L.) S. J. *De Deo uno et trino commentarius in primam P. S.* *Thomae.* Romae, 1893. 2 vol. In-8º, 314, 420 pag.

1464. PAQUET (L. A.) *Disputationes theologicae seu commentaria in summam theologicam D. Thomae.* Québec, 1893-1903. 6 vol.; 2e édit., Romae, 1905-1910.

1465. PROSPER. *Exposition littérale et doctrinale de la somme théologique de St Thomas d'Aquin.* Lierre, Van In, 1894. In-8º, 640 pag.
ROTELLI (A.) = 1674.
ENGLERT (W. Ph.) = 1676.

1466. SESTILI (Joachim). *In summam theologicam S. Thomae Aquinatis I P. q. XII a 1 de naturali intelgentis animae capacitate atque appetitu intuendi divinam essentiam.* Neapoli, Romae, A. et S. Festa, 1896. In-8º, 240 pag.
SATOLLI (Fr.) = 1585.
RAMELLINI (C.) = 1679.

1467. JANSSENS (L.) O. S. B. *Summa theologica ad modum commentarii in summam theologicam S. Thomae I-XI.* Friburgi, 1899 et seq.

1468. SAN (L. de) LAHOUSSE (G.) et VERMEERSCH (A.). *Universa theologia scolastica quam in collegio Lovaniensi S. J. tradebant :*

1. LAHOUSSE (G.) S. J. *Tractatus de sacramentis in genere, de baptismo, de confirmatione, de eucharistia.* Brugis, Car. Beyaert, 1900. In-8º, 820 pag.

2. LAHOUSSE (G.) S. J. *Tractatus de gratia divina.* Brugis, Car. Beyaert, 1) 0. In-8º, 708 pag.

3. LAHOUSSE (G.) S. J. *Tractatus de virtutibus theologicis.* Brugis, Car. Beyaert, 1900. In-8º, 412 pag.

4. De SAN S. J. *Tractatus de poenitentia.* Brugis, Car. Beyaert, 1900. In-8º, 690 pag.

5. De SAN S. J. *Tractatus de divina traditione et scriptura.* Brugis, Car. Beyaert, 1903.

1469. BULLIAT (Gabriel) *Thesaurus theologiae thomisticae* 1900. In-8º. (*Tome I Pars dogmatica.* Nannetis, Lanoë-Mazeau ; *Tome II Pars moralis.* Parisiis, Vic et Amat.)

1470. PAZMÀNY (Cardinalis Petrus). *Theologia scholastica seu commentarii et disputationes quae supersunt in secundam theologicae S. Thomae Aquinatis Summae et tertiam partem recensuit et praefatus est Adalbertus Brasnay. Opera Omnia series latina.*

Tomus IV et V. Budapestini, typis regiae scientiarum universitatis, 1899 et 1901. In-8º, 808 p.

1471. BUONPENSIERE (H.). O. P. *Commentaria in I. P. Summae theologicae S. Thomae Aquinatis a q. 1 ad q. XXIII de Deo Uno.* Romæ, Pustet, [1901] In-8º, XVI-975 pag.

1472. LEPICIER (Alex. M.) *Institutiones theologiae dogmaticae ad textum S. Thomae concinnatae. I-VI* Paris, 1902 et seq.

1473. EZECHIELI. *Annotationes in summam D. Thomae de Deo creante et gubernante.* Romae, 1903.

1474. LOTTINI (J.) O. P. *Institutiones theologiae dogmaticae specialis ex summa theologica S. Thomae Aquinatis desrumptae et hodiernis scholis accommodatae.* Paris, Lethielleux. [1904] 3 vol. In-8º.

1475. TABARELLI (R.) *De Deo uno ; S. Th. I q. 2-14.* Romae, 1904.

1476. TANQUEREY (Ad.) *Synopsis theologiae dogmaticae ad mentem S. Thomae Aquinatis hodiernis moribus accommodata.*

1477. TANQUEREY (Ad.). *Synopsis theologiae moralis et pastoralis ad mentem S. Thomae et S. Alphonsi hodiernis temporibus accommodata.* Tournai, Desclée, Lefebvre et Cⁱᵉ, 1904.

1478. PIGNATORO S. J. *De Deo creatore.* Romae 1905.

1479. MANCINI (Hieron.) O. P. *Theologia dogmatica ad mentem divi Thomae Aquinatis pro clericorum institutione.* Rome, Desclée, 1906. In-8º. 4 vol. XII-577, 553, 480 et 421 pag.

1480. VALENTINUS AB ASSUMPTIONE Carm. Excal. *Theologia dogmatica scholastica ad mentem S. Thomae Vol. I Theologia fundamentalis.* Burgos, typ. « el monte Carmelo », 1910. In-8º, 714 pag.

1481. PROFESSORES THEOLOGIAE SEMIN. CLARMONTENSIS. *Theologia dogmatica et moralis ad mentem S. Thomae Aq. et S. Alphonsi de Ligorio.* 6ᵉ édit. Paris, Roger et Chernoviz, 1912. 6 vol. In-12.

1482. BASILIUS A. S. ANNA. *Summa summae S. Thomae in ejus parte speculativa.* I-II, Verona, 1914.

1483. PRÜMMER (Dom.) O. P. *Manuale Theologiae moralis secundum principia S. Thomae Aquinatis in usum scholarum.* Freiburg i. B., Herder, 1915. 3 vol. In-8º, XL-423, X-539, XI-689 pag.

1484. PRÜMMER (Dom.) O. P. *Brevis Conspectus mutationum quas in theologia morali introduxit novus Codex Juris canonici. Supplementum ad Manuale Theologiae moralis.* Friburg i B. Herder, 1918. In-8º, 20 pag.

1485. DIEKAMP (Fr.) *Katholische Dogmatik nach den Gründsätzen des hl. Thomas zum Gebrauch bei Vorlesungen und zum Selbstunterricht.* Münster i W., Aschendorff, 1917. In-8º, 10 et 308 pag.

1486. PÈGUES (Th.) O. P. *La Somme théologique de St Thomas d'Aquin en forme de catéchisme pour tous les fidèles.* Paris, Téqui, Toulouse, Privat, 1918. In-12, 576 pag.

C. — MÉTHODOLOGIE

1487. OISCHINGER (J. N. P.). *Die spekulative Theologie des Thomas von Aquin d. engl. Lehrers, in d. Grundzügen systemat. entwickelt.* Landshut, 1858.

1488. FROHSCHAMMER (J.) *Die Theologie des Thomas von Aquino kritisch gewürdigt.* Leipzig, Brockhaus, 1889. XXII-537 pag.

1489. LEPICIER. (A. M.). *Sacrae doctrinae thomisticae utilitas demonstrata.* Romae, 1893.

SCHWALM (M. B.) = 284.

1490. M (Dr) *Doctrina S. Thomae de natura theologiae speculativae.* D. T., 1897.

1491. GARDEIL (A.) O. P. *Relativité des formules dogmatiques.* R. Thom. XI, (1903), p. 633-49 ; XII, (1904), p. 48-76.

1492. GARDEIL (A.) O. P. *La crédibilité et l'apologétique.* Paris, Lecoffre, 1908. In-12. VII-299 pag.; 2º edit. ibid. 1912. In-12, XX-332 pag.

1493. GARDEIL (A.) O. P. *La notion du lieu théologique.* R S P T, II, (1908), p. 51-73, 246-76, 484-505.

1494. GARDEIL (A.) O. P. *Le donné révélé et la théologie.* Paris, Lecoffre 1910. In-12, XXVII-372 pag.

1495. GARRIGOU - LAGRANGE (R.) O. P. *Le sens commun, la philosophie de l'être et les formules dogmatiques, suivi d'une étude sur la valeur de la critique moderniste des preuves thomistes de l'existence de Dieu.* Paris, Beauchesne, 1909. In-12, XXX-311 pag.

1496. LE GUICHAOUA (P.) *Le progrès du dogme d'après les principes de saint Thomas.* R. Thom., XVIII, (1910), p. 721-740 ; XIX, (1911), p. 159-173.

1497. HEDDE (F.). *Nécessité de la théologie spéculative ou scolastique.* R. Thom., XIX, (1911), p. 709-23.

1498. MARTIN (R. M.) O. P. *L'objet intégral de la théologie d'après saint Thomas et les scolastiques.* R. Thom., XX, (1912), p. 12-21.

1499. VALFREDI (D.) O. P. *Commentarius philosophicus de usu philosophiae in theologicis D. Thomae operibus.* Genuae, 1777.

1500. HAMPDEN (R. D.). *The scolastic philosophy considered in its relation to christian theology.* Hereford, J. Head, 1848. In-8°, XLI-548 pag.

1501. CLEMENS (F. J.). *De scholasticorum sententia philosophiam esse theologiaeancillam.Commentatio,*Monasterii Guestphalorum, sd. [1856] In-4° 84 pag.

1502. VERWEYEN (J. M.). *Philosophie und Theologie im Mittelalter.* Bonn, 1911. In-8°.

1503. OHLIG. *Philosophia ancilla theologiae,* P B, XXIV, (1912).

1504. KUHN. *Glauben und Wissen nach Thomas von Aquin.* T Q S., 1860.

1505. CORNOLDI (G. M.) S. J. *La conciliazione della fede cattolica con la vera scienza ; ossia accademia filosofico medica di S. Tommaso d'Aquino.* Bologna, 1878.

1506. GARDAIR (J.) *La raison et la foi d'après saint Thomas d'Aquin.* An. Ph. Ch., 1896.

1507. LABERTHONNIÈRE (L.) *Saint Thomas et le rapport entre la science et la foi. [à propos d'un livre récent]* An. Ph. Ch., 1909, p. 599. (il s'agit de Th. HEITZ = 1854).
MONTAGNE (H. A.) O. P. = 1875.

1508. *S. Tommaso interprete insigne*

delle sacre scritture. S F, 20 gennaio, 1874.

THOLUCK (Aug.) = 1851.

1509. SALVATORELLI (L.) *Santo Tommaso d'Aquino sovrano interprete della S. Scrittura.* A R T A, 1878, p. 111-133.

ROHART (C.) = 274.

1510. SIEGFRIED (E.) *Thomas von Aquino als Ausleger des Alten Testaments* Zeitschr. wissenschaftl. Theol., XXXVII, (1894), p. 603-25.

1511. PÈGUES (T. M.) O. P. *Une pensée de St Thomas sur l'inspiration scripturaire.* R. Thom., III, (1895), p. 95-112.

1512. LAGRANGE (M. J.) O. P. *Une pensée de St Thomas sur l'inspiration scripturaire.* Rev. biblique, IV, (1895), p. 563-71.

1513. ZANECCHIA. O. P. *Divina inspiratio sacrarum scripturarum ad mentem S. Thomae Aquinatis.* Romae, Pustet, 1899.

1514. SCHULTES (Reginald). O. P. *Die Lehre des hl. Thomas über das Wesen der biblischen Inspiration,* J P S T, I, (1902), p. 80-95.

1515. GARDEIL (A.) O. P. *Les procédés exégétiques de St Thomas.* R. Thom., XI, (1903), p. 428-457.

1516. BLANCHE (A.) O. P. *Le sens littéral des Ecritures d'après S. Thomas d'Aquin. Contribution à l'histoire de l'exégèse au moyen âge.* R. Thom., XIV, (1906), p. 192-212.

1517. PROVITARA(G.).[*Saint Thomas et les sciences bibliques*] R S L., 1906.

1518. LEMONNYER (A.) O. P. *St Thomas et l'histoire inspirée.* R S P T, II, (1908), p. 98-99.

1519. POPE (H.) O. P. *The scholastic view of biblical inspiration.* I T Q., 1911, p. 275-298. Rome, Garroni, 1912. In-16, 52 p. (il s'agit de la théorie de l'inspiration d'après le seul St Thomas).

COLUNGA (A.) = 520.

1520. TOUSSAINT (C.). *Divus Thomas scientiae canonum auxiliator fundatissimus.* Q E , 1912, avril.

D. — APOLOGÉTIQUE

1521. DE GROOT (J. V.) O. P. *Summa apologetica de ecclesia catholica ad mentem S^tl Thomae.* Ratisbonne, 1890 ; 2e édit.,ibid., 1893. In-8°, 821 p. ; 3° édit. ibid., 1906, XVI et 915 pag.

1522. ABERT (Fred. Phil.) *Das*

Wesen des Christentums nach Thomas von Aquin. Festrede zum Feier der König-Julius-Maximilians Univ. Würzburg gehalten an 11 mai 1901. mit Anhang. Würzburg, Universitätsdruckerei v.H.Stürtz, 1901, 49 pag; ibid., 1902.

1523. GOUJON (H.). *La philosophie de saint Thomas et l'apologétique de l'immanence.* R S E, 1903.

1524. GRANDMAISON (G. de) S. J. *Sur l'apologétique de saint Thomas.* Nouvelle Revue théol., 1907., p. 65-74, 121-130.

1525. GRANDMAISON (G. de) S. J. *L'apologétique de saint Thomas d'Aquin.* B L E, 1907, p. 294 et seq.

1526. HUGUENY (E.) O.P. *L'évidence de crédibilité.* R.Thom.,1909,p.275-98.

1527. GARRIGOU - LAGRANGE (R.) O.P. *Theologia fundamentalis pars apologetica : de Revelatione supernaturali secundum S. Thomae doctrinam.* Rome, Ferrari ; Paris, Gabalda, 1917. 2 vol. In-8°. (R S P T, IX, (1920), p. 648-53 = A. Gardeil O. P.)

1528. GARRIGOU - LAGRANGE (R.) O. P. *L'apologétique dirigée par*

la foi. R.Thom.,NS.,II,(1919),p.193-213.

1529. BROCH (P.) *Santo Tomás y la sistematizacion apologetica.* C T, XXI, (1920), p. 5-14, 193-214.

1530. TESSEN WESIERSKI (Franz von) *Die Grundlagen des Wunderbegriffes nach Thomas von Aquin.* Paderborn, Schöningh, 1899. In-8°, 142 p. (extrait de J P S T.)

1531. FOLGHERA (J. D.) O. P. *Le miracle d'après saint Thomas d'Aquin* R. Thom., XII, (1904), p. 318-338.

1532. SICHIROLLO (G.). *Nomenclatura tomistica nella teoria del miracolo.* Rovigo, tipografia sociale editrice, 1909. In-8°, XV-106 pag. (R.Thom., XVIII, (1909), p.627-628 = R. Fei O.P.)

1533. GARRIGOU - LAGRANGE (R.) O. P. *La grâce de la foi et le miracle ; trois théories à propos de travaux récents.* R. Thom., N. S., I, (1918), p. 289-320.

MAUSBACH (Jos.) = 1827.

1533 bis SYNAVE (P.) O. P. *La causalité de l'intelligence humaine dans la révélation prophétique.* R S P T., VIII, (1914), p. 218-35.

E. — LA TRINITÉ

1534. [RUTKA (Theoph.)] *Angelicus doctor D. Thomas Aquinas Ord. Praedic. expulsi ab ecclesia graeca Spiritus S. a Filio aeternitaliter procedentis ad eandem... restitutor et reductor.* Lublini, 1694. In-4°, VI-454 p.

TIPHANE (P.) = 1668.

BURONI (G.) = 2163.

GUADANIN (G.) = 551.

1535. *Doctrine de St Thomas d'A-*

quin sur la procession du St Esprit. Rev. Égl. Grecq. un., 1889, p. 263-66.

BILLOT (Lud.) S. J. = 1463.

MARTIN (A.). = 2000.

1536. CILENTO (Fr.) O. P. *De cognitione Dei Comm. In-I q.1,2,3 et 4. Summae theologiae S. Thomae.* D T, Ser. II vol. VI.

1537. CAPPELLAZZI (A.). *Studio comparativo tra la 2 questione della Summa teologica di San Tommaso e la conclusione di sistemi filosofici.* Crema, 1903.

F. — LA CRÉATION

Voyez 1149-1152.

BARRET = 1087.

BURONI (G.) = 2163.

1538. STÖCKL (A.). *Die thomistische Lehre vom Weltanfang in ihrem geschichtlichen Zusammenhange.* Kath., LXIII, (1883), p. 225-241, 337-61. Mainz, 1883.

LAVY = 1457.

1539. ESSER (Thomas.) O. P. *Die Lehre des hl. Thomas von Aquino über die Möglichkeit einer anfangslosen Schöp-*

fung, dargestellt und geprüft. J P S T, 1893 ; Münster, Aschendorff, 1895. In-8°, VI-176 pag.

1540. DOMASZEWICZ (J.) *Swiati czlowiek, studyum dogmatyezne na postawie sw. Tomasza.* Warschau, 1899. *(le monde et l'homme ; étude dogmatique d'après St Thomas.)*

PIGNATORO S. J. = 1478.

SERTILLANGES (A. D.) = 1151.

ROHNER (Anselm) O. P. = 1829.

JELLOUSCHEK (C. J.) = 1914.
1541. STUFLER (J.) S. J. *Die Lehre des hl. Thomas von Aquin über den* *Endzweck des Schöpfers und der Schöpfung.* Z K T., XLI, (1917), p. 656-700.

G. — ANGÉLOLOGIE

1542. LAVY O.P. *Les Anges.* Paris, Lethielleux, 1890. In-8º, 189 pag.

1543. VACANT (A.) *Angélologie de St Thomas d'Aquin et des scolastiques postérieurs.* Dictionnaire de théologie catholique. Tome I (Paris, 1903), col. 1228-1248.

1544. COSTES (M.) *Le traité des anges de saint Thomas.* Thèse. B L E, 1907, p. 253-260.

1545. SCHLÖSSINGER (Wilh.) O.P. *Die Erkenntnis der Engeln.* [*d'après St Thomas*]. J P S T, XXII, (1907-8), p. 325-492 ; XXIII (1908-9), p. 45-85, 198-231, 274-315.

1546. SCHLÖSSINGER (Wilhelm) O. P. *Die Stellung der Engel in der Schöpfung.* J P S T, XXV, (1911), p. 461-485.

1547. SCHLÖSSINGER (Wilhelm) O. P. *Das angelische Wollen* [*d'après St Thomas*]. J P S T, (1919), p. 152-244.

H. — GRÂCE

1548. DAMME (J. van). *Author gratiae Deus laudandus, benedicendus, praedicandus secundum inconcussa, tutissimaque dogmata Angelici et quinti Ecclesiae Doctoris S. Thomae Aquinatis.* Lovanii, Aegid. Denique, 1706. In-4º, 8 ffnch.

.1549. GLOSSNER (M.) *Die Lehre des hl. Thomas von Wesen der göttlichen Gnade.* Mainz, Kirchheim, 1871. In-8º, IV-159 pag.

1550. SCHNEEMANN (Gerardus) S. J. *Controversiarum de divinae gratiae liberique arbitrii concordia initia et progressus.* Freiburg i B, Herder, 1881. In-8º, VIII-491 pag et fac simile.

1551. BORGIANELLI (Enrico). *Il soprannaturale dell'uomo secondo l'angelico dottore S. Tommaso.* Napoli, libr. della Sacra Famiglia, 1891. In-8º, XIV-311 pag.

1552. WALSCH. *S. Thomas doctor gratiae.* D T, 1898.

KROGH-TONNING (R.) = 1965.

1553. PRADO (N. del) O. P. *De gratia et libero arbitrio. P. Iª in qua explanantur sex quaestiones de gratia Dei ex D. Thomae Summa theologica. P. IIª Concordia liberi arbitrii cum divina motione juxta S. Augustinum et D. Thomam. P. IIIª Concordia liberi arbitrii cum divina gratia juxta doctrinam Molinae.* Friburgi Helvetiorum, Cons. Sancti Pauli, 1907. 3 vol. In-8º, LXXXIV-757 pag., 404 pag., 595 pag.

1554. TABARELLI (R.) *De gratia Christi In I-IIᵃᵉ partem summae Q. 109-114. Theol. S. Thomae Aquinatis.* Bonn, Bretschneider, 1908. XII-533 pag.

1555. RENÉ (P.) *Les dons surnaturels qui accompagnent la grâce sanctifiante* [*d'après St Thomas.*] Études franciscaines, 1908, p. 227-236.

1556. ARNAUD (A.) NICOLE (P.) et De LA LANNE (N.) *Vindiciae S. Thomae circa gratiam sufficientem adversus Joan. Nicolai,* 1656. In-4º.

1557. ENGHEIN (Franc. d'). *De doctrina S. Thomae ad gratiam efficacem.* Lovanii, 1703. In-8º.

1558. GRAVESON (J. H. A. de) O.P. *Epistolae apologeticae pro doctrina S. Augustini et Thomae de gratia a seipsa efficaci et gratuita electorum ad gloriam praedestinatione.* Veronae, 1737. In-8º.

1559. ARNALDUS (Ant.) *S. Thomae doctrina de gratia sufficiente e efficaci.* Œuvres, (1778), XX-39-77-345.

1560. SCHNEEMANN (G.) S. J. *Die Entstehung der thomistisch-molinistischen Kontroverse. Dogmengeschichtliche Studie.* S M L, IX, Freiburg i B., Herder, 1879. In-8º, 160 pag.

1561. SCHNEEMANN (G.) S. J. *Weitere Entwickelung der thomistisch-molinistischen Controverse.* SML, XIII et XIV. Freiburg i B., Herder, 1880. In-8º, 230 pag. et fac simile.

1562. *Kritische Bemerkungen zù der*

Schrift « *Die Entstehung der thomis-tisch-molinistischen Kontroverse, dog-mengeschichtliche Studie* » *gerichtet an der Verfasser* : P. Gerhard Schneemann S. J. von einem Thomisten Aachen, M. Jacobi, 1884. In-8°, 79 pag.

1563. LE TALLEC. *Saint Thomas et le thomisme.* R S E, 1884 ; Amiens, Rousseau-Leroy, 1884. In-8°, 21 pag.

1564. GUILLERMIN (H.) O. P. *La grâce suffisante.* R.Thom., IX, (1901), p. 505-19 ; X, (1902), p. 47-76, 377-404, 654-75, XI, (1903), p. 20-31.

1565. MAISONNEUVE (L.) *La doctrine du R. P. Guillermin sur la grâce.* B L E, 1903.

1566. LESSERTEUR (E. C.) *Saint Thomas et le thomisme.* Paris, Lecoffre, 1883. In-8°, 159 pag.

1567. GAYRAUD, (H.) O. P. *Le thomisme et le molinisme ; réplique au R. P. Th. de Régnon S. J.* Paris, Le-thielleux, Toulouse, E. Privat. 1890. In-12, 105 p.

1568. GAYRAUD, (H.) O. P. *Le thomisme et le molinisme. 1e partie, préliminaires historiques et critique du molinisme.* Toulouse, E. Privat, 1889. In-12, VIII-260 pag.

1569. GAYRAUD (H.) O. P. *Providence et libre arbitre selon St Thomas d'Aquin, thomisme et molinisme ; seconde partie, exposition du thomisme.* Toulouse, Privat, 1892. In-12, 236 pag.

1570. LUCACIU (I. M.) O. P. *Thomas et Molina. Expositio systematica doctrinae D. Thomae Aquinatis de gratia divina efficaci comparata cum Molinae theoria.* Blasii, 1912. In-8°, 239 pag.

1571. BOECKER (P. J.). *De statu justitiae originalis et de peccato originali quae disserit Thomas.* Köln, 1868.

1572. KRANICH (Dr.) *Über die Empfänglichkeit der Menschlichen Natur für die Güter der übernatürlichen Ordnung, nach der Lehre des hl. Augustin und des hl. Thomas von Aquin.* Paderborn, Schöning, 104 pag.

1573. LIGEARD (H.). *La théologie scolastique et la transcendance du surnaturel.* Paris, Beauchesne, 1902. In-12.

1574. LIGEARD (H.). *Le rapport de la nature et du surnaturel d'après les théologiens scolastiques du XIIIe au XVIIIe s.* R P A, 1908, p. 543-552, 621-640, 773-784, 861-877.

1575. MARTIN (R. M.) O. P. *La doctrina sobre el pecado original en la* « *Summa contra gentiles* » *; La question de las fuentes.* C T, XI, (1915), p. 223-236.

1576. SCHAFF (P. M.) O. P. *Saint Thomas et les rapports de la nature pure avec la nature déchue.* R S P T, VII, (1913), p. 71-76.

1577. MANNENS (P.) *Disquisitio in doctrinam S. Thomae de voluntate salvifica et praedestinatione* (thesis). Lovanii, Valinthout, 1883. In-8°, X-218 pag.

1578. WEISS (C.) *S. Thomae Aquinatis de satisfactione et indulgentia doctrina.* In-8°.

LESSERTEUR (E. C.) = 1172.
LESSERTEUR (E. C.) = 1176.
1579. NEVENT (E.). *De concursu divino juxta S. Thomam, Bañez et Molina.* D T, 1902.
NEVENT (E.). = 2001.

I. — VERTUS

1580. GÖTTIG (F.). *Das Verhältnis des philosophischen und theologischen Tugenden mit Zugrundlegung des Tugendlehre des Thomas von Aquin.* Kiel, 1840.

1581. PLASSMANN (H. E.). *Die Lehre des hl. Thomas v. Aquin über die Bescheidenheit und Demut.* Paderborn, 1858.

1582. MÜLLENDORF (Jul.) S. J. *Die Hinordnung der Werke auf Gott nach dem hl. Thomas.* Z K T, IX, (1885), p. 1-46, 208-40.

1583. MÜLLENDORF (Jul.) S. J. *Die Verdienstlichkeit der guten Werke der Gerechten nach dem hl. Thomas.* Ż K T, IX, (1885), p. 423-71.

1584. MÜLLENDORF (Jul.) S. J. *Das ubernatürliche Motiv als Bedingung der Verdienstlichkeit nach Thomas v. Aquin,* Z K T, 1893,

1585. SATOLLI (Fr.). *De habitibus. Doctrina S. Thomae Aquinatis in 1a 2ae qq XLIX-LXX. Summae theologicae* Romae, typ. de propaganda fide, In-8°.

1586. STUFLER (Joh.) S. J. *Die Theorie der freiwilligen Verstocktheit*

und ihr Verhältnis zu der Lehre des hl. Thomas v. Aquin. Erwiderung auf die Replik Professor RIEFLS « *Die Heiligkeit Gottes und der ewige Gott* » *in der Passauer theologisch-praktischen Monatschift März-april 1905.* Innsbruck. J. Rauch, 1905 In-8°, 72 pag.
SEIPEL (I.) = 1858.

1587. HERKENRATH (Joseph). *Todsünde und lässliche Sünde. Eine spekulative Unters. im Amschl. an d. hl. Thomas von Aquin.* (*diss*) Freiburg i B., 1907. In-8°, 87 pag.
RICHABY (J.) = 389.

1588. GAY (A.) *L'honneur, sa place dans la morale, thèse.* Fribourg, Œuvre de St Paul, 1913. In-8°, VIII-253 pag.

1589. MC NABB (V. J.) O. P. *St Thomas and moral theology.* I T Q, 1919, p. 329-36.

1590. PÈGUES (Th. M.) O. P. *Des vertus théologales q. LXII de la* Iª IIae. R. Thom., XXI, (1913), p. 385-405.

1591. PESCH (C.) S. J. *Die Lehre des hl. Thomas über den Glaubensakt.* Z K T, VIII, (1884), p. 50-70.

1592. SEMERIA (J.). *Analysis actus fidei juxta S. Thomam et recentiores theologos.* Placentiae, 1891.

1593. MONNIER (H.) *La notion catholique de la foi d'après St Thomas et le concile de Trente.* Paris, impr. Lepetit, 1893, 71 pag.
GARDAIR (J.) = 1506.

1594. LEDERER (St.) *Die Lehre des hl. Thomas von Aquin über d. eigentlichenBeweggrund des übernatürl. Glaubens.* T Q S, LXXXIII, (1901), p. 232-268.

1595. LEFEBURE (A.) *L'acte de foi d'après la doctrine de St Thomas d'Aquin.* Paris, Lethielleux, sd. , [1904] In-8°, 470 pag.

1596. HEITZ (Th.) *La philosophie et la foi chez Thomas d'Aquin.* R S P T, III, (1909), p. 244-261.

1597. VERNER-MOORE (Th.). *St Thomas and the will to believe.* C U B, XVII, (1911), p. 20-30.

1598. *Die thomistische Glaubenstheorie nach ihrem eigenen Prinzip beurteilt. Das 20 Jahrh, N° 7.*
HEITZ (Th.) = 1854.

1599.   GARRIGOU-LAGRANGE (R.) O. P. *La surnaturalité de la foi.* R. Thom., XXII, (1914), p. 17-38.

1600. GUIBERT   (J. de)   S. J. *A propos des textes de St Thomas sur la foi qui discerne.* R S R, X, (1919), p. 30-40.

1601. SCHULTES (R. M.) O. P. *Geschichte der Fides implicita in der katholischen Theologie.* D T., 1919, p. 266-299.

1602. PELAGATTI (G.) *S. Tommaso d'Aquino. La legge della carità.* Siena.

1603. GALEA. *De charitate sive de dilectione Dei ac de ejusdem dilectionis motivo ad mentem D. Thomae Aquinatis.* Augustae Taurinorum, [1895]. In-8°, 76 pag.

1604. COCONNIER (Th.) O. P. *La charité d'après saint Thomas d'Aquin à propos d'une boutade de Bossuet.* R. Thom., XII, (1904), p. 637-660 ; XIV, (1906), p. 5-30 ; XV, (1907) p 1-17.

1605. HATHEYER (F.) S. J. *Die Lehre des hl. Thomas über die Gottesliebe.* Z K T, XLIV, (1920), p. 78-106, 222-41.

1606. COSTES   (J. C.).   *La piété d'après saint Thomas d'Aquin.* R.Thom., XXI, (1913), p. 257-75. (discours prononcé le 7 mars 1913 dans l'église St-Thomas d'Aquin d'Angers)

1607. SERTILLANGES(A.D.)O.P. *La virginité selon saint Thomas et selon Tolstoï.* R. Thom., XXII, (1914), p. 559-566.

1608. GARDEIL (A.) O. P. *Le gouvernement personnel et surnaturel de soi-même.* R.Thom., N S., 1, (1918), p. 57-73, 111-43, 205-16.

1609. GARDEIL (A.) O. P. *L'éducation personnelle et surnaturelle de soi-même par la vertu de religion.* RThom, N S., II, (1919), p. 104-24, 214-25, 342-55.

1610. SERTILLANGES(A.D.)O.P. *L'amour chrétien.* Paris, Gabalda, 1919. In-12, XVI-307 pag.

1611. HOLTUM (G. v.) O. S. B. *Die sittliche Tugend der Religion.* Ph J., 1920, p. 272-77. (détermine la matière et l'objet de la vertu de religion d'après St Thomas.)

1612. LOTTIN (Dom Odon) O.S.B. *L'âme du culte. La vertu de religion d'après St Thomas d'Aquin.* Louvain, Abbaye du Mont César, 1920. In-16, 87 pag.

J. — VIE SPIRITUELLE, ASCÉTIQUE ET MYSTIQUE

1613. VALLGORNERA (Th. de). *Mystica theologia Divi Thomae utriusque theologiae scholasticae et mysticae principis.* Barcinonae, 1665 In-fol. 2ª edit., 1889-92, 2 vol. In-8° ; ed. 3ª curante JJ. BERTHIER O. P. Augustae Taurinorum, Marietti, 1911. 2 vol. In-8°, XXXI, 608 et 657 pag.

1614. BALDASSARE DI SANTA CATERINA DI SIENA, C. S. *Splendori riflessi di sapienza celeste vibrati da gloriosi gerarchi Tomaso d'Aquino e Teresia di Gesù sopra il Castello interiore e mistico giardino.* Bologna, 1671. In fol.

1615. [MASSOULIÉ (A.) O. P.] *Pratique des vertus de St Thomas ou traité des vertus religieuses que l'on pratique dans l'ordre des FF. Prêcheurs.* Toulouse, Bernard Dupuy, 1685. In-16, 2 ffnch, 96 pag. ; *Méditations de St Thomas sur les vies purgative, illuminative et unitive.* Toulouse, 1852. In-12 ; id. 1889, In-12. ; *Méditations de St Thomas sur les trois vies unitive, illuminative et purgative pour les retraites de dix jours, éd. nouv. par le P.* LAURENT assomptioniste. Paris, 1888. In-12, trad. ital. : *Meditazioni cavate dall'Angelica dottrina di San Tommaso sopra le tre vite purgat. illuminat. unitiva.* Bassano, 1783. In-8° ; *Meditazioni di S. Tommaso d'Aquino nuova trad.* del P. I. TAURISANO, O. P. Lucca, Baroni, 1900.

1616. COMMAZZI. *La coscienza illuminata dalla teologia di S. Tommaso d'Aquino ristretta e volgarizzata.* Colon. 1711.

1617. CALATAYUD (V.). *D. Thomas cum patribus ex prophetis locutus, priscorum et recentium errores in mystica theologia dissipans. Dissert. dogmat.* Valentiae 1754-46. 2 fol.

1618. BAIL (L.). *Theologie affective en méditations. Nouvelle édition revue et corrigée par l'abbé* CHEVEREAU. Paris, Lecoffre, 1855. 5 vol. In-8° ; *La théologie affective ou saint Thomas d'Aquin médité en vue de la prédication.* Nouv. éd. par l'abbé BOUGAL Montréjeau, Soubirous, 1904-6, 12 vol. In-16.

1619. *La spiritualità secondo S. Tommaso.* CC, V série, VI, (1863), p. 513-30.

1620. POTTON (M. Ambr.) O. P. *Sentiments de St Thomas d'Aquin et de St Alphonse de Liguori sur l'entrée en religion.* Lyon, Bauchu, 1864. In-32. X et 70 pag.

1621. LUCA (Giov. de). *Il misticismo cattolico e S. Tommaso d'Aquino.* S. F., XXVIII, (1874), p. 370-87, 441-62.

1622. CORONA (P. del). *I misteri de Gesù Christo secondo la dottrina di S. Tommaso d'Aquino, 27 meditazioni sull'incarnazione del Verbo.* San Miniato, 1882, 4 vol. In-16.

1623. MAUMUS (V.) O. P. *La doctrine spirituelle de St Thomas d'Aquin.* Paris, Bray et Retaux, 1885. In-12, XXIX-664 p.

1624. MEYNARD (André-Marie) O. P. *Traité de la vie intérieure. Petite somme de théologie ascétique et mystique d'après l'esprit et les principes de St Thomas d'Aquin.* Clermont-Ferrand, Bellet, 1885. 2 vol. In-12, XV-538 et 499 pag. ; 2e éd. 1889, 561 et 516 pag.

1625. CAPPELLAZZI (A.). *La vita contemplativa e la vita attiva secondo la dottrina de S. Tommaso d'Aquino.* Crema, 1890, In-8°, V-265 p.

1626. GRUNDKÖTTER (B. H.) *Anleitung zur christlichen Vollkommenheit, insbesondere nach der Lehre des heiligen Kirchenlehrers Thomas von Aquin* ; 2 Aufl, Regensburg, 1887 ; 3 Aufl. Regensburg, 1891 ; 4 Aufl. Besorgt von Dr Aug. BROCKELMANN. Regensburg, 1896. In-8°, XXXII-645 p.

1627. WEISS (Carolus). *S. Thomae Aquinatis de septem donis Spiritus Sancti doctrina proposita et explicata.* Viennae, M. Mittermüller, 1895. In-8°, VIII-209 p.

1628. FROGET (Barth.). *De l'habitation du Saint-Esprit dans les âmes des justes d'après la doctrine de saint Thomas d'Aquin.* Paris, Lethielleux, 1896. In-8°, 306 p.; 2e édit., ibid., 1898. In-16, 493 p. ; 3e éd. ibid. , [1900] In-12, XVI-493 pag. (paru d'abord dans R. Thom., 1896-1897.)

1629. REGLER. *Die sieben Gaben des hl. Geistes unter Zugrundelegung der Lehre des hl. Thomas von Aquin.* Regensburg, 1899.

1630. GRABMANN (M.). *Die Lehre des hl. Thomas v. Aquin von der Scintilla animae in ihrer Bedeutung für die deutsche Mystik im Predigerorden.* J P S T, XIV, (1900). p. 413-427.

1631. ROUSSET - MASSOULIÉ (Antonin) O. P. *Traité de la véritable oraison d'après les principes de saint Thomas d'Aquin.* Paris, Lethielleux, 1900. In-12, XXIV-251 pag.

1632. BARTHIER (Joseph. G.). *De la perfection chrétienne et de la perfection religieuse d'après saint Thomas d'Aquin et S. François de Sales.* Paris, C. Poussielgue, 1901-1902. 2 vol. In-8°, 424 et 358 pag.

1633. GOEDERT (P. J.) Ed. *S.Thomas d'Aquin. Lectures spirituelles sur l'adorable sacrement de l'autel.* Paris, Garnier frères, 1901. In-8°, XXV-646 pag. portr. suivi de lectures sur les 7 dons du St Esprit. (Bibliothèque des lectures spirituelles. XII.)

1634. WILBERFORCE (A. B.) *Devout commentary on epistle to Ephesians, drawn chiefly from the works of St Thomas of Aquin.* London, Sands, 1902. 244 pag.

1635. GRABMANN (M.). *Das christliche Lebensideal nach Thomas von Aquin und P. Heinrich Denifle* H PBl., CXXXVIII, (1906), p. I-27, 89-115.

1636. MÉZARD (D.) O. P. *Medulla S. Thomae Aquinatis... seu meditationes ex operibus S. Thomae depromptae.* Parisiis, Lethielleux [1907] 2 vol. In-16.

1637. PRÜMMER (Dom. M.) O. P. *Bilderverrherrung u. Kreuzesanbetung nach dem hl. Thomas von Aquin (comment. de la q. 25 de la III P)* J P S T, XXII, (1907), p. 284-304.

1638. WATRIGANT (H.). *De examinatione conscientiae juxta Ecclesiae Patres, sanctum Thomam et fratres vitae communis.* Enghien, Bibliothèque des Exercices, [1909] In-8°, 56 pag.

1639. AUGER (Joseph). *La doctrine du corps mystique de Jésus-Christ d'après les principes de la théologie de saint Thomas,* Thèse. Angers, J. Siraudeau, 1910. In-8°, XII-372 pag.

1640. GARDEIL (A.). O. P. *Dons du Saint-Esprit.* Dictionnaire de théologie. Tome IV (1911) col. 1728-1781.

1641. GARRIGOU - LAGRANGE (R.) O. P. *Le surnaturel essentiel et le surnaturel modal selon les thomistes.* R.Thom., XXI, (1913), p. 316-327.

1642. POPE (H.) O. P. *S. Thomas Aquinas On prayer and the contempla-*

tive life. London, R. et T. Washbourne, 1914. In-12, XII-272 pag.

1643. RAYMOND (L.) O.P. *Les dons du St Esprit ; étude métaphysique et psychologique.* R. Thom., XXI, (1913), p. 406-18, 537-51 ; XXII, (1914), p. 1-16.

1644. GARDEIL (A.) O. P. *Idée fondamentale de la vie chrétienne.* V S, I, (1919), p. 20-29, 73-90.

1645. GARRIGOU - LAGRANGE (R.) O. P. *L'ascétique et la mystique.* V S, I, (1919), p. 145-65.

1646. GARRIGOU - LAGRANGE (R.) O. P. *La mystique et les doctrines fondamentales de St Thomas.* V S. , I, (1919), p. 217-228.

1647. GARRIGOU - LAGRANGE (R.) O. P. *La mystique et la doctrine de St Thomas sur la foi.* V S, I, (1919-20) A., p. 361-82 ; B., p. 81-99.

1648. JORET (D.) O. P. *La contemplation mystique d'après St Thomas* V S. , I, (1919-20).

1649. JORET (D.) O. P. *L'hôte divin.* V S, I, (1919), p. 30-43, 91-107.

1650. HUGON (E.) O. P. *La notion théologique de la psychologie de la conversion.* R. Thom., N. S. II, (1919), p. 226-241.

1651. HUBY (J.). *Foi et contemplation d'après saint Thomas.* R S R, X, (1919), p. 137-62.

1652. CAZES (M. Fr.) O. P. *La théologie mystique de St Thomas d'Aquin à propos de deux ouvrages récents.* V S, I, (1920), B., p. 70-74.

1653. GARRIGOU - LAGRANGE (R.) O. P. *La mystique et la doctrine de St Thomas sur l'efficacité de la grâce.* V S, I, (1920), B., p. 1-16.

1654. GARRIGOU - LAGRANGE (R.) O. P. *La perfection chrétienne.* V S. , II, (1920), p. 5-22, 81-99.

1655. HUGON (E.) O. P. *Le mérite dans la vie spirituelle.* V S. , I, (1920), B., p. 29-37, 273-82, 353-57.

1656. JORET (D.) O. P. *L'ascension de l'âme vers la contemplation mystique.* V S, I, (1920), B., p. 38-49, 109-40 .

1657. JORET (D.) O. P, *Les dons du St-Esprit.* V S, I, (1920), p. 229-37, 289-95, 383-93.

1658. JORET (D.) O. P. *L'élément fondamental de l'état mystique.* V S, I, (1920), B., p. 283-303, 358-77, 449-64.

1659. MARCHETTI (O.) *La per-*

fezione della vita cristiana secondo S. Tommaso. Greg., (1920), p. 41-77.

1660. NOBLE (H. D.) O. P. *L'activité de la conscience morale.* V S, I, (1920), p. 100-8.

1661. NOBLE (H D). O. P. *La conscience et la règle morale.* V S, I, (1920), p. 394-401.

1662. NOBLE (H D.) O. P. *Les conditions de la conscience morale.* V S, I, (1920), p. 23-34.

1663. NOBLE (H D.) O. P. *La per-*

fection de la conscience morale. V S, II, (1920), p. 175-191.

1663 bis. NOBLE (H D.) O. P. *L'éducation des passions.* Paris,Lethielleux, 1920. In-12, 288 pag.

1664. LEMONNYER (A.) O. P. *Le rôle maternel du Saint-Esprit dans notre vie surnaturelle.* V S, II, (1920), p. 241-251.

1665. NOBLE (H D.) O. P. *La conscience morale surnaturelle.* V S, II, (1921), p. 252-269.

K. — CHRISTOLOGIE

1666. TIPHANE (P.) *Declaratio ac defensio schol. doctrinae SS. Patrum doctorisque Angelici de hypostasi...* Pont-à-Mousson, 1634.

1667. NUNO CABEZUDO (Didac.) O. P. *In tertiam Partem D. Thomae Aq. de Verbi Dei incarnati Sacramento.* Romae, 1672, 2 vol, In-fol.

1668. TIPHANE (P.) *De hypostasi et persona ad S. Trinitatis et Incarnationis mysteria illustranda (declaratio ac defensio doctrinae SS. Patrum et S. Th. Aq.)* ed. altera cum critica prolusione car. M. JOVENE S. J. Paris, Berche et Tralin, 1881. In-8º.

1669. HUMPHREY (W.) *Memoranda of angelical doctrine or a digest of the doctrine of S. Thomas of the Incarnation.* London, 1868. In-8º, XI-443 pag.

1670. SCHAEZLER (Constantin V.) *Das Dogma von der Menschwerdung Gottes im Geiste des Thomas von Aquin.* Freiburg i B., Herder, 1870. In-8º.

1671. LA BOUILLERIE (Roullet de). *Il verbo secondo la dottrina di S. Tommaso,* trad. d. franç. A R T A. I II -S. F., IV série XXVI, (1882), p. 262-277, 453-67.

CORONA (P. A. del) = 1622.

1672. PATISS (G.). S. J. *Das leiden Jesu Christi und die Lehre des hl. Thomas von Aquin.* Regensburg, 1883.

1673. ABERT (Fr.). *Die Einheit des Seins in Christo nach der Lehre des hl. Thomas von Aquin.* Program Regensburg, 1889, 80 p.

BILLOT (Lud.) S. J. = 1461.

1674. ROTELLI (A.). *Commentaria in quaestiones I-XXVI III. P. Summae theologicae de Incarnatione.* D T, 1893-96.

1675. TERRIEN (J.B.). *Sancti Thomae Aquinatis O. P. doctrina sincera de unione hypostatica Verbi Dei cum humanitate amplissime declarata.* Parisiis, Lethielleux, 1894. In-18, 216 pag.

1676. ENGLERT (W. Ph.) *Von der Gnade Christi, Text des hl. Thomas von Aquin Summa Theologiae p. 2, 1 q. 109-114, mit deutschem Commentar.* Bonn, P. Hanstein, 1896. In-8º 324 pag.

1677. PATISS (G.) S. J. *Die glorreichen Geheimnisse unseres Herrn Jesu Christi und die Lehre des hl. Thomas von Aquin* Insbruck, 1896.

1678. PORTUGAL (J. M. de J.) *El Amable Jesús en los misterios de su divino corazon segun la ensenenza del doctor angelico.* Mexico, 1897.

1679. RAMELLINI (C.). *Commentaria in quaestiones XXVII-LIX IIIP. Summae theologicae ; de mysterio Christi, in lectiones distributa.* D T, 1897.

1680. DOUBLET (A.). *Gesù Cristo studiato riguardo alla predicazione in S. Tommaso d'Aquino.* Torino, 1898.

1681. TIXERONT (J.). *Réflexions sur le principe de saint Thomas d'Aquin touchant la perfection du Christ.* U C. 1901.

1682. GOTTICHITI (G.). *Die Versöhnungslehre des Thomas v. Aquin.* Z K G, 1902.

1683. NABB (V. N.). *St Thomas A quin on the Proofs of the Resurrection.* The Expository Times, XVIII, (1907), p. 430 et seq.

1684. CLAVERIE. *La science du Christ.* R. Thom.,XVI, (1908), p. 385-410 ; XVII, (1909), p. 56-86 ; XVIII, (1910), p. 766-79; XIX (1911), p. 302-13.

1685. VILLARD (A.) O. P. *L'incarnation d'après saint Thomas d'Aquin.* Paris, Gabalda, 1908. XVI et 438 pag. (Et., CXVI, (1908), p. 276-277 = A. d'Alès.; R. Bén. XXV, (1908), p. 541-552 = R. P.)

1686. ROHNER (Ant.). O. P. *Die Unio in Persona (S. Thomas S. theol. III P. q. 2 a 2).* JPST, XXIII, (1909), p. 408-438.

1687. GAUTHIER. *Le Christ d'après St Thomas.* R Aug, 1910.

1688. SCHWALM (M. B.) O. P. *Le Christ d'après St Thomas d'Aquin.* *Leçons, notes et commentaires recueillis et mis en ordre par P. MENNE O. P.* Paris, Lethielleux, [1910] In-16, 499 p. (I T Q, V, (1910), p. 486-487 = J. O'Donnell ; R C F, LXIV, (1910), p. 448-478 = J. Rivière ; R Bén, XXVIII, (1911), p. 248 = J. R.)

1689. HUGON (E.) O. P. *Le motif de l'incarnation.* R. Thom., XXI, (1913), p. 276-96.

1690. VIGUÉ (Paul). *Quelques précisions concernant l'objet de la science acquise du Christ.* R S R, 1920, p. 1-28 (critique de la théorie thomiste).

L. — MARIOLOGIE

1691. EICHOF (Nicolas). *Aug. doct. S. Thomae Aq. de Virg. Deip. immaculata Conceptione sententiae multis ejus operibus studiose collectae et editae.* Posnaniae, 1651.

1692. CICHOVIUS (Nic.). *Angelici doctoris S. Thomae Aquinatis de B^ma Virginis Deiparae immaculata Conceptione sententia.* Posnaniae, 1651, In-4°, 10-78 pag.; Viennae, 1660. In-12. 14-152 pag.; 3 edit. Patavii, 1720. In-12, 162 pag.

1693. VLADISLAUS A CONCEPTIONE. *B. V. M. illustris chr. orbis planeta d. Thomas encomium.* Varsaviae, 1682. In-4° 10 f.

1694. SFONDRATUS (Coelest.) O. S. B. *Innocentia vindicata in qua gravissimis argumentis ex S. Thoma petitis ostenditur Angelicum doctorem, pro immaculato conceptu Deiparae sensisse et scripsisse.* Monast. Sti Galli, 1695. 2 p. fol. 46 fig.

1695. CHIESA (Stefano.) *Epistolica dissertatio scotithomistica super facti quaestione, utrum doctor angelicus re vera docuit pluribus in locis B. Virginem fuisse immunem ab originali culpa? cui denuo accessit duplex dissertatio dogmatica scilicet et historica circa B. Virginis Conceptionem.* Camberii, M. Blondet, 1706 In-12, 222 pag (mis à l'index en 1729).

1696. ROUARD DE CARD. O. P. *L'ordre des frères prêcheurs et l'Immaculée conception de la Très Sainte Vierge.* Louvain, 1864.

1697. VAN DEN BERG. O. P. *Beatissima Virgo Maria, imago Dei et SS. Trinitatis juxta mentem S. Thomae.* Buscoduci 1874.

1698. GIUSTINIANI (G.). *Omaggio reso della doctrine di San Tommaso alla Madre di Dio.* Napoli, 1875, 48 pag.

1699. SPADA (M.) O. P. *Esame critico sulla dottrina dell'angelico dottore S. Tommaso d'Aquino circa il peccato originale, relativamente alla B^ma Virgine Maria,* Napoli, 1839, In-8°, Roma, 1885.; trad. franç. par le P. SICARD: O. P. *Saint Thomas et l'Immaculée Conception.* Paris, 1863. In-12.

1700. NURRA (E. M.). *Breve esposizione della mente del dottore angelico intorno all'Immaculato concepimento della B. Vergine Maria.* S F, XXV, (1853), p. 505-520.

1701. *Nuova riferma della dottrina dell'Aquinate sull'Immacolato concepimento di Maria.* S F, XXXII, (1856), p. 97-123.

1702. CORNOLDI (G. M.). *Sententia S. Thomae Aquinatis de immunitate B. Virginis Dei Parentis a peccati originalis labe.* Brisciae, 1868. In-8°, 52 p.; ed. alt. Neapoli, 1870. In-8°, 81 p.; edit. 4°, Parmae, 1873, In-16, 132 p ; Romae, tip Befani, 1889. In-8°, 81 p.

1703. MORGOTT (F.). *Die Mariologie des hl. Thomas von Aquin.* Freiburg, 1878. In-8°, V-121 p.; trad. franç. par L C. BOURQUARD. *La doctrine sur la Vierge Marie ou Mariologie de St Thomas d'Aquin.* Paris, Vivès, 1881. In-8°, XXVII-262 ; trad. ital. par A. DOLZAN, *Maria nella dottrina di S. Tommaso d'Aquino.* Piacenza, 188, 154 p. ; 2 ed. ibid. 1891, In-16, 207 p.

1704. DIEZ DE SOLLANO Y DAVALOS (J. M.). *Theologica disquisitio in qua mens Ecclesiae in definitione dogmatica de Immaculata Virginis Mariae Conceptione cum mente D. Thomae de eadem re comparata, evidenter monstratur, juxta philosophicum et theologicum ejusdem Angelici Doctoris systema, unam et eamdem esse, nec in apice discrepare.* Léon, 1880.

1705. *Maria nella dottrina di S. Tommaso.* S F, IV série, XXIV, (1881), 353 ; XXV, (1882), p. 257-94.

1706. CUCCHI (D. T.). *De mente S. Thomae circa Immaculatam Conceptionem B. M. V. dissertatio.* D T, I, (1882-83) II, (1883), III (1886).

1707. MAGANI (F.). *Le grandezze della Madonna secondo S. Tommaso d'Aquino, discorso.* Pavia, 1882. In-8°, 60 p.

1708. RODRIGUEZ (T.). *Santo Tomás de Aquino y la Immaculada Concepción.* R. Aug. , IX, (1885), p. 221-30, 313-24, 521-32.

1709. FRAI (E.). *Dissertazione sulla tesi « Le dottrine di S. Tommaso, non che contradice, concordano col domma dell'Immacolata Concezione. »* Sorrento, 1889, In-8°, 30 p.

1710. BOURQUARD (L. C.). *Saint Thomas dans la question de l'Immaculée Conception, mémoire.* Coutances, 1891. In-8°, 40 p.

1711. TÖBBE (W.). *Die Stellung des hl. Thomas v. Aquin z. d. unbefl. Empfängnis d. Göttes-Mutter. Dogmengeschichliche Abhandlung.* Münster, Theissing, 1892. 104 p.

1712. SCHNEIDER (C. M.) O. P. *Die unbeflekte Empfängnis und die Erbsünde. Erwiderung auf die Schrift Többe.* Mainz, 1892.

1713. HURTER (H.). *Der hl. Thomas und das Dogma der unbeflekten Empfängnis.* Z K T, VII, (1893), p. 178-83.

1714. LEONISSA (Josephus a). [*L'Immaculée Conception et St Thomas.*] J P S T, 1896.

1715. LEONISSA (J. a.). *Sanctificatio B. V. Mariae secundum S. Thomam.* D T, 1899.

1716. ANASTASI (Emm.) O. P. *The immaculate conception with relation to the dominican order and the doctrine of St Thomas. A paper read at the monthly conference at St Vincent Ferrer's convent.* New-York. 5 dec. 1904.

1717. BRICENO (S.). *La doctrina del Angélico Doctor sobre la Immaculada Concepción de la Madre de Dios. Estudio filosófico-theológico.* Léon, 1904.

1718. POPE (H.) O. P. *The doctrine of the Immaculate Conception of the Mother of God and the teaching of St Thomas Aquinas.* A E R, XXXI, (1904), p. 566-581.

1719. BRICENO (S.). *Respuesta à las Observaciones acerca del opúscolo « La doctrina del Angélico Doctor sobre la Immaculada Concepción de la Madre de Dios » las cuales fueron publicadas por la revista Razón y Fe en el articulo « Santo Tomás y la Immaculada Concepción ».* Léon, 1905.

1720. PRADO (N. del) O. P. *De B. Virginis Mariae Sanctificatione Commentatio in D. Thomae Summae Theologicae. P. 3 qu 27.* J P S T, XX, (1906) p. 238, 346, 463 ; XXI, (1907), p. 72, 208, 310-334.

1721. AMSCHL (F. H. M.) O. P. *Ein angeblich Zugunsten der Unbefleckten Empfängnis lautender Text des hl. Thomas III p. 27 a 3 ad 3um.* J P S T, XXII, (1908), p. 467-470

1722. ALUJAS BROS (Moises) *S. Tomás de Aquino y la Immaculada Concepción de la Virgén Maria.* Barcelona, libreria católica internacional, 1909. In-8°, XXVII-79 pag.

1723. VERA (Vinc) O. P. *Le glorie di Maria SSma celebrate dell'Angelico Dottore.* In-8°, 150 p.

1724. LARUMBE Y LEANDER(T.) *S. Tomás de Aquino y la Immaculada de Pio IX.* El Pensiamento Navarro 1909.

1725. LEONISSA (J. a.). *Zum Text des hl. Thomas zu Gunsten der Heil. Marias (III qu. 27 a II Iad 3um)* J P S T, XXIII, (1909), p. 470-483.

1726. PRADO (N. del) O. P. *Santo Tomás de Aquino y la Immaculada, estudio critico-theológico del articulo segundo de la cuestion 27° de la tercera parte de la Suma.* Vergara, Tipogr. de El Santíssimo Rosario, 1909. In-8°, 250 p. (R. Thom., XVIII, (1910). p. 83--87 = = Th. M. Pègues O. P. ; R F, XXVI, (1910), p. 111)

1727. MAC DONALD (A.) *St Thomas and the Virgin Birth* Questions of the day I New-York.

1728. LE BACHELET (X.). *Saint Thomas d'Aquin, Duns Scot et l'Immaculée Conception.* R S R., I, (1910), p. 592-609.

1729. LEONISSA (J. a.) O. M. C. *Der Gottesmutterheiligung nach St Thomas.* J P S T, XXIII, (1910), p. 462-470.

1730. *Santo Tomás y la Immaculada* R. F., Jan. 1910.

1731. DOMINGUEZ (A.). *El doctor angélico y la Immaculada Concepción.* C D, LXXV, (1910), p. 321-338 ; LXXXVI, (1911), p. 5-26.

1732. PÈGUES (Thomas M.) O. P. *Saint Thomas et la Vierge Immaculée.* R. Thom, XVIII, (1910), p. 83-87.

1733. *El doctor Angélico y la Imma-culada Concepción.* C D, 20 juli, 1911.

1734. MONADERO (J.). *Santo Tomás y la Immaculada Concepción* C D, XL, (1912), p. 5-11, 93-105.

1735. PRADO (Norbertus del) O. P. *Divus Thomas et Bulla dogmatica Ineffabilis Deus.* Friburgi Helvetiorum, ex typis consociationis Sancti Pauli, 1919. In-8º, LXIV-402 pag. (R F, LVII, (1920), p. 108-11 = P. Villada).

M. — SACREMENTS

1736. SCHAEZLER (C. M.) *Die Lehre von der Wirksamkeit der Sacramente ex opere operato.* München, 1860.

1737. HUMPHREY (Will). *Memoranda of angelical doctrine or a digest of the doctrine of St Thomas on the sacrements.* London, 1867. In-4º, 195 pag.
BILLOT (Lud.) S. J. = 1462.
LAHOUSSE (G.) S. J. = 1468.

1738. UNTERLEIDNER (Aurelius). *La causalité des sacrements : St Thomas et les interprétations thomistes.* R. Aug., 1905.

1739. BROMMER (F.). *Die Lehre vom sakramentalen Charakter in der Scholastik bis Thomas von Aquin inclusive nach gedruckten und ungedruckten Quellen dargestellt (Dissert.)* Paderborn, Schöningh, 1908, XV-176 p. (Forsch. zu Christl. Dogmengesch In-8º, II) (Z K G, XXI, (1910) p. 612-614 = F. Kropatscheck ; D L Z, XXXI, (1910) c. 1103-1105 = R. Seeberg ; R. Bén., XXIV, (1909), p. 494 = D. R. P. ; T Q S, XCI, (1909), p. 625-627 = W. Koch ; T. Rev., VIII (1909), col. 57-58 = L. Heinrichs.)

1740. UNTERLEIDNER (A.). *La causalité des sacrements d'après St Thomas.* R Aug, 1910.

1741. LIMBURG S. J. *Selbstzeichnung der thomistischen Gnadenlehre* Z K T, 1877.

1742. LIMBURG S. J, *Die zureichende Gnadenlehre im Thomismus.* Z K T, 1877.
MOOSHERR (K.) = 1850.
DE SAN S. J. = 1468.
WEISS (C.) = 1578.

1743. BUCHBERGER (Mich.). *Die Wirkungen des Bussakramentes nach der Lehre des hl. Thomas, mit Rücksichtnahme auf die Auschauungen an der Scholastiker.* Freiburg, Herder, 1901 ; V et 216 pag. (S M L, LXIV, (1903) p. 202-203. = Dunon Borbowski S. J; T Q S, LXXXIV, (1902), p. 464-466 = Schanz ; L R K D. XXVIII (1902), c. 117-118 = Fr. Schmid.)
GOTTSCHICK (J.) = 1865.

1744. GÖTTLER (J.) *Zur Lehre des hl. Thomas v. Aquin über die Wirkungen des Bussakramentes* Z K T, XXVII, (1903), p. 37-61, 209-229 ; (S M L, LXXV, (1908), p. 324-325)
GÖTTLER (Joseph) = 1920.

1745. SCHULTES (Reg.) O. P. *Reue und Bussakrament. Die Lehre des hl. Thomas über das Verhältnis von Reue und Bussakrament.* J P S T, XXI, (1906), p. 73-110, 143-178, 273-290 ; Paderborn, Schöningh, 1907. (Z K G, XXVIII, (1907), 473-474 = H. Hermelinck)

1746. HOLTUM (G. von) O. S. B. *Die « Contritio » in ihrem Verhältnis zum Bussakrament nach der Lehre des hl. Thomas v. Aquin.* J P S T, XX, 1 Hft.

1747. HOLTUM (G. v.) O. S. B. *Zur Theologischen Reuelehre. I. Der Thomistische Sakramentaliche Rechtfertigungsbegriff.* J P S T, XXIII, (1908-9), p. 129-9.

1748. SCHMOLL (Polykarp.) O. M. *Die Busslehre der Frühscholastik. Eine dogmengeschichtliche Untersuchung* München, J. J. Lentner, 1909. In-8º, XVI-163 pag.

1749. OLMI (G.). *Spighe eucaristiche raccolte dei sermoni di S. Tommaso d'Aquino sul ss. Sacramento.* Genova, 1881. In-8º, 85 p.
BYRNES (M. J.) = 251.

1750. MORGOTT (V. F.). *Der Spender der hl. Sakramente nach der Lehre des hl. Thomas von Aquin.* Freiburg, Herder, 1886. IV-181 pag. (T Q S, 1887, p. 518-22 = Schanz.)
BIONDI (Marco). = 600.

1751. DORSCHEUS (Jo. Ge.). *La dottrina di S. Tommaso d'Aquino intorno all'Eucaristia.* CC, XII, (1891) p. 658-73 ; XV, (1892), I p. 284-96, II 423-37.

1752. ROETTI (B.). *Dei sordomuti ciechi della nascita in ordine alla ss. Eucaristia secondo la dottrina di S. Tommaso, trattatello.* Torino. In-8°, 81 p.

1753. M. F. *Dissertatio de vi nutritiva accidentium eucharisticorum juxta S. Thomae veriorem sententiam.* D T, 1893, 1894, 1896.

1754. REINHOLD (G.). *Die Lehre von der Örtlichen Gegenwart Christi in der Eucharistie beim hl. Thomas von Aquin mit Berücksicht einiger seiner bedeutenderen Commentatoren, Eine historisch-kritische Studie.* Wien, 1893. In-8°, 57 p.

1755. BALLERINI (G.). *Il dogma eucharistico ; la scienza incredula e la filosofia tomistica.* Monza, 1900.

1756. CICOGNANI (M.) O. P. *La santissima eucaristia secondo la mente di S. Tommaso d'Aquino.* Roma, tip. Vaticana, 1898. In-8°, 38 pag.

1757. FREDDI (P). S. J. *Gesù Cristo nell'Eucaristia considerazioni raccolte dalle opere dell'angelico dottore S. Tommaso d'Aquino.* Roma, 1898.

GOEDERT = 1633.

1758. GOTZMANN (W.). *Das eucha-ristische Opfer nach der Lehre der alteren Scholastik. Eine dogmengeschichtl. Studie.* Freiburg i B., Herder, 1901. In-8°, VII-105 pag.

1759. PONOMAREV(P.P.). *Utchenie Thomy Akvinata o tamstvie evkharistii* (la doctrine de St Thomas d'Aquin sur le sacrement de l'Eucharistie) dans Pravoslavnyi solesiednik (L'interlocuteur ecclésiastique). Kazan, 1905, t. II, p. 537-552 ; III, 59-67.

1760. MAC DONALD (A.). *St Thomas and the Eucharist sacrifice.* A C Q R., 1906.

CHOLLET (J. A.) = 1862.

1761. REINHOLD (G.). [*La preuve de la présence eucharistique chez St Thomas d'Aquin.*] Theologische praktischequartalschrift. 1912.

1762. BASSANI (A.). *De transsubstantiatione ad mentem S. Thomae Aquinatis.* 2ᵃ ed. Florence, libr. florentine, 1913, In-8°, 48 p. (S C, 1913. 5° série I p. 116-117 = L. Ferretti O. P.)

1763. FUCCHINI (D.). *L'Eucaristia nelle opere di S. Tommaso d'Aquino.* Bess., XXIX, (1913), p. 513-522 ; XXX, (1914), p. 42-54.

1764. HUGON (E.) O. P. *La doctrine catholique de la transsubstantiation.* R. Thom., XXII, (1914), p. 257-73, 543-58.

N. — L'ÉGLISE ET LE PAPE

1765. BIANCHI (R.) O. P. *De constitutione monarchica ecclesiae et de infallibilitate Romani Pontificis juxta D. Thomae Aquinatis ejusque scholae.* Romae, 1870.

ANDRULLO (J.) S. J. = 1345.

1766. LEITNER (F. X.). *Der heilige Thomas v. Aquin über das unfehlbare Lehramt der Kirche.* Regensburg, 1874.

1767. BONITO (A. M.). *La Chiesa società vera e perfetta secondo le teoriche di S. Tommaso d'Aquino.* Napoli, 1881.

1768. BAINVEL. *L'idée de l'église au moyen-âge ; l'enseignement théologique : St Thomas.* S. Cath., 1899.

1769. GRABMANN (M.). *Philosoph. Unterlage des Ausspruches des hl. Thomas von Aquin : Spiritus sanctus est cor ecclesiae.* J P S T, XV, (1901), p. 416-422.

1770. GRABMANN (M.). *Die Lehre des heiligen Thomas von Aquin von der Kirche als Gotteswerk. Ihre Stellung im thomistischen System und in der Geschichte der mittelalterlichen Theologie.* Regensburg, C. J. Manz, 1903. In-8°, XII-315 pag. (H J, XXV, (1904), p. 280-281 = S ; R. Ben., XXI, (1904), 324-326 = L. Zeller; T. Rev, III, (1904), c 511-512 = N. Kaufmann ; L R K D, XXXI. (1905), c 130-131 = B. Dörholt ; S M L, LXIX, (1905), p. 203-204 = J. p. Bessner; TLZ, XXX, (1905), c 174-175 = P. Tschakert ; T Q S, LXXXVII, (1905), p. 298-300 = Schanz ; Z K T, XXIX, (1905), p. 332-334 = H. Strohsacker O. S. B.)

UCCELLI = 569.

BIANCHI (R.). O. P. = 1765.

1771. [Reali (A.). O. P.] *San Tommaso d'Aquino e l'infallibilità dei Romani Pontifici.* Roma, 1870. In-8°, 22 pag. trad. franç. par P. DUBOURG. Paris, 1870. gr In-18, 33 pag.

SCOLARI (G. B.). = 1859.

1772. *Vera S. Thomae Aquinatis sentencia de infallibilitate Romani Pontificis.* Napoli, 1870. In-8°.

1773. LEITNER (F. X.). *Der heilige Thomas v. Aquin über das unfehlbare Lehramt des Papstes.* (*Inaug Diss*). Freiburg, Herder, 1872. In-8°, IV-196 pag. ; 2° édition 1891. In-8°.

1774. MERX. *Wie verstand Thomas von Aquin die Stelle « super hanc petram aedificabo Ecclesiam meam »* ? Z K G, III, (1879), p. 195-7.

1775. PÈGUES (Th. M.) O. P. *L'autorité des encycliques pontificales d'après saint Thomas.* R.Thom., XII, (1904), p. 513-532.

1776. GORNISIEWICZ (P. A.) *Testimonium D. Thomae Aquinatis pro dogmate Infallibilitatis R. Pontificis.* D T, V, (1894-1896).

1777. BERNARDI (V.). *Il papa secondo il concilio vaticano e secondo S. Tommaso d'Aquino.* Treviso, tip d'arti grafiche, 1914. In-8°, VII-234 pages.

1778. *L'obedienza al Papa e alla Chiesa nella dottrina di S. Tommaso.* C C, II, (1906), p. 641-58.

0. — FINS DERNIÈRES

1779. BACH (M.). *De l'état de l'âme depuis le jour de la mort jusqu'à celui du jugement dernier d'après Dante et St Thomas, thèse.* Rouen, Nicétas Périaux, 1835. In-8°, 68 et 48 pag.

1780. HEBRARD (S. S.). *St Thomas Aquinas and the future life.* Univers. quart. rev. XXXIX. (1882), 261.

1781. GERARDIN. *La fin des temps et l'éternité, d'après St Thomas.* Paris, 1885. In-12, VII-96 p.

1782. VALENSISE (D.). *In doctrinam S. Thomae Aquinatis de futura hominum resurrectione.* Newcastle, Nicotera, 1900.

1783. STUFLER (J.) S. J. *Bemerkungen zur Lehre des hl. Thomas über den Willenzustand des Sünders nach dem Tode.* Z K T, XXXI, (1907), p. 171-176.

1784. FELDNER. *Das naturl. Erkenntnis der Seligen nach Thomas v.' Aquin.* J P S T, XIX. 1905.

V. — RAPPORTS DOCTRINAUX HISTORIQUES

A. — GÉNÉRALITÉS

1785. LAUNOY (J. de). *De varia Aristotelis in Academia Parisiensi fortuna.* Lutetiac Parisiorum, Edm. Martin, 1662, In-12, 4 ffnch.

1786. WERNER (K.). *Der hl. Thomas von Aquin,* Regensburg, 1858-59, 3 vol. In-8º ; *vol III: Geschichte des Thomismus,* XIV, 891 pag.

1787. LA FUENTE (V. de) *La enseñanza tomística en España. Noticia de las universidades, Colegios y academias tomistas, con las fundaciones de ellas y sus catedras principales.* Madrid, P. Infante, 1874. In-4º, 42 pag.

1788. CARINI (I.) S. *Tommaso e la Sicilia (Contribuito per la storia della scuola tomistica siciliana con descrizione dei manoscritti e codici tomistici conservati nelle Bibliotece di Sicilia).* Palermo. Archivio storico-siciliano.

1789. GRABMANN (M.). *Die Geschichte der scholastische Methode.* Freiburg i. B., Herder, 1909-11. 2 vol. In-8º, XIII-354, XIII-585 pag.

1790. De WULF (M.). *Histoire de la philosophie scolastique dans les Pays-Bas et la principauté de Liège jusqu'à la Révolution française.* Louvain, Uystprunyst, Paris, Alcan, 1895. In-8º, XX-404 pag.

1791. De WULF (M.). *Histoire de la philosophie médiévale.* Paris, Louvain. Institut supérieur de philosophie. Paris, Alcan. Bruxelles, Schepens, 1900. In-8º, VIII-480 pag ; 2e édit. Louvain, Paris, Alcan, 1905. In-8º, VI-568 pag ; 4e éd., ibid., 1912. In-8º, VIII-636 pag. ; trad. ital. : BALDI, Firenze, 1913 ; trad. allem.: EISLER, Tübingen, 1913; trad. angl. : COFFEY, 1909 ; trad. espagn. por. José De BESALA, Barcelona, 1918.

1792. MANDONNET (P.) *La théologie dans l'ordre des frères prêcheurs.* Dictionnaire de théologie catholique. T. IV, col. 863-924. Supplément à cet article : *Notes d'Histoire thomiste.* R. Thom., 1914, p. 665-79.

B. — LES GRECS ET SAINT THOMAS

1793. SCHMID (A. von). *Die peripatetische scholastiche Lehre von den Gestirngeistern.* Athenaeum I, (1862), München.

1794. SCHÜTZ (L.). *Der hl. Thomas von Aquin und sein Verständniss des Griechischen.* Ph J, VIII, (1895), p. 273-83.

1795. ROLFES (E.). *Bemerkungen zù den Aufsätze von Prof. L. Schütz Der hl. Thomas und sein Verständniss des Griechischen.* J P S T, 1886.

1796. PERSICO (R.). S. *Tommaso, Aristotele e Platone quanto all'origine della nostra conoscenza* S F, t. CXXVIII,

1797. STÖCKL-ROLFES. Polémique entre Stöckl et Rolfes sur St Thomas et la doctrine de Platon sur les idées. Kath, 1884.

1798. LILLA (V.). *San Tommaso d'Aquino filosofo in relazione con Aristotele e Platone.* Napoli, Luigi Gargiulo, 1880. In-12, 232 pag.

1799. LIPPERHEIDE (V.). *Thomas von Aquin und die platonische Ideenlehre. Inaug Diss.* München, Rieger, 1890. In-8º, 2 f. 131 pag.

1800. GRABMANN (M.). *Der Neuplatonismus in der deutschen Hochscholastik.* Ph J., 1910, p. 1-18.

1801. HUIT (C.). *Les éléments platoniciens de la doctrine de St Thomas.* R. Thom., XIX, (1919), p. 724-766.
BOVÉ = 1818.

1802. *Aristoteles und sein Commentator Thomas von Aquin.* Kath, XLIV (1864), I, p. 1-20.

1803. PALERMO (Francesco). *San*

Tommaso, Aristotele e Dante, ovvero della prima filosofia italiana. Firenze, M. Cellini e C. , 1869. In-4º, 12 pag.

1804. SCHIAVI (L.). *Delle relazioni intime che esistono fra la filosofia d'Aristotele e le dottrine di S. Tommaso e di Dante, esposizione storico-critica.* Campo di filosofi Ital., VII, (1871), Torino, 1871, In-8º.

1805. REDEPENNING (W.). *Ueber den Einfluss der Aristotelischen Ethik auf die Moral des Thomas von Aquino* (*Inaug Diss*) Goslar, Ed. Brückner, 1875. In-8º, 31 pag.

1806. SCHNEID (M.). *Aristoteles in der Scholastik.* Eichstätt, H. Hugendubel, 1875. In-8º, VI-170 pag.

1807. TALAMO (S.). *L'aristotelismo della scolastica nella storia della filosofia.* 2ª ediz. notevolmente accresciuta. Napoli, stamperia del Fibreno, 1873. In-8º, XVIII-332 pag ; 3ª ediz. Siena, tip. S. Bernardino, 1881. In-8º, XXXIV 510 pag. ; trad. franç. d'après la 2e édit : *l'Aristotélisme et la scolastique.* Paris, Vivès. 1876, In-12, V-539 pag.

1808. WADDINGTON (Ch). *De l'autorité d'Aristote au moyen-âge.* Paris, A. Picard, 1877. In-8º, 57 pag.

    KAUFFMANN (N.). = 1416.
    LILLA (V.). = 1798.
    LECOULTRE (H.). = 956.
    LECOULTRE (H.). = 1089.
    HERTLING (G. von). = 1349.
    SCHÜTZ (L.). = 497.

1809. GLOSSNER (M.) *Das objektive Prinzip der aristotelisch-scholastischen Philosophie.* Regensburg, 1880.

1810. GUTHLIN. *La scolastique et Aristote.* An. Ph. Ch., 1882, p. 255-62.

1811. KAUFMANN (Nik.). *Vervollkommung der Aristotelischen Naturphilosophie durch den hl. Thomas von Aquin,* Vortrag. Kath. Schweiz. Blätter, 1885, IV V, p. 169-82, 205-16.

    KAUFMANN (N.). = 1022, 1078, 1225.
    KASTIL (A.). = 1226.
    FARGES = 742.

1811bis GARDEIL (A.) O. P. *Note*

sur l'emploi du mot ἐνέργεια *dans le* IXe *livre des métaphysiques.* R. Thom., I, (1893), p. 777-83.

    HUBER (S.). = 1215.
    ŽMAVC (J.). = 1299.

1812. ROLFES (E.) *Die Textauslegung des Aristoteles bei Thomas von Aquino und bei den Neueren.* J P S T, IX, (1895), p. 1-33.

    ROLFES (E.). = 1114.

1813. MANDONNET (P.). O. P. *Aristote et le mouvement intellectuel du moyen-âge.* Fribourg, Œuvre de St Paul, 1899. In-4º, 104 pag.; extr. de l'ouvrage *Siger de Brabant et l'averroïsme latin au XIIIe siècle.* = 89.

1814. CHOLLET (A.). *L'Aristotélisme de la scolastique.* Dict. de théol. cath., I, (1903), col. 1869-1887,

1815. LUQUET (G. H.). *Aristote et l'Université de Paris pendant le XIIIe siècle.* Paris, Leroux, 1904. In-8º, V-34 pag. (Bibl. des Hautes Études, sciences religieuses, t. XVI)

    GARNIER = 990.
    WILLEMS (Chr.) = 920.
    STEPHINGER (L.). = 1082.
    GONNET = 1232.
    SIMETERRE = 1882.

1816. ACRI (F.). *San Tommaso e Aristotele,* Bologne, Gamberini e Parmeggiani, 1906. In-4º, 33 p. (Memorie R. Accad. Scienze Instit. Bologna. Classe Scien. Mor. Sez. stor. fil., Serie I, T. II (1907-1908).

    TALAMO = 1347.

1817. SCHMÖLLER. *Die Ewigkeit d. Welt bei Aristoteles u. Thomas v. Aquin.* Theol. Prakt. Mschr., (1910), 1 heft. 10.

1818. BOVÉ (Salvador). *Santo Tomás de Aquino y el descenso del entendimiento (Platon y Aristoteles harmonizados por el beato Raimundo Lulio).* Barcelona, E. Subirana, 1913 [Palma de Mallorca, tip F. Guasp, 1911] In-8º, XII-828 pag.

1819. KAZUBOWSKI (R. M.) O. P. *Der wirkende Verstand nach Aristoteles und Thomas von Aquin.* D T. VII (1920) p. 144-219.

C. — LES ARABES ET SAINT THOMAS

1820. FORGET (J.). *De l'influence de la philosophie arabe sur la philosophie scolastique.* R N S, 1894.

1821. FORGET (J.). *Dans quelle mesure les philosophes arabes continuateurs des philosophes grecs ont-ils contribué au progrès de la philosophie scolastique.* C I S C, Bruxelles, 1895. 3º section sciences philosophiques, p. 233-268.

    MONTAGNE (A.) = 1875.

    Voyez : Averroïsme et St Thomas = 1870-1876.

D. — LES JUIFS ET SAINT THOMAS

1823. JELLINEK (AD.) *Thomas von Aquino in der jüdischen Literatur.* Leipzig, A M Colditz, 1853. In-8º, 17 et 32 pag. (avec un appendice hébreu renfermant la 6º et la 7º question des Quaestiones disputatae de Anima). (St Thomas étudié chez les juifs. An. Ph. Ch. VIII, p. 446-448.)

1824. GUTTMANN (J.). *Das Verhältnis des Thomas von Aquino zum Judenthum und zur jüdischen Litteratur Avicebron und Maimonides.* Göttingen, Vandenboeck und Ruprecht, 1891. In-8º, V-92 p.

1825. MICHEL (A.) O. P. *Die Kosmologie des Moses Maimonides und des Thomas von Aquin und ihren gegenseitigen Beziehung.* Ph J., IV, (1891), p. 387-404.

GAYRAUD (H.). = 1292.

1826. DEPLOIGE (SIMON). *Saint Thomas d'Aquin et la question juive.* R N S, 1896, Louvain, Ch. Peeters, 1897. In-8º, 50 pag ; Paris, Bloud et Barral, 1899. In-16, 61 pag. (Coll. science et relig.)

1827. MAUSBACH (Jos.). *Die Stellung des hl. Thomas von Aquin zü Maimonides in der Lehre von der Prophetie* T Q S, LXXXI, (1900), p. 533-79.

1827 bis. WITTMANN (Michael). *Die Stellung des hl. Thomas von Aquin zu Avencebrol (Ibn Gebirol).* Münster, Aschendorff, 1901. In-8º. VII et 79 p. [B G Ph. M A III 3] (L R K D, (1901), p. 83-4 = B. Baur ; T L Z, XXVI, (1901), c. 13-15 = J. Guttmann.)

1828. GUTTMANN (J.). *Die Scholastik des dreizehnten Jahrhunderts in ihren Beziehungen zùm Judenthum und zùm judischen Literatur.* Breslau, M. et H. Marcus, 1902. In-8º, VII-188 pag. (D L Z, XXIV, (1903), c. 960-961. = M. Baumgarten.)

1829. ROHNER (A.) O. P. *Das Schöpfungsproblem bei Moses Maimonides, Albertus Magnus und Thomas von Aquin.* Münster Aschendorff, 1913. In-8º, XII-140 pag. [B G Ph. M A XI, 5] (T. Rev., XVI, (1917), = M. Grabmann).

E. — LES PÈRES DE L'ÉGLISE ET SAINT THOMAS

1830. MOLES (Giul.). *Parallelo tra S. Paolo e S. Tommaso d'Aquino* Napoli, 1615. In-4º.

1831. LEMANN (A.). *Salomon et St Thomas d'Aquin.* Lyon.

1832. LANGEN. *Dionys. v. Aeropag. und die Scholastiker.* Rev. intern. Théol 1900 p. 201-8.

1833. LEONISSA (J. a.). *Des Areopagiten Buch von den Göttlichen Namen nach St Thomas.* J P S T, XIV, (1900), p. 427-442.

1834. LEONISSA (Joseph a.) *Des Aeropagiten Lehre vom Übel beleuchtet vom Aquinaten* J P S T, XV, (1901).

1835. FALIP. *Saint Thomas et l'Aréopagite.* B L E, 1904, p. 265-71.

1836. WEERTZ (H.). *Die Gotteslehre des Pseudo-Dionysius Areopagita und ihre Einwirkung auf Thomas von Aquin (Inaug. Diss)* Bonn. H. Thlissing, 1908. In-8º, 48 pag.

1837. DURANTEL (J.). *Saint Thomas et le Pseudo-Denis.* Paris, Alcan, 1919. In-8º, 273 pag. (R S P T, IX, (1920), = M. Jacquin, O. P.)

1838. RENAUDIN (Paul) O. S. B. *La théologie de saint Cyrille d'Alexandrie d'après St Thomas.* R. Thom., XVIII, (1910), p. 171-184; XXI (1913) p. 129-136.

GRAVESON (J. H. A. de) = 1558.

1839. MILONE (G.). *Come la filosofia di S. Tommaso daquella di S. Agostino per essere differentissima non e discorde, digressione.* Giorn. Arcad., II série, XXXV (1862-4) p. 37-116.

1840. VENTURA (Gioacchino). *Sant'Agostino e San Tommaso ossia. il semirazionalismo abbattuto.* Genova, D. G. Rossi, 1863. In-8º, 246 pag.

1841. VERCELLONE (C.). *Di Sant' Agostino a San Tommaso ricongiunti alla odierna filosofia dei maestri cattolici.* Napoli, 1864.

1842. MERTEN (J.). *Über die Bedeutung der Erkenntnislehre des hl. Augustinus und des hl. Thomas von Aquino für den geschichtlichen Entwickelungs-*

gang der Philosophie als einer Vernunft-wissenschaft. Trier, 1865.

1843. CAPOZZA (F.). *Sulla filosofia dei padri e dottori della Chiesa e in specialità di S. Tommaso, in opposizione alla filosofia moderna.* Napoli, 1868. In-4°, 40 p.

1844. *Del lume dell'intelletto secondo la dottrina di Agostino, Bonaventura e Tommaso d'Aquino opposta al sistema del soggettivismo propugnato dal Card. Parocchi.* Torino, Loescher, 1881. In-8°, 780 p.

1845. BALTUS (U.). *L'idéalisme de St Augustin et de St Thomas d'Aquin.* R.Bén., XIV, (1879), p. 415-24.
KRANICH (Dr. A.). = 1572.
SALIS SEVIS (F.). = 934.

1846. HERTLING (G.von.). *Augustinus Citate bei Thomas von Aquin.* Sitzungsber. philos. philol. u. hist. Klasse der kgl. bayer Ak. d. Wissenchaften. München. 1904, fasc. 4, p. 535-602 ; München, Verlag der Akademie, 1904. (H J, XXVI, (1905), p. 397 = C W ; R H E, VI, (1905), p. 680;) Römische Quartalschrift christ. Altertum. und Kirchengesch. XIX, (1905.) p. 93-94 = Eh.
PRADO (N. del). O. P. = 1553.

F. — LE HAUT MOYEN AGE ET SAINT THOMAS

1847. THURNER (W.). *Erigena and Aquinas.* C U B, 1897.

1848. RENAUDIN (P.) O. S. B. *Saint Thomas d'Aquin et saint Benoît.* R. Thom., XVII, (1909), p. 513-537.

1849. DUFFO (M.). *Saint Jean Damascène, source de S. Thomas.* B L E, 1906. p. 126 seq.

1850. MOOSHERR (K.). *Die Versöhnungslehre des Anselms von Cantorbéry and Thomas von Aquin.* Jahrb. f. Protest. Theol. 1890.
HENRY (P.). = 1126.
BALTHASAR (N.). = 1105.

1851. THOLUCK (Aug). *Disputatio de Thoma Aquinato atque Abaelardo interpretibus Novi Testamenti* (*Programm*). Halis, Eduard Anton, 1842. In-4°, 23 pag.

1852. GERUSEZ (E.). *Bernardi de origine, natura et facultatibus Aquinae doctrina.* Paris, 1838. In-8°.
HÄUSLER = 555.

1853. RENZI (S. de). *Dottrine mediche della scuola Salernitana compendiate da S. Tommaso d'Aquino.* S F, XXXIV, (1857), p. 322-31.

1854. HEITZ (Th.). *Essai historique sur les rapports entre la philosophie et la foi de Bérenger de Tours à saint Thomas d'Aquin.* (*Thèse*). Paris, J. Gabalda et Cie, 1909. In-8°, XV-176 pag.. (B L E, (1909), p. 301-319 = R. Hourcade ; R H E, X, (1909), p. 828-831 = J. de Ghellinck S. J. ; T Q S, XCIII (1911), p. 300-301 = W. Koch ; T Rev. X, (1911), c. 146-147 = J. A. Endres.)

1855. SANCHO (H.). *Le eñsenanza en el siglo XII (étude historique du préthomisme).* C T, 1913, p. 52-76.

1856. MARTIN (R. M.) O. P. *La question de l'unité de la forme substantielle dans le premier collège dominicain à Oxford. 1221-1248.* R N S, 1914-1919, p. 107-112.

1857. MARTIN (R. M.) O. P. *El problema del influjo divino sobre las acciones humanas, un siglo antes de Santo Tomsá de Aquino.* C T, XII, 1915-16, p. 178-93. (comparaison de la théorie de Robert de Melun (+1167) et de St Thomas sur la motion divine dans les créatures).

1858. SEIPEL (J.). *Die Lehre von der göttlichen Tugend der Liebe in des Petrus Lombardus Büchern der Sentenzen und in der Summa theologica des hl. Thomas v. Aquin.* Kath, XXXIV, (1906), p. 37-49, 128-45, 189-201.

G. — LE XIIIe SIÈCLE ET SAINT THOMAS

1859. SCOLARI (Giov. Batt.) *S. Tommaso d'Aquino. L'Impero e il Papato nel sec XIII.* Sessa, Aurunca, 1870.
GETINO (Luis G.) O. P. = 566.
1860. DELECLUZE (E. J.). *Grégoire VII, St François d'Assise et St Thomas d'Aquin.* Paris, Labitte, 1844. 2 vol. In-8°, fig.

1861. GRAUERT (H.). *Die päpstliche Kurie im 13 Jahrh. Thomas von*

Aquin und Magister Heinrich der Poet in Würzburg. Vereinschrift der Görres Gesellschaft für 1911. In-4º, 1912, p. 18-34.
GRABMANN (M.). = 92.

1862. CHOLLET (J. A.). *La doctrine de l'Eucharistie chez les scolastiques;* 3e édit. Paris, Bloud et Cie, 1908 In-12, 63 pag. (Collect. Science et Religion ; questions théologiques.)

1863. LIECHTY (Reinhard de). *Albert le Grand et St Thomas d'Aquin ou la science au moyen-âge.* Paris, Palmé, 1880. In-12.

1864. SCHMID (H.). *Scholasticorum nonnulla dogmata, imprimis Alberti Magni, Thomae Aquinatis, et Bonaventurae cum recent. theol. ac philos. comparata.* Ienae, 1829. In-8º.
PFEIFFER (F.). = 767.
MANDONNET (P.). = 917.

1865. GOTTSCHICK (J.). *Studien zur Versöhnungslehre des Mittelalters, III, Alexander Halesius, Bonaventura, Albertus Magnus, Thomas Aquinas.* Z K G, XXIV, (1903), p. 15-45, 191-222.
NOBLE (H. D.). = 969.
REGNON (Th. de) S. J. = 1045.

1866. WEERTZ (H.). *Thomas von Aquin in der Schule Alberts d. Grossen in Köln.* Köln, Lokal Anz., 1906, Nº 344.

1867. TAYLOR (H. O. I) *Albertus Magnus und Thomas von Aquin.* Conférences faites à l'Union theological Seminary. New-York, 1908.

1868. LAUER (Hermann). *Die moraltheologie Alberts des Grossen mit besonderer Berücksichtigung ihrer Beziehungen zur Lehre des hl. Thomas.* Freiburg i B, Herder, 1911. In-8º, XIII-372 pag.
ROHNER (A.). = 1829.

1869. HORVATH (A.) O. P. *Albert der Grosse und Thomas von Aquin als Begründer der christlichen Philosophie.* D T, III, 4. Festschrift zum 700 jährigen Jubelaüm des Predigerordens. 1916.

1870. MANDONNET (P.) O. P. *Polémique averroïste de Siger de Brabant et de St Thomas d'Aquin.* R. Thom., III, (1895), p. 704-18 ; IV, (1896), p. 18-35, 639-710 ; V, (1897), p. 95-110.
MANDONNET (P.). = 89.
BAEUMKER (Cl.) = 1146.

1871. PICAVET (F.). *L'averroïsme et les Averroïstes du XIIIe s. d'après le de unitate intellectus contra Averroïstas de St Thomas d'Aquin.* Revue d'histoire des religions XLV, (1902). p. 56-69 ; Paris, E. Leroux, 1902. In-8º, 14 p.

1872. ASÍN Y PALACIOS (M.). *El averroísmo teológico de santo Tomás de Aquino (Homenaje à Don Francisco Codera en zu jubilación del profesorado. Estudios de erudición oriental).* Zaragoza, M. Esear, 1904. In-8º, p. 271-321. (J P S T, XX, (1906), p. 503 = P. L. Zeller O. S. B. ; R H E, VI, (1905), p. 211 = J. Forget. ; Rev. hist. des religions, LI, (1905), p. 131-133 = P. Alphandéry.)

1873. GETINO (L.G.). *El averroísmo teológico de santo Tomás de Aquino.* Vergara, El. s. Rosario, 1906. In-12, 109 p. (R H E, VII, (1906), p. 725 ; R Aug., X, (1907), p. 120.)

1874. GETINO (L. G.) O. P. *Por los mundos del tomismo.* C T, (1911), p. 46.

1875. MONTAGNE (A.) O. P. *Les rapports de la foi et de la raison chez Averroës et St Thomas.* R. Thom., XIX, (1911), p. 358-360.

1876. CHOSSAT (M.) S. J. *Saint Thomas d'Aquin et Siger de Brabant.* R. Ph., XIV, (1914), I, p. 553-75, II p. 25-52.

1877. *Abrégé des apologies et défences de St Thomas et St Bonaventure.* Liège, 1601. Pet. In-4º, 54 pag.
SCHMID. (H.) = 1864.

1878. ZIGLIARA (T. M.). *Della luce intellettuale e dell'ontologismo secondo la dottrina di S. Bonaventura e Tommaso d'Aquino.* Roma, 1874.
LAPRIE (F.) = 235.
Del lume dell'intelletto = 1844.

1879. BARONE (A.). *La scuola francescana guidata dal suo seràfico dottore San Bonaventura in conformità di principi del dottore Angélico san Tommaso nelle questioni scolàstiche sulla composizione dei corpi e nell'uníone dell'anima intellectiva col corpo umano.* Firenze, 1886.

1880. KRAUZE (J.). *Die Lehre des hl. Bonaventura über die Natur der körperlichen und geistigen Wesen und ihre Verhältnis zum Thomismus.* Paderborn, Schöningh, 1888. In-8º, V-88 pag.
COUAILHAC (M.). = 843.

1881. JEILER (I.). *S. Bonaventurae principia de concursu Dei generali ad actiones causarum secundarum collecta et S. Thomae doctrina confirmata.* Quaracchi, 1897.

GOTTSCHICK (J.). = 1865.
HENRY (P.). = 1126.
WAGNER (F.). = 1257.

1882. SIMETERRE (R.). *Sur les condamnations d'Aristote et de St Thomas au XIII⁰ s., à propos d'un article de la « Revue des Deux Mondes »* R P A, V, (1908), p. 502-515.

1883. MANDONNET (P.) O. P. *Les premières disputes sur la distinction réelle entre l'essence et l'existence (1276-1287)* R.Thom., XVIII, (1910), p. 741-765.

1884. HENRY (C.). *Contribution à l'histoire de la distinction de l'essence et de l'existence dans la scolastique.* R.Thom., XIX, (1911), p. 445-57.

1885. PESCH (C.). *Die Lehre vom Unterschied zwischen Wesenheit und Dasein bei früheren Theologen des Predigerordens.* Z K T, XLII, (1918), p. 763-784.

1886. KREBS (E.). *Der Kampf um Thomas von Aquin im Mittelalter.* Internationale Wochenschrift ed. Paul Hinneberg 9 sept. 1911, p. 1133-1148.

1887. MANDONNET (P.) O. P. *Premiers travaux de polémique thomiste.* R S P T, VII, (1913), p. 46-70, 245-262. In-8⁰, 42 pag.

1888. EHRLE (F.) S. J. *Der Kampf um die Lehre des hl. Thomas von Aquin in dem ersten fünfzig Jahren nach seinem Tod.* Z K T, XXXVII, (1913), p. 266-318.

1889. KREBS (E.). *La lotta intorno a S. Tommaso d'Aquino nel medio evo.* R F N S, X, (1913), V p. 471-473. (discussions sur l'aristotélisme de St Thomas durant les années qui suivirent immédiatement sa mort).

1890. EHRLE (F.). S. J. *Der Augustinismus und Aristotelismus in der Scholastik gegen Ende des 13 Jahrhunderts.* Archiv für Litt. und Kirchengesch. Mittelalt., V, (1889), p. 603-635.

1891. EHRLE (F.) S. J. *Ueber den Kampf des Augustinismus und Aristotelismus im XIII Jahrh.* Z K T, 1889, p. 172.
MANDONNET = 89.

1892. EHRLE (F.) S. J. *John Peckham über den Kampf des Augustinismus und Aristotelismus in der Zweiten Helfte des 13 Jahrunderts.* Z K T, XIII, (1889), p. 173-193.

1893. De WULF (M.). *Augustinisme et Aristotélisme au XIII⁰ s.* R N S, XIII, (1901), p. 151-166.

1894. PORTALIÉ (E.). *Augustinisme (Développement de l')* Dict. théol. cath. T. I, Paris, 1903. col. 2501-2562.

1895. GRABMANN (M.). *Die philosophische und teologische Erkenntnislehre des Kardinals Matthaeus von Aquasperta Ein Beitrag zur Geschichte des Verhälnisses zwischen Augustinismus und Aristotelismus im Mittelalterlichen Denken.* Wien, von Mayer, 1906. In-8⁰, VIII-176 pag. (Theologische Studien)

1896. CHEFDEBIEN (R. de). *Les ouvrages de St Thomas dans le commerce à la fin du XIII⁰ s.* R. Aug., VII, (1908), p. 97-100.

1897. NARDI (de). *Tommaso d'Aquino e l'età in cui s'avenne.* Forli, 1898. In-8⁰, 41 pag.
COZZA-LUZI (G.). = 127.

1898. HERTLING (G. von). *Wissenschaftliche Richtungen und philosophische Probleme im 13 Jahrh.,* Akadem. Rede, München, 1910.

1899. PICAVET (F.). *Deux directions de la théologie et de l'exégèse catholique au XIII⁰ siècle : saint Thomas d'Aquin et Roger Bacon.* Rev. hist. des religions, LI, (1905), p. 172-191 ; Paris E. Leroux, 1905. In-8⁰, 20 p.

1900. GRABMANN (M.). *Le « Correctorium corruptorii » du dominicain Johannes Quidort de Paris (+1306),* R N S, XIX, (1912), p. 404-418.

1901. EHRLE (F.) S. J. *Thomas de Sutton* (Festschrift von Hertling.) Kempten und München, Kösel, 1913, p. 446-70.

1902. EHRLE (Fr.) S. J. *Arnoldo de Villanova ed i « Thomatiste » contributo alla storia della scuola tomistica.* Greg., I, (1920), p. 475-501.

1903. De WULF (M.). *Le traité « de Unitate formae » de Gilles de Lessines.* Louvain, 1901. (les philosophes belges, 1).

1904. MINJON. *Der Schönheitsbegriff der Hochscholastik* Ph J., 1912, p. 171-185.

1905. GRABMANN (M.) *Ueber Wert und Methode des Studiums der scholastischen Handschriften.* Z K T, 1915, p. 699-740. (Gedanken zum 70 Geburtstag von F. Franz Ehrle S J.)

H. — LE BAS MOYEN AGE (XIVe ET XVe S.) ET SAINT THOMAS

1906. De WULF (M.). *Augustinisme et Aristotélisme au XIVe siècle.* RNS, 1901.

1907. DUHEM (P.). *La dialectique d'Oxford et la scolastique italienne (au XIVe s.).* Bull. ital., XII,(1912),p.203-223.

1908. ZIGLIARA (T. M.). *De mente concilii Viennensis in definiendo dogmate unionis animae cum corpore, deque unitate formae substantialis in homine juxta doctrinam S. Thomae, praemissa theoria scholastica de corporum compositione.* Romae, typ. polyglotta, 1878. In-8°, IX-256 p.

1909. PALMIERI (D.) S. J. *Animadversiones in recens opus de Mente Concilii Viennensis, excerptae ex tractatu de Deo creante et elevante nuper edito a Domenico Palmieri S. J. cum quadam brevi defensione ejusdem auctoris.* Romae. ex typ. Polyglotta S. C. de propaganda fide, 1878.
SAUVÉ (H.). = 2190.

1910. JANSEN (B.). S. J. *Die Definitio des Konzils von Vienne.* Z K T, XXXII,(1908), p. 298-306, 471-487.

1911. DEBIÈVRE (M.). *La définition du concile de Vienne sur l'âme.* R S R, III,(1912), p. 321-44.
WIMMER = 952.

1912. JANSEN (B.) S. J. *Quonam spectet definitio concilii Viennensis de Anima.* Greg.,1,(1920), p.78-90; Roma, pontificia Universita Gregoriana, 1920.

1913. KREBS (E.). *Theologie und Wissenschaft nach der Lehre der Hochscholastik, an der Hand der Defensa doctrinae D. Thomae des Hervaeus Natalis.* Münster i. W., Aschendorff, 1912. [B. G. Ph. M. A., XI, 3-4] In-8°, XII-77 et 144 pag.

1914. JELLOUSCHEK (C. J.). *Verteidigung der Möglichkeit einer anfangslosen Schöpfung durch Herveus Natalis, Johannes a Neapoli, Gregorius Ariminensis und Johannes Capreolus.* J P S T, XXVI, (1911), p. 155-87, 325-67.

1915. PÈGUES (Th.) O. P. *Theologie thomiste d'après Capréolus* R. Thom.,VIII, (1900), *de la voie rationnelle qui nous conduit à Dieu,* p. 288-309 ; *l'idée de Dieu en nous,* p. 505-530.

1916. CAPREOLUS (J.) *Defensiones* *theologiae divi Thomae Aquinatis, de novo editae cura et studio* C. PABAN *et* T. PÈGUES. Tours, 1899. 6 vol. In-4°.

1917. P. R. M. *Doctor Angelicus et doctor exstaticus* (*coup d'œil sur la doctrine théologique de Denis le chartreux*) D. T., 1900., 2e série, T. I, p. 54-68. (Archives Belges 1900 T. II p. 137.)

1918. DORSCHEUS (Jo. Ge.). *La dottrina di San Tommaso esaminata dal card. Pietro d'Ailli.* Nuovo Rosmini, I, (1889).

1919. PETITOT O. P. *Saint Thomas et Jeanne d'Arc.* R. Thom.,N.S., III, (1920,) p. 192-199.

1920. GOTTLER (J.). *Der heilige Thomas von Aquin und die vortridentinischen Thomisten über die Wirkungen des Bussakramentes.* (Dogmengeschichtliche studie). Freiburg i. B., Herder, 1904. In-8°, XVI-280 pag. (A L B, XIV, (1905), p. 740-1 = W. Koch; T Rev. IV, (1905), c. 147-149 = M. Grabmann ; Z K T, XXIX, (1905), p. 678-684 = J. Kern ; L R K D, XXXII, (1906), c. 549-550 = B. Dörholt; T Q S, LXXXVII, (1905),p. 475-477 = Schanz.)

1921. MACEDO (F. a S. Aug.) *Collationes doctrinae S. Thomae et Scoti cum differentiis inter utrumque.* Patavii, 1671-3-80 ; 3 vol. fol.

1922. SCHMID (A.). *Die thomistische und scotistische Gewissheitslehre.* Dollingen, 1859. In-4°.

1923. BONNETTY (A.). *Influence de l'école franciscaine opposée à St Thomas prouvée par la vie de Jean Duns Scot.* An. Ph. Ch., XI, (1865), p.437-68.

1924. SCHNEID (M.). *Die Körperlehre des Johannes Duns Skotus und ihr Verhältniss zum Thomismus und Atomismus.* Mainz, F. Kirchheim, 1879. In-8°, IV-113 p.

1925. MARTIGNÉ (Prosper de) Cap. *La scolastique et les traditions franciscaines.* Paris, Lethielleux, 1888. In-8°, VI-544 pag. ; trad. italienne des 3 premiers chapitres qui avaient antérieurement paru dans R S E, 1884-85 : PIEDELAMA (Luigi de) *La scolastica e le tradizioni francescane.* Assisi, tip. Metastasio, 1887.

1926. VACANT (J. M. A.). *Essai sur la philosophie de Duns Scot comparée à celle de St Thomas.* An. Ph. Ch., XVII, (1888), p. 434-65 ; 537-71 ; XVIII, p. 24-39.

1927. VACANT (J. M.). *L'objet de l'entendement d'après S. Thomas et d'après Duns Scot.* An.Ph.Ch.,1889, p. 185 ; p. 209 ; 1890, p. 231.

1928. VACANT (J. M.) *La théorie de la connaissance selon St Thomas d'Aquin et selon Duns Scot.* An. Ph. Ch., XXI, (1889), p. 5-30, 321-44.

1929. VACANT (J. M.). *La parole et le langage d'après St Thomas et d'après Duns Scot.* An. Ph. Ch.,(1890), p. 479 et seq. 529 et seq.

1930. VACANT (A.). *Etudes comparées sur la philosophie de St Thomas d'Aquin et sur celle de Duns Scot.* Paris et Lyon, Delhomme et Briguet, 1891. In-8º, 207 pag. (extr. de An Ph Ch.).

1931. DOMET DE VORGES. *Etudes comparées sur la philosophie de St Thomas et sur celle de Duns Scot.* S.Cath., X, (1896), p. 288-90.
P. M. = 947.

1932. VACANT (A.). *D'où vient que Duns Scot ne conçoit pas la volonté comme St Thomas d'Aquin ?* R C F, XII, (1897), p. 289-305. C I S C, Fribourg, 1897. Fribourg, œuvre de St Paul, 1898. Sciences philosophiques p. 631-645.

1933. SEEBERG (R.). *Duns Scotus und Thomas.* Studien zür Gesch. der Theol. u. Kirche, 1900.

1934. SCHIEFFERENS (M.). *Quellenmässige Darlegung der Lehre von der Willensfreiheit bei Thomas mit Berücksichtigung derselben Lehre bei Duns Skotus (Inaug-Diss).* Münster i W, Joh. Bredt, 1904. In-8º, 45 pag.

1935. DEODAT (Marie) O. F. M. *Les deux grandes écoles du B. Duns Scot et de St Thomas d'Aquin.* La bonne parole 10 et 25 décembre 1906, et 10 janv. 1907.
LE BACHELET (X.) = 1728.

1936. PRADO (N. del). O. P. *Scot et saint Thomas.* R. Thom., XVIII, (1910), p. 228-230.

1937. PATAZZI (G. M.) S. J. *Univicotà od analogia.* R F N S, (1912), p. 31-61. (essai de conciliation entre St Thomas et Scot).

1938. PRADO (N. del). O. P. *Escoto y santo Tomas.* C T, Madrid, tip.

de la Revista de Archivos 1914. In-8º, 112 pag.
SCHULTES (R.) O. P. = 1601.

1939. COMPAGNON (Jean). *Critique néo-scoliste du thomisme.* Paris, Berche et Tralin, 1916.

1940. MINGES (P.). *Duns Skotus und die thomistisch-molinistischen Kontroversen.* Franziskanische Studien,1920 p. 14-29.

BACH (M.). = 1779.

1941. BACH (G. H.). *Thèses sur Dante et St Thomas.* Rouen, 1836. In-8º.

1942. CORAZZINI (Fr.). *Di Egidio Romano, di Bonifazio VIII, di Dante Alighieri e di S. Tommaso d'Aquino, cenni storico critici.* Pieve, S. Stefano, Firenze, 1858. In-16, 54 pag.
PALERMO (Francesco). — 1803.
SCHIAVI (Lor.). = 1804.

1943. CAPELLI (A). *S. Tommaso e Dante,* Stanze, Napoli. 1874. In-8º.

1944. VALLE (Giov. della). *Interpretazione di un passo della Divina commedia che si trova in rapporto colla teoria dell'origine delle idee di S. Tommaso.* Faenza, tip. Novelli, 1874.

1945. HETTINGER (F. L.). *De theologiae speculativae ac mysticae connubio in Dantes praesertim trilogia.* Wirieburgii, 1882. In-4º.

1946. MARIOTTI (Cand.). *S. Francesco, S. Tommaso e Dante nella civilta cristiana e le relazioni tra loro.* Venezia, 1884. In-16, 502 pag.

1947. CASALINI (D.). *S. Tommaso d'Aquino e Dante Alighieri.* S C,(1885), XIII, Nº 131, 132, 133, 149.

1948. POLETTO (Giac.). *Dizionario Dantesco di quanto si contiene nelle opere di Dante Alighieri con richiami alla Somma teologica di S. Tommaso d'Aquino, coll'illustrazione dei nomi proprii, mitòlogi, storici, geogràfici e delle questione più controverse.* Siena, Verona, 1885-7. 7 vol. In-12.

1949. *S. Tommaso e Dante. Studii di alcuni scolari di sacra eloquenza del s. seminario di Rimini.* Torino, 1885. In-4º 35 pag.

1950. MENICHINI (M.). *San Tommaso e Dante.* S F,V série, (1887), p. 179-204 ; Napoli, 1887. In-8º.

1951. MARINIS (E. de.). *Lo stato secondo le mente di S. Tommaso, Dante e Machiavelli.* Napoli, 1888.

1952. CORNOLDI (Giov. Mar.). S. J. *La filosofia scolastica di S. Tommaso e di Dante ad uso dei licei.* 7ª ediz. quarta italiana accres. Roma, A Befani, 1889. In-8º, XXVI, 518 pag ; 8ª ediz. Roma, 1899. In-8º, XXIV, 465 pag.

1953. BERTHIER (Gioc.). *Il senso dell'allegoria Dantesca secondo la scolastica, dissertazione.* Milano, 1890. In-8º. 27 pag.

1954. BERTHIER (Gioc.) *Le sens de l'allégorie de Dante d'après la scolastique.* S. Cath., V, (1891), p. 385-40.

1955. BARTOLINI (A.). *S. Tommaso e Dante.* L'Arcadia. V, (1894), 9.

1956. FERRETTI (L.). *San Tommaso e Dante. terzine.* Milano, 1896. In-8º, 8 pag.

1957. MANACORDA (G.). *Da S. Tommaso a Dante.* Bergamo, Tip. istituto italiano d'arti gràfiche, 1902, 198 pag.

1958. MONTEVERDE (G.). *Virgilio nella teologia di Dante e di S. Tommaso.* S C, 1910, p. 626-630.

1959. WIEHSTEED (Ph.). *Dante and Aquinas, being the substance of the Jowett lectures for 1911.* London, New-York, 1913.

1960. NARDI (B.). *Intorno al Tomismo di Dante e alla quistione di Sigieri.* Giornale dantesco. XXII (1914), Firenze, Leo Olschki [1914] In-4º, 18 pag.

1961. CORDOVANI. *S. Tommaso e Dante.* Ros. , XXXIII (1916). p. 430-4.

1962. BAEUMKER (Cl.). *Die Weltanschauung Dantes.* D LZ, 1913, Nº 44.

1963. MERCIER (D). *Dante et saint Thomas.* Rev. universelle., 1, (1920), p. 5-10.

I. — LA RENAISSANCE ET SAINT THOMAS

1964. *Luther und Thomas von Aquin.* Kirchliches Wissen und Leben, 1885, p. 159 et seq.

1965. KROGH-TONNING (R). *De gratia Christi et de libero arbitrio S. Thomae Aquinatis doctrinam breviter exposuit atque cum doctrina definita et cum sententiis protestantium comparavit.* Christiania, J. Dybwad, 1898. In-8º, IV, 87 p.

1966. BALTUS (U.). *Une apologie protestante de St Thomas d'Aquin.* R.Bén. 1898, p.459-66 (Relatif à Krogh-Tonning *de gratia Christi.*)

1967. TOLLIN (H.). *Thomas von Aquin, der Lehrer Michael Servet's.* Zeitschr. für wissenschaftl. Theol. XXXV, (1892), p. 220-243, 347-373 ; 436-44 ; XXXVI, (1893), p. 171-95, 280-304.

1968. VAHLEN (J.). *Lorenzo Valla über Thomas von Aquin.* Zeitschrift für Kultur und Litteratur der Renaissance. 1, (1885), p. 284-396.

1969. RAGNISCO (Pietr.) *Della fortuna di S. Tommaso d'Aquino nella università di Padova durante il rinascimento. (Discorso per l'inaugurazione degli studi, letto nell'aula magna dell' università di Padova, addì 26 nov. 1892.)* Padova G. B. Randi. In-8º, 28 p.

1970. *St Thomas au concile de Trente.* La bonne parole oct. 1908 ; janv. 1909. R C F, 1 Août 1909. Ami du clergé, (réfutation), 18 nov..1909, p. 1013-1014.

1971. MICHEL ANGE (F. M.). capucin. *La somme au Concile de Trente.* R C F, XCVI, (1918), p. 50-77.

J. — L'AGE MODERNE (XVIe-XVIIIe s.) ET SAINT THOMAS

1972. PIUS V. *Bulla super celebratione festivitatis Angelici Doctoris S.Thomae de Aquino.* Romae, Bladus, 1567, 2 ff.

1973. MICHALSKI (Konstanty). *Tomizm w Polsce na przełomie XV i XVI wieku (la philosophie thomiste en Pologne aux confins du XV et du XVI siècles).* Bull. Acad. Sciences Cracovie ; Janvier-juillet, 1916, p. 64-72.

1974. SANTEFELICIUS (J.). *Jansenii doctrina ex thomisticae theologiae praeceptis atque institutis damnata.* Napoli, 1728, In-8º.

1975. PETITOT (H.) O. P. *Pascal et la grâce suffisante.* R. Thom., XVIII, (1910), p. 577-589.

1976. DEDOUVRES (L.). *Un capucin thomiste : le père Joseph docteur en philosophie* (1603-1604). Rev. facultés cath. de l'Ouest, XXII, (1912), p. 25-62.

1977. DEDOUVRES (L.). *Le père Joseph lecteur en philosophie* (1603-1604). Études franciscaines, XXIX, (1913), p. 337-358 ; 491-503.

1978. MITTERMÜLLER. *Die Benediktineruniversität Salzburg und der hl. Thomas v. Aquin.* Kinters Studien u. Mitteilungen. 1884, 1, p. 368 seq.

1979. COIGNARD (M.). *Bossuet et St Thomas, les Sermons et la Somme.* Angers, 1885. In-8°, 308 p.
COCONNIER (Th.) O. P. – 1604.

1980. VEILLARD (A.). *Les idées thomistes dans la philosophie de Bossuet.* R.Thom., NS, III (1920), p. 62-77, 143-79, 213-35.

1981. MAUMUS (V.) O. P. *Saint Thomas d'Aquin et la philosophie cartésienne, études de doctrines comparées.* Paris, Lecoffre, 1889. 2 vol. In-12, XLIV, 511 et 459 pag.

1982. HERTLING (G. von.) *Descartes Beziehungen zur Scholastik.* Sitzungsberichten der philol-philos. Klasse d. k. B. Akad. d. W. 1. 1899.

1983. GILSON (Et.) *Index scolastico cartésien.* Paris, Alcan, 1913. In-8°, IX-354 pag. [Collect. historique des grands philosophes.]

1984. MARITAIN (Jacques). *A propos de la révolution cartésienne ; philosophie scolastique et physique mathématique.* R. Thom., NS., 1, (1918), p. 158-81.

1985. RICHTER (A.). *Worin weicht Thomas bei der Darstellung und Beurteilung Spinozas von Herbart ab.* A. G. Ph, XV, (1909).

1986. KOPPEHL (H.). *Die Verwandschaft Leibnitzens mit Thomas von Aquino in der Lehre von Bösen.* Iena, 1892.

1987. LEBRUN (G.). *La philosophie thomiste dans La Fontaine.* Rev. ordre de Prémontré, 1908.

1988. *Excellence de la doctrine de St Thomas d'Aquin d'après la théologie de Salamanque.* Rev. monde cath., XIII, (1881), p. 545-55, 728-45.

1989. POLETTO (Mgr. G.) *Il cardinale Gregorio Barbarigo vescovo di Padova (VIII le cardinal Barbarigo et*

l'étude de St Thomas d'Aquin). Bess. 2° ser. 1, (1909), p. 305-333.

1990. De JONGH (H.). *Deux lettres se rapportant à la substitution de la Somme de St Thomas aux Sentences de Pierre Lombard dans l'enseignement de la théologie à Louvain en* 1596. A H E B, XXXV, (1909), p. 370-76.

1991. BRANTS (V.). *La création de la chaire de théologie scolastique et la nomination de Maldeus à l'Université de Louvain en* 1596. A H E B., XXXIV, (1908), p. 46-54.

1992. MARTIN (R. M.) O. P. *L'introduction officielle de la « Somme » de saint Thomas à l'ancienne Université de Louvain (avec pièces justificatives : 6 lettres de 1594-1596)* R. Thom., XVIII, (1910), p. 230-239.

1993. COULON (R.) O. P. *Le mouvement thomiste au XVIIIᵉ s.* R.Thom., XIX, (1911), p. 421-444, 628-650.

1994. GOYENA (A. P.) *Un episodo de la historia de la téologia espanola* R F, 1912, p. 434-444 ; 1913, p. 30-40. (histoire du serment fait en 1627 par l'Université de Salamanque de défendre, enseigner et lire les doctrines de St Augustin et de St Thomas)

1995. HEREDIA (Beltran de). *La enseñanza de santo Tomás en la Universidad de Alcala* C T XIII (1916), p. 245-270, 392-418 ; XIV, (1916), p. 267-297 ; XV, (1917), p. 210-224 ; XVI, (1917), p. 51-64.

1996. ZORNII (Petr.). *Programma de varia fortuna S. Thomae Aquinatis in scholis Pontificiorum praesertim Gallorum* dans Opuscula Sacra. 1, p. 445-65.

1997. BERTHIER (J. J.) O. P. *Maître Thomas et St Ignace, réplique au R. P. Brucker S. J.* Louvain, A, Uystpruyst, 1896. In-8°, 46 pag.
SCHNEEMANN (GERHARD) = 1561.
Kritische bemerkungen = 1582.
GAYRAUD = 1567 et 1568.
LUCACIU = 1570.
SALIS SEVIS = 934.
P. M. = 947.

1998. ZIGON (F). *De scientia media seu Thomismi cum molinismi concordia.* Görz, 1894.

1999. MARTIN (A.). *Suarez métaphysicien commentateur de St Thomas.*

S Cath., XII, (1898), p. 686-702, 819-37.

2000. MARTIN (A.). *Suarez théologien et la doctrine de St Thomas : le mystère de la Sainte Trinité*. S.Cath., 1899. Arras, Sueur - Charruey, [1899] In-8°, 21 pag.
NEVENT (E.). = 1579.

2001. NEVENT (E.) *Le concours divin. Pensées de St Thomas, de Bañez et de Molina* R S E, 1909.

2002. FELDNER (Gons.) O. P. *St Thomas oder P. Molina.* J P S T, V, p. 282.
MINGES (P.). = 1940.

2003. MARIN SOLA O. P. *La homonegeneidad de la doctrina cattólica*, C T, 1913, p. 209-27. (parallèle entre St Thomas et Suarez).

2004. INAUEN (A.). S. J. *Stellung der Gesellschaft Jesu zür Lehre des Aristoteles und des hl. Thomas vor 1583.* Z K T, XL, (1916), p. 201-237.

2005. HEREDIA (Beltran de). *La enseñanza de santo Tomás en la*

Compañía de Jesus durante el primo siglo de su existencia - la legislación C T, XI, (1915), p. 388-408. *la práctica.,* loc. cit., XII, p. 34-48.

2006. SAITTA (G.). *La scolastica nel secolo XVI e la politica dei Gesuiti.* Torino, Bocca, 1911. In-12, 312 pag. (R N S, XIX, (1912), p. 315-8 = Delescaut; Rev. Hist., CVII, (1911), p. 126 = L. G. Pelissier.)

2007. UGARTE de ERCILLA (E.) *Suarez vindicato.* R. F., XI, (1912), p. 330-42.

2008. GEMELLI (A.) O. F. M. *Scritti vari publicati in occasione del terzo centenario della morte de Francesco Suarez.* R F N S, X, (1918) ; Milano, Soc. ed. Vita e Pensiero. 1918. In-8°, 151 pag.

2009. MONACO (P. G.) S. J. *La metafisica di Suarez e la metafisica di S. Tommaso d'Aquino* R F N S, X, (1918),

2010. REGNON (Th. de) S. J. *Banez et Molina.* Paris, Oudin, 1883. In-12, XV-366 pag.
Voyez 2188-2192, et 2194-2204.

K. — LA PÉRIODE CONTEMPORAINE (XIXᵉ ET XXᵉ S.) ET SAINT THOMAS

2011. SCHNEID (M.) *Die neuere thomistische Litteratur mit besonderer Berücksichtigung der Philosophie.* Litt. Handweiser. Münster, 1881.

2012. SCHNEID (M.). *Die Litteratur über die thomistische Philosophie seit der Encyclika Aeterni Patris.* J P S T, 1887, p. 269-308.

2013. DOMET DE VORGES. *Bibliographie de la philosophie thomiste de 1878 à 1888.* An. Ph. Ch., 1888, p. 577.

2014. TURNER (W.). *Recent litterature on scholastic Philosophy.* The journal of philosophy, psychology and scientific methods 1904 p. 201.
VIEL (A.) = 2.

2015. C (A.). *La ristorazione della filosofia di S. Tommaso d'Aquino e i nostri tempori reflessi.* Vigevano, 1880. In-8°, 36 p.

2016. DAVIDSON (T.). *Revival of philosophy of S. Thomas Aquinas.* Fortnightly review, XXXVIII, 1882, p. 16.

2017. SECRETAN (Ch.). *La restauration du thomisme.* Rev. philosophique, 1884.

2018. C. T. P. A. *Ancora degli studi tomistici ne'seminari nel 7° secolo di S. Tommaso, prolusione.* Siena, 1887. In-4°, 10 pag.

2019. KADERAVEK (E.). *Ueber die Einführung der christlichen oder aristotelisch-thomistischen Philosophie an den philosophischen Facultäten.* Ph J., 1890.

2020. NARDI (P. de). *I nuovi tomisti e la storia della filosofia.* Riv. ital. di Filos. V, (1890), p. 75-81.

2021. MONTAGNANI (P.). *Tomisti e neo-tomisti.* Roma, 1891.

2022. PICAVET (F.). *Le mouvement néo-thomiste en Europe et en Amérique.* Rev. philosophique, 1892., 1, p. 281.

2023. MERCIER (D.). *La philosophie néo-scolastique.* R N S, 1894.

2024. FELDNER (G.) O. P. *Die Neuthomisten.* J P S T, 1894-96.

2025. PICAVET (F.). *La renaissance des études scolastiques.* Rev. bleue, 1896.

2026. DOMET DE VORGES. *La philosophie thomiste pendant les années 1888-98.* Paris, soc. bibliographique, 1899.

2027. CHRETIEN (A.). *Etude sur le mouvement néo-thomiste*. Rev. intern. Théol., 1899.

2028. De WULF (M.). *Le mouvement thomiste*. R N S. 1901.

2029. ARNAIZ (M.) O. S. A. *La neo-scolástica al comenzar el siglo XX*, C D, LVII, (1902), p. 53-64, 197-209.

2030. BESSE (C.). *Deux centres du mouvement thomiste : Rome et Louvain*. R C F, 1902 ; Paris, Letouzey et Ané, 1902. In-8°, 63 pag. (B L E, 1902, p. 239-240 ; R C F, XXIX, (1902), p. 238-254, 356-371 ; T. Rev., II, (1903), c. 237-261 = B. Dörholt.)

2031. GARCIA (G.) O. P. *Tomismo y neo tomismo*. San Luis Potosi, A. B. Cortès, 1903. In-16, 107 pag.; ibid. 1905 1906, v. et 447 pag. [série d'articles ayant paru dans El Estandarte Journal de S. Luis Potosi]

2032. PELZER (A.). *Le mouvement thomiste*. R N S., 1904.

2033. PICAVET. *La restauration thomiste au XIXᵉ siècle*. Paris, Alcan, 1905 ; 2ᵉ édit., 1907.

2034. COMPAGNON (Jean). *La philosophie scolastique du XIXᵉ s. Critique thomiste du thomisme*. Moulle (Pas-de-Calais), chez l'auteur, 1907. In-18.

2035. SENTROUL (C.). *Che cos'é la filosofia néo-scolastica ?*. R F N S, 1, N°1.

2036. SENTROUL (Karl). *Was ist neuscholastische Philosophie ?* Münster, 1909.

2037. PICAVET (F.). *Le mouvement néo-thomiste*. Rev. philosophique XXXIII (1908), p. 281-309, XXXV (1909), p. 394-422.

2038. GEMELLI (A.) O. F. M. *Il movimento neo-tomistico*. R F N S, 1909.

2039. PERRIER (J. L.). *The revival of scholastic Philosophy in the XIXᵗʰ century*. New-York, The Columbic University Press, 1909. In-8°, VIII-344 pag. (R. Thom., XVIII, (1910), p. 554 = Montagne O. P.)

2040. NOËL (L.). *Le mouvement néo-scolastique*. R N S, XVI, (1909), p. 119-128 ; 282-290 ; XVII, (1910), p. 93-103.

2041. MASNOVO (A.). *Nuovi contributi alla storia del neo-tomismo*. R F N S 1910, p. 69-77.

2042. SAITTA (Giuseppe). *Le origine del neo-tomismo nel secolo. XIX* (Biblioteca di cultura moderna, 58). Bari, G. Laterza, 1912, In-8°, XII-285 p. (S C, III, (1913), p. 133-135 = F. Olgiati)

2043. BULLIOT (J.). *Faut-il changer l'orientation de la néo-scolastique?* R. Ph., 1913, p. 45-56.

2044. FERRI (L.). *L'académia Romana di S. Tommaso d'Aquino e l'istruzione filosofica del clero*. Nuova antologia, XXIV, (1880).

2045. BENZONI (R.). *La filosofia dell'Academia Romana di san Tommaso*. Riv. ital. filosof., 1886.

2046. CUCCHI (M. Titus). *De academia Romana thomistica ejusque fundatore Leone XIII annum Episcopatus L. creante*. D T, 1893.

2047. MOGLIA (A.). *La filosofia di S. Tommaso d'Aquino delle scuole italiane*. Piacenza, Solani, 1885. In-8°, 476 pag.
BESSE (C.). = 2030.

2048. SISTINI (O.). *Le mouvement thomiste à Rome*. R F N S, 1907.

2049. MASNOVO (A.). *Brevi note sulla storia della restaurazione tomistica in Italia*. R F N S, 1909.

2050. MARCACCI. *Il rinnovamente della scolastica in Italia*. R F N S, 1910.

2051. MASNOVO (A.). *Buzzetti e la rinnovazione tomista in Italia*. R F N S, 1910.

2052. GENTILE (Giov.). *La filosofia scolastica in Italia*, Boll. della bibl. filosofica. III 1911. p. 497-519.

2053. MASNOVO (A.). *Les initiateurs italiens du néo-thomisme contemporain*. R N S, 1911, p. 230-54.

2054. ZACCHI (A.) O. P. *Le mouvement thomiste en Italie*. R.Thom., XIX, (1911), p. 112-120.

2055. MASNOVO (A.). *Il prof. G. Gentile e il tomismo italiano del 1850 al 1900*. R F N S, 1912.

2056. PELZER (A.). *Le néo-thomisme italien depuis 1850 d'après M. Gentile*. R N S, XIX, (1912), p. 272-287.

2057. LANNA (D.). *L'antesignano del neotomismo in Italia : Gaetane Sanseverino (1811-1865)*. R F N S, 1912, p. 1-19.

BESSE (C.). — 2030.

2058. GOMEZ ISQUIERDO (A.). *El escolasticismo en Bélgica*. Rev. de Aragon, 1903.

2059. BONAIUTI (E.). *Il neo-tomismo e l'università de Lovania*. Studi religioso, IV, 1904. p. 489-512.

2060. EUCKEN (R.). *Das wissenschaftliche Zentrum des heutigen Thomismus.* Allgemeine Zeitung, 1904, N° 221.

2061. PELZER (A.). *Le mouvement néo-thomiste à propos d'une étude récente de M. Bonaiuti.* R N S, XI, (1904), p. 478-486.

2062. PELZER (A.). *L'institut supérieur de Philosophie à l'Université catholique de Louvain* (1890-1904). Louvain, 1904.

2063. HABRICH (L.). *Die neuscholastische Philosophie der Löwener Schule.* Hochland, 1906, p. 59-66.

2064. SELISKAR (J.). [*L'enseignement de la philosophie scolastique à l'université de Louvain.*] C U B, 1909. (R. Thom. XVII, (1909), p. 497-502 = Marin O. P.)

2065. RADEMACHER (A.). *Die Löwener neo-scholastiche Schule, ihre Enstehung, Organisation und Wissenschaftliche Methode.* T G., II, (1910), p. 14-28.

2066. ROLFES (Eugen). *Die neu scholastische Schule de von Löwen.* J P S T, 1910. (R. Thom. XVIII, (1910), p. 281.)

2067. MONTAGNE (H.). *Mouvement thomiste en Belgique : l'Institut supérieur de philosophie de Louvain.* R. Thom., XXI, (1913), p. 80-82.

2068. NOËL (L.). *La théorie de la connaissance selon « l'école de Louvain ».* R. Thom., XXII, (1914), p. 205-12.

2069. LE ROHELLEC (J.). *Quelques remarques sur le problème de la connaissance ; réponse à M. Noël.* R. Thom., XXII, (1914), p. 328-33.

2070. CLAVERIE *Simples remarques.* R.Thom., XXII, (1914), p. 333-6.

2071. CHOLLET (A.). *La philosophie de St Thomas à l'université d'Amsterdam.* R S E, VIII, (1897), p. 207-19.

CROS S. J. = 187.

2072. DIDIOT (J.). *Saint Thomas d'Aquin à Douai.* R S E, IV, (1881), p. 622-37.

2073. CELLA (G. Della). MO-

GLIA (A.). *S. Tommaso all'Istituto di Francia.* Nuovo risorgimento, 1893-1894, IV.

2074. SCHWALM (M. B.) O. P. *Le thomisme et le mouvement actuel des études théologiques en France.* R.Thom., VII, (1899), p. 335-352.

2075. GOMEZ IZQUIERDO (A.). *La restauración de la escolàstica en Francia.* Rev. de Aragon, 1903.

2076. GOMEZ IZQUIERDO (A.). *La filosofía escolàstica en Alemania y otros paises.* Rev. de Aragon, 1903.

2077. FERREIRA-DEUSDADO(O.) *La philosophie thomiste en Portugal.* R N S, 1898, Louvain, 1899. (R. Thom., 1899, p. 248-9 = A. G.)

2078. PERRIER (J. L.). *Un centre néo-thomiste en Colombie.* R N S, XVII, (1910), p. 256-260.

2079. DEFOURI (J. H.). *St Thomas Aquinas in Mexico* C W., XXXIV, (1882), p. 420.

2080. VANES. *Een woord van Pius IX over den hl. Thomas van Aquino iutaengezet.* Utrecht, 1872.

LARUMBE Y LANDER (T.). = 1724

2081. *S. D. N. Leonis P. P. XIII epistola encyclica de philosophia christiana ad mentem S. Thomae Aquinatis doctoris Angelici in scholis catholicis instauranda.* Romae, 1879.

2082. CARBONELLE (P.). *L'encyclique du 4 août 1879 et la science.* Bruxelles, 1879.

2083. CORNOLDI (G. M.). *La riforma della filosofia promossa dall'enciclica Aeterni Patris di S. S. Leone Papa XIII.* Bologna, Mareggiani, 1879.

2084. ALEXANDER (A.). *Thomas von Aquinas and the encyclical letter.* Princeton Review, 1880.

2085. BERARDINELLI (Gius.). *Leone XIII ed il secolo XIII ovvero il papa e S. Tommaso.* Bologna, tip. arcivescovile, 1880. In-8°, 34 p.

2086. BERNARDI (Jac.). *S. Tommaso d'Aquino e Leone XIII versi.* Venezia, 1880. In-8°.

2087. CORNOLDI (G. M.) S. J. *Il sette marzo 1880, ossia i filosofi ai piedi di Leone XIII ristoratore della filosofia.* Bologna, 1880.

2088. DIDIOT (Jul.). *St Thomas d'Aquin et les actes du pape Léon XIII.* R S E, 1880-1, p. 5-33, 193-8, 383-4; 1881

III, p. 209-36, Arras, Laroche, 1880, 31 pag.

2089. FISICHELLA (Alf.). *San Tommaso d'Aquino, Leone XIII e la scienza, riflissioni.* Catania, 1880. In-8°, 100 pag.

2090. FUCHS (Mart.). *Reflexionen zur encyklica Aeterni Patris über die Wiedereinführung der christlichen Philosophie in die Katholischen Schulen nach dem Sinne d. Lehren d. hl. Thomas v. Aquin mit e. Vorrede v.* Math. HIPTMAIR. Linz, 1880. gr. In-8°, III-82 pag.

2091. KNOODT (P.). *Die Thomas encyclica Leos XIII.* Bonn, 1880.

2092. PASSAGLIA (Carlo). *Sulla dottrina di san Tommaso secondo l'enciclica de Leone XIII, studii.* Torino, G. B. Paravia, 1880. In-16, 367 pag.

2093. PRA (J.). *St Thomas d'Aquin et l'encyclique Æterni Patris.* Et, V, (1880), p.481-93.

2094. PROTA-GUIRLO (Luigi). *Leone XIII S. Tommaso d'Aquino osservazione critiche sull'enciclica del 4 agosto 1879.* Napoli, G. de Angelis e figlio, 1880. In-4°, 25 pag.

2095. WEDDINGEN (A. Van) *L'encyclique de SS. Léon XIII et la restauration de la philosophie chrétienne.* 4e edit. Bruxelles, 1880 (extrait de la Rev. Générale).

2096. BILLERI (Palm.). *S. Tommaso d'Aquino e Leone XIII, osservazioni critico-storiche.* Pisa, 1881. In-8°, 16 p.

2097. BONITO (A. M.). *La filosofia dialettica e l'enciclica del 4 agosto 1879.*

2098. COURDAVEAUX (V.). *Léon XIII et St Thomas d'Aquin.* Nouvelle Revue, IX, (1881), p. 275-93.

2099. MAIMNINI (C.). *Intorno al libro di Carlo Passaglia « la dottrina di S. Tommaso secondo l'enciclica di Leone XIII ».* Torino, 1881. In-16, 13 pag.

PFEIFFER = 767.

2100. *Thomas Aquinas and the Vatican.* Quart rev., CLII, 1881, p. 105.

2101. SPRINZEL. *Ueber die Encyclica Aeterni Patris...*

2102. PAVISSICH (Luigi Cesar de). *Di San Tommaso d'Aquino e dell' enciclica « Aeterni Patris » di S. S. il Sommo Pontifice Leone XIII.* Venezia, tip. editrice della società di mutuo soccorso, 1883. In-8°, XVI-415 pag.

2103. CHOCARNE (B.). *St Thomas d'Aquin et l'encyclique Aeterni Patris de S.S. le pape Léon XIII.* Paris, Poussielgue, 1884. In-8°, 112 pag.

2104. GMEINER (J.). *Leo XIII and the philosophy of St Thomas.* C W, 1887.

SCHNEID = 2012.

2105. BARONE (Gius. Ant.). *Il diritto publico ecclesiastico di S. Tommaso d'Aquino e l'enciclica « Immortale Dei ».* Napoli, 1888. In-8°, XIII-145 pag.

2106. DIANA (Luigi). *La lettera enciclica del pontifice Leone XIII, della libertà umana e S. Tommaso d'Aquino.* Aversa, 1889. In-8°, 126 pag.

2107. EHRLE (F.). *Die Päpstliche Enzyklika von 4. August 1879 und die Restauration der christlichen Philosophie.* S M L, XVIII, (1890), p. 389-404.

CUCCHI (M. T.). = 2046.

2108. WEHOFER (Ph. M.) *Anordnungen Leo XIII über das Thomasstudium.* J P S T, 1895.

2109. De GROOT (J. V.). *Leo XIII en de hl. Thomas von Aquino.* Amsterdam, 1895. In-8°, 51 pag. ; traduction allemande : *Leo XIII und der heilige Thomas von Aquino ; übersetzung von* B. J. FUSS. Regensburg, nationale Verlagsanstalt, 1897. In-8°, 67 pag.

2110. WEHOFER (Ph. M.) *Die geistige Bewegung im Anschluss an die Thomas encyclica.* Wien, 1897.

2111. MUSCIO (S.). *In epistolam encyclicam Leonis XIII obsequium.* Foggia, 1899.

2112. CASALIS (M.). *Thomas d'Aquin, Léon XIII et la question sociale, thèse théologique.* Montauban, 1901.

2113. KAUFMANN (N.). *Das Pontificat Leo's XIII und der Neuthomismus,* Schweitzer Kirchenzeitung, 1902.

2114. SCHAFF (D. S.). *Thomas Aquinas and Leo XIII.* The Princeton Theological Rev. II, 1903.

2115. ROYCE (J.). *Pope Leo's philosophical movement and its relations to modern thought.* Boston, Evening Transcript, jul. 29, 1903 (a aussi été publié dans Rev. of Cath. Pedagogy, déc. 1903.)

2116. *Pope Leo XIII and modern studies.* D R, III, p. 190-210.

2117. MONTAGNE (A.) O. P. *Pie X*

et les études thomistes. R.Thom., XVII, (1909), p. 479-491.

2118. GUIGNEBERT. (C.).*De Saint Thomas à Pie X.* Rev. Univers. Bruxelles, XVI, (1911), p. 401-424.

2119. *Motu proprio Pii X. De Summa theologica sancti Thomae Aquinatis in superioribus sacrae scientiae scholis, uti textu praelectionum adhibenda* 29 *junii* 1914. Analecta Ord. Praed., 1914. p. 405-10.

2120. *Motu proprio de S. S. Pie X sur l'étude de St Thomas d'Aquin.* R.Thom., XXII, (1914), p. 385-95.

2121. SCHMITZ (C. H.) *Theologische Gedanken zum letzten Dekret Pius X über die Lehre des hl. Thomas von Aquin.* Kath, 1915, p. 81-101, 179-98, 1916, p. 16-34, 87-117.

2122. MARINI (A.). *Il centenario di S. Tommaso d'Aquino.* S F, III série, XXII, (1873), p. 479-502 ; XXIV, 490-4.

2123. CAPRONI (G.). *Sul rinnovamento della filosofia nella occorenza del centenario di S. Tommaso d'Aquino.* Pisa, 1874. In-8°.

Discours pour le 6e centenaire.Voy.: 225-228.

2124. *Festa saecularia sancti Thomae Aquinatis.* H P Bl, 1874.

2125. *Il sesto centenario di S. Tommaso d'Aquino dell'ordine de'predicatori celebrato dai religiosi dello stesso ordine nella loro chiesa principale di santa Maria sopra Minerva l'anno 1874 per cura del Rmo P. Vicario generale dell' ordine medesimo.* Roma, F. Chiapperini, 1874. In-8°, XCIX et 54 pag.

2126. CONTESTIN (G.). *Le 6e centenaire de St Thomas* R S E, III série,, IX, (1874), p. 209-222.

2127. IWEINS (H. M.) *Sixième centenaire de saint Thomas d'Aquin de l'ordre des frères prêcheurs.* Louvain, Peeters, 1874. 16 p.

2128. MAROTTA d'AQUINO:*Omaggio storico a S. Tommaso d'Aquino nel sesto centenario della sua morte...* 1874. (extr. de Fiori cattolici fasc. 147.)

2129. [MARCHESE (Vincenzo F.). O. P.] *Onoranze all'angelico dottore S. Tommaso d'Aquino nel 6° suo centenario celebrato in Genova nella chiesa di S. Maria di Castello dei PP. Predicatori nei giorni 26, 27, 28 giugno 1874. Panegirici e iscrizioni.* Genova, 1874. In-8°, 112 pag.

2130. MARINI (Anton.). *Il cen-*

tenario di S. Tommaso d'Aquino. Il divin Salvatore, XXIV, (1874), p. 490-4, 499-502.

2131. MARQUIGNY (E.). *Le centenaire de St Thomas d'Aquin.* Et., Ve série, (1874), p. 161-75.

2132. MORGOTT (Franz). *Die Feier des sechsten Centenariums des hl. Thomas in der kathol. Welt. Eine Studie über den Thomismus der Gegenwart.* Kath., (1874), 1 p. 241-54, 377-383, II 193-219, (1875), 1, 243-58 ; II, 414-35.

2133. *Napoli nel sesto centenario di San Tommaso.* S F. 10 gennaro 1874.

2134. *Ricordo del sesto centenario di S. Tommaso d'Aquino. Versi e prose lette nella solenne adunanza tenuta nella scuola di S. Giovanni evangelista in Venezia.* Venezia, L. Merlo, 1874. In-8°, 70 pag. [p.7-35 ROSSI (D. P.) O. P. *Influenza della dottrina di S. Tommaso sulla civiltà* p. 45-62. FIETTA (L. C.). *Della politica di San Tommaso d'Aquino.*]

ROSSI (Gio. Batt.). = 226.
Saggio di questioni antropologiche = 939.

2135. SANVITO (Jos.) O. P. *Il sesto centenario di S. Tommaso a S. M. sopra Minerva.* Roma, 1874. In-8°.

2136. SAUVÉ (H.). *Le 6e centenaire de St Thomas d'Aquin en France, en Italie, en Angleterre et au Canada.* R S E, IIIe série, t. IX, (1874), p. 393-440. Amiens 1875. In-8°, 52 pag. ; *en Allemagne et en Hollande.* R S E, X, (1875), p. 135-141.

2137. SCHEMBRI (Vinc.). O. P. *S. Tommaso d'Aquino. Idea generale o brevi riflessioni storiche fatte informa d'elogio in onoranza al santo nel occorenza del suo sesto centenario celebrato in Roma nella chiesa di S. Maria sopra Minerva.* Malta, 1874. In-16, 79 pag.

2138. UCCELLI (P. A.). *Memorie del 6° centenario di San Tommaso d'Aquino.* S F, XXV, (1874), p. 89-114, 127-138 ; 226-236, 307-321. 457-62, ; XXVIII, 115-27.

2139. W. *Zum Centenarium des hl. Thomas von Aquin.* H P Bl., LXXIV, (1874), p. 497-523, 573-98, 737-61.

2140. *La festa centenaria di S. Tommaso d'Aquino celebrata nella Basilica Prepositurale di S. Eustorgio in Milano, il giorno 10 giugno 1875.* Milano, 1875, 17 p.

2141. HUGON (E.) O. P. *Chronique*

du mouvement thomiste sous le pontificat de Benoit XV. R. Thom, N. S., I, (1918), p. 395-405.

2142. ROLAND GOSSELIN (M. D) O. P. *Saint Thomas et la philosophie moderne*. R J, X, (1920), p. 530-540.

2143. *The relation of scholastic to modern philosophy*. D R, XX, p. 281-326.

2144. HEBERT (M.). *Thomisme et Kantisme*. An. Ph. Ch., 1886, p. 364-85

2145. GUTBERLET (C.). *Thomas von Aquin und Immanuel Kant*, Kath, 1893, p. 139-52.

2146. WALGRAVE (A.). *Kant et saint Thomas*. R N S, VII, (1900.), p. 102-104.

2147. EUCKEN (R.). *Thomas von Aquino und Kant, ein Kampf zweier Welten*. Berlin, Reuther und Reichard, 1901. In-8º, 44 pag.

2148. MEDICUS. *Ein Wortführer der Neuscholastik und seine Kantkritik*. Kantstudien, V, (1901), p. 30-50.

2149. De WULF (M.). *Kantisme et néo-scolastique*. R N S, IX, (1902,) p. 5-18.

2150. REGOUT (L.). *De hl. Thomas van Aquino en Kant. Een strijd van twe werelden*. Stud., 1904.

2151. BAUR (L.). *Die methodische Behandlung d. Substanzproblemes bei Thomas von Aquin und Kant*. T Q S, LXXXVII, (1905), p. 37-78.

2152. DEHOVE (H.). *Essai critique sur le réalisme thomiste comparé à l'idéalisme kantien*. Lille, Giard, 1907. Gr. In-8º, XI-235 pag.

2153. DOMET DE VORGES. *De Kant à St Thomas*. R. Ph., 1909, p. 26-38:.

2154. GRIEBEL (Georg.). *Die neuthomistischen Kritik der kantischen Raum argumente*. (Inaug. Diss.) Freiburg i. B., Charitas Druckerei, 1909. In-8º, 107 pag.

2155. MAHIEU (L.). *Réalisme thomiste et idéalisme kantien (à propos de l'ouvrage de H. Dehove)*. Q E, 1909. IZART = 322.

2156. DINDINGER (J.). *Die Metaphysik von Welt, Seele und Gott beim hl. Thomas und bei Kant und ihre Stellung zum katholischen Dogma*. T G, IV, (1912), p. 544-569.

2157. INAUEN (A.). S. J. *Kants « Urteilskraft » und die Denkkraft bei Thomas von Aquin* Z K T., XLIV (1920), p. 312-19.

2158. JORIO (M. de). *Dissertatio philosophica de Deo secundum S. Thomae Aquinatis doctrinam contra Pantheismum transcendentalem G. Hegelii*. Tiferni, Lapi, 1887. In-8º, 56 pag.

2159. PAGANINI (P.). *Tommaso d'Aquino e il Rosmini. Saggio d'osservazioni sulle loro dottrine ideologiche*. Pisa, Vannucchi, 1857. In-8º, 48 pag.

2160. BURONI (Gius.). *Rosmini e S. Tommaso Nozioni di ontologia*. La sapienza (1879-80), 1, p. 17-25, 35-40, 110-4, 124-5, 137-40, 148-51 ; II, 243-9; 2ª edit. Torino, 1877. In-8º, 176 pag.

2161. BURONI (G.). *Rosmini e San Tommaso. Riposta al Padre. Cornoldi* Torino, 1878.

2162. *Antonio Rosmini e i neo-scolastici*. Torino, G. B. Paravia e C., 1878.

2163. BURONI (G.). *La Trinità e la creazione, nuovi confronti tra Rosmini e S. Tommaso*. Torino, 1879. In-8º, 108 pag. ; 2º ed. ibid., 1880. In-8º, 180 pag.

2164. BEVILACQUA (V.). *Specchietto della celebre questione tra neotomisti et rosminani*. Vicenza.

2165. CASARA (Sebastiano). *La luce del occhio corporeo e quella dell' intelletto, parallelo illustrato con dottrine del S. Dottore Aquinate, conformi in tutto a quelle dell' illustre ab. Antonio Rosmini*. 3ª ediz.

2166. CASARA (Sebastiano). *Il sistema filosofico Rosminiano demostrato vero nel suo principio fondamentale con lo studio e sviluppo di un solo articolo della Somma teologica di S. Tommaso d'Aquino*. 3ª ediz.

2167. PETRI (G.). *Sull'odierno conflitto tra i Rosminiani e i tomisti, studio storico critico morale del sac. Antonio Valdameri, rettore del Seminario di Crema, esaminato dall'ab. Giuseppe Petri*. Torino, G. B. Paravia, 1879. In-8º, 247 pag.

2168. ANGELERI (Fr.). *Esame dell'opera del Valdemari : sull'odierno conflitto tra i Rosminiani e i Tomisti*.

2169. FERRE (P. M.). *Degli universali secondo la teoria Rosmaniana confrontata colla dottrina di S. Tommaso e con quella di parecchi tomisti e filosofi moderni.* Casale, 1880-86, 11 vol. In-8°.

2170. POLONINI (Carlo). *Accordo delle dottrine dell ab. Rosmini con quelle di S. Tommaso dimostrato e difeso.* Crema, 1880. In-8°, 293 pag.

2171. CORNOLDI (Giov. Mar.). S. J. *Antitesi della dottrina di San Tommaso con quella di Rosmini.* CC, LX, (1882), 668-89 ; XI, 138-57, 269-89 ; Prato, 1882. In-8°, 68 pag.

2172. NARDI (P. de). *Antonio Rosmini ed i gesuiti dinanzi a San Tommaso d'Aquino, colla confutazione del nuovo libro del P. Cornoldi sul Rosminiano. Riposta prima alla Civiltà Cattolica.* Torino, Unione tipografica editrice, 1882. In-8°.

2173. SICHIROLLO (Mgr. Giacomo). *La mia conversione del Rosmini a S. Tommaso.* Padova, 1882.

2174. FERRE (P. M.). *Origine e ragione dell'antitesi dalla « Civiltà cattolica » pretesa tra le dottrine di Rosmini e quelle di S. Tommaso.* Milano, 1883. In-16, 99 pag.

2175. ROSSI (Vescovo di Concordia). *Sulla dottrina ideologica di S. Tommaso in confronto a quella di Rosmini, lettera pastorale,* 1886. (cf CC, 1886, N IV.)

2176. MONTAGNANI. (P.). *Rosmini, S. Tommaso e la logica, appunti.* Bologna, 1889. In-8°, X. 486 pag.

2177. SOLIMANI (A.). *Divagazioni filosofiche sui principi sostenuti negli anni 1840-1846 intorno ai sommi filosofi Tommaso d'Aquino e Ant. Rosmini.* Milano, 1886. In-4°, XV-414 p.

2178. SCHAEZLER (C.). *Divus Thomas doctor angelicus contra liberalismum invictus veritatis catholicae assertor. De doctrinae S. Thomae ad exstirpandos hujus aetatis errores vi et efficacia commentarius.* Roma, Typ. Polyglotta S. C. de propaganda fide, 1874. In-8°, XI-175 pag.

2179. VESPIGNANI (A. M.). *In liberalismum universum doctore angelico duce et Pontifice Summo Leone XIII trutina.* D T, 1897-1900.

GARRIGOU - LAGRANGE (R.). O. P. = 1120.

2180. DELISLE BURNS. *St Thomas Aquinas and the Ideals of Modernismi.* Nineteenth century, 1910, p. 1087-1102.

2181. AVELING (Fr.). *The « modernism » of St Thomas Aquinas.* Nineteenth century, 1911, p. 72-82.

2182. MARTINEZ (E.). *Santo Tomás y el Modernismo.* Salamanca, 1911

2183. RICHARD (T.). *La scolastique et le modernisme.* R.Thom., XX, (1912), p. 451-73.

2184. PRADO (N. del.) O. P. *Balmes y Santo Tomás.* C T, 1910, p. 1-18.

2185. GERRARD (Th.). *Dichotomy. A study in Newman and Aquinas.* The New-York Review, 1908, p. 381-390.

2186. NEWSONE (F. A.) *The dream of Gerontius and the philosophy of S. Thomas.* Month, avril 1909.

2187. NOTTON (M.). *Harnack und Thomas v. Aquin. Eine dogmengeschichtliche Studie über die Gnadenlehre.* Paderborn F. Schöningh, 1906. In-8°, III, 72 pag. (S M L, LXXIV, (1908), p. 108.; T Rev. IV, (1907), c. 183 = W. Koch; T Q S, LXXXIX, (1907), p. 475-6 = W. Koch.)

2188. [SAUVÉ (H.).] *Le bref de notre saint Père le pape [Pie IX] au docteur Traviglini et la lettre de Mgr Czacki.* Angers, 1877.

2189. BOTTALLA S. J. *La lettre de Mgr Czacki et le thomisme, réponse à un récent opuscule, et les Constitutions de la Compagnie de Jésus et le thomisme.* Poitiers, Oudin frères, 1878.

2190. SAUVÉ (H.). *De l'union substantielle de l'âme et du corps. Réponse au R. P. Bottalla.* Paris, Berche et Tralin, 1878. In-8°, 153 pag.

2191. PICHERIT (Chanoine). *Une discussion de textes à propos de la brochure du P. Bottalla.* Angers, impr. Burdin, 1878.

2192. PASCAL (G. de). *Saint Thomas et le R. P. Paul Bottalla.* Poitiers, 1878. In-8°, 84 pag. [à propos de la lettre de Mgr Czacki]

2193. FEULING (P.) O. S. B. *Henri Bergson und der Thomismus.* J P S T, XXVII, (1912), p. 33-55.

2194. *Sacra studiorum congregatio. Theses quaedam in doctrina S. Thomae Aquinatis contentae et a philosophiae magistris propositae, approbantur.* R. Thom., XXII, (1914), p. 513-16.

2195. *Epistola A. R. P. Wladimiri Ledochowski Praepositi generalis Societatis Jesu de doctrina S. Thomae magis magisque in Societate fovenda.* Z K T, 1918, p. 205-253. Oniae, Typ. priv. collegii, 1917. In-8°, 44 pag.

2196. BINZECHER (E.). *Della distinzione tra l'essenza e l'existenza in occasione di un decreto emanato dal Padre Ledochowski Praeposito generale S. J.* Orvieto, tip. degli Orfanelli, 1916. In-8°, 16 pag.; trad. franç: *De la distinction entre l'essence et l'existence à propos d'un décret émané du Père Ledochowski général de la Cte de Jésus.* 1920 In-8°, 12 pag.

2197. GETINO (L. A.) *El «Syllabus» tomista.* CT, XVI, (1917) p. 173-200, 295-303.

2198. GETINO (L. A.). *El centenario de Suarez.* C T, XV, (1917), p. 381-90 (édite les 24 thèses de la Congrégation des études sur les doctrines fondamentales de St Thomas et les thèses opposées de Suarez).

2199. LEBRETON (J.). *Pour suivre de plus près saint Thomas.* Et. , CLIII, (1917), p. 74-89.

2200. MATTIUSSI (Guido) S. J. *Le XXIV tesi della filosofia di S. Tommaso d'Aquino approvate dalla S. Congregazione degli studi.* Roma, Befani, 1917. In-8°, XV-310 pag.

2201. PÈGUES (Thomas) O. P. *Autour de St Thomas, une controverse récente.* Paris, Tequi, Toulouse, Privat, 1918. In-8°, 40 pag ; trad. ital : *Intorno a san Tommaso, una controversa recente.* Tolosa, Privat, 1918, 40 pag.

2202. SCHULTES (Reginald) O. P. *De doctrina S. Thomae magis magisque fovenda.* Kath. , (1918), 11, p. 1-26.

2203. RIVIÈRE (J.). *L'autorité de St Thomas et les écoles catholiques.* R C F, XCVI, (1918), p. 37-68, 401-418. (à propos de la lettre du Rme P. Ledochowski S. J.)

2204. HUGON (E.). O. P. *Les vingt quatre thèses thomistes.* R.Thom., N. S. III, (1920), p. 116-42.

2205. BARBA (F.). *S. Tommaso d'A-quino e i nuovi eretici d'Allemagna.* S F, III série, XXVI, (1874), p. 277-89 ; XXVII, p. 89-102, 458-72.

2206. GAMBARDELLA (F.). *Santo Tommaso d'Aquino ed i correttori della sua filosofia.* S F, IV, série VIII. Napoli, 1877. In-16, 28 p.

2207. TALAMO (S.). *L'odierna scuola tomistica ed i suoi avversarii.* Siena, 1879. (3° ediz).

2208. BAYMA (J.). *St Thomas Aquinas and the New Englander.* C W., XXXVII, (1883), p. 68.

2209. BARBAS (B.). *St Thomas latest critic.* A C Q R, 1885.

2210. VALENSISE (D.). *Una difficoltà filosofico-teologica creduta insolubile.* Nicastro, 1900.

2211. *Echos de la fête de St Thomas d'Aquin... à St Maximin (Var).* Marseille, 1877. In-8°, 103 pag.

2212. *Nella festa di S. Tommaso dichiarato... patrono de'buoni studi.* Cosenza, 1881.

2213. GRABMANN (M.). *P. Morgott als Thomist. Ein Beitrag zur Theologiegeschichte des XIX Jahrh.* J P S T, Paderborn, Schöningh, In-8°, 36 pag.

2214. VALBUENA (R.). *De S. Tomas o de Krause? Disonancias armonico-tomistas,* 2° edit. Madrid, 1883. In-4°, 173 pag.

2215. AMSCHL (H. M.). *Prof. Dr. M. Fuchs. und die thomistische Lehre von d. Willensfreiheit.* J P S T, XXII, (1907), p. 470-4.

2216. MASNOVO (A.). *Le P. Liberatore fut-il thomiste de 1840 à 1850 ?* R N S, XV, (1908), p. 518-26.

2217. MASNOVO (A.). *L'opera del Liberatore dal 1840 à 1850.* R F N S, 1909.

2218. URBANO (L. D.) O. P. *Un thomiste contemporain Alexandre Pidal.* R. Thom., XXII, (1914), p. 448-60, 590-603.

2219. OLGIATI (Francesco). *Josiah Royce e S. Tommaso d'Aquino.* R F N S, VIII, (1916), IX, (1917), p. 217-30.

TABLE DES NOMS D'AUTEURS

Les numéros indiqués en italique renvoient aux recensions.

Moosheer (K.), 1850.
Mora (T.), 231.
Moran (J. M.) O. P., 1455.
Morassi (P.), 224.
Morata (C.), 212.
Moretus (H.), 463.
Morin (G.), 607.
Morgott (F.), 954, 979, 1703, 1750, 2132.
Müllendorf (Jul.) S. J., 1582, 1583, 1584.
Müller (J.) 678, 1113.
Müller (K.), 1320.
Müller (W.), 1396.
Munnynck (M. de) O. P., 904, 1003, 1099, 1191.
Muratori, 3.
Murgue (A.), 729, 1016.
Muscio (S.), 2111.

Nabb (V. N.), 1683.
Naddeo (P.), 672.
Nadeau (L.), 508.
Nardi (B.), 446, 1960.
Nardi (P. de), 1897, 2020, 2172.
Naville (E.), 630.
Nazarius (J. P.), 452.
Neander (A.), 1199.
Neumayr (E.), 960.
Nevent (E.), 1579, 2001.
Newsone (F. A.), 2186.
Nicodemi (N.), 721.
Nicolaï (Jean de) O. P., 143, 352, 353, 355, 372, 378.
Nicole (P.), 1556.
Nitzsch (F.), 1208.
Noble (H. D.) O. P., 850, 950, 969, 977 1660, 1661, 1662, 1663, 1663 bis, 1665
Noël (L.), 875, 2040, 2068.
Noguez (N.), 1329.
Nolens (W. H.), 1360.
Nolte (C. J.), 722.
Notton (N.), 2187.
Nuno Cabezudo (Didac) O. P., 1667.
Nurra (E. M.), 1700.
Nys (D.), 874, 907, 916, 919, 921, 1154.

O'Daniel (V. J.), 161.
O'Donnell (J.), 1688.
Ohlig 1503.
Oischinger (J. N.), 360, 422, 431, 1487.
Olgiati (F), 1106, 2042, 2219.
Olivieri (Seb), 835.
Olmi (G.), 1749.
O'Malley (A.), 910.
Onclair (Aug.), 1361.
O'Neill (N C.), 448.
O'Rahilly (A M.), 1326, 1327, 1403.
Orlich (A. M.) M. C., 1321.
Orsi (d'), 1088.
Ortega (J.) O. P., 543.
Orti y Lara (J. M.), 959, 1021.
Ortroy (F. van) S. J., 111, 1379.
Ott. (Ad.), 1250.
Ott. (H.), 1379.
Otten (A.), 813.

P. (J.), 57.
P. M., 947.
P. (R.), 1685.
P. R. M., 1917.
Paban (C.), 1916.
Pace (E A.), 682, 964, 1008, 1009, 1145, 1228.

Papagni (T.), 1192.
Paganini (P.), 2159.
Pagano (A.) Olgiati (F.), 1106.
Pages, 263.
Palermo (Fr.), 1803.
Palhoriès (F.), 873.
Palmieri (D.) S. J., 1909.
Papon (J. T.), 926.
Papebrochius (Dan.), 592.
Paquet (L. A.), 1464.
Paredès (B. G.) O. P., 307, 1419.
Pascal (G. de), 2192.
Paschen (O.), 1118.
Passaglia (Carlo), 2092.
Passerini (P. M.), 1197.
Passero de Corneliano (Ch.), 1335.
Pasté (R.), 500.
Patazzi (G. M.) S. J., 1937.
Patiss (G.) S. J., 1672, 1677.
Patuzzi (J. V.) O. P., 1331, 1333.
Paukens (J. B.) S. J., 77, 156.
Paulus (N.), 463.
Pavissich (L. C. de), 2102.
Pazmany (P.), 1470.
Pecci (Gius), 503, 1169.
Pègues (Th.) O P., 308, 387, 1002, 1260, 1390, 1486, 1511, 1590, 1726, 1732, 1775, 1915, 1916, 2201.
Pelagatti (G.), 395, 1602.
Pelissier (L. G.), 2006.
Pellegrini (P.), 109, 110, 777.
Pelster (Fr.) S. J., 11, 466.
Pelzer (A.), 339, 2032, 2056, 2061, 2062.
Percin (Jac.) O. P., 174.
Périer (P. M.), 1038, 1137,.
Perrier (J. L.), 2039, 2078.
Perreyve, 222.
Peronne (abbé) 359.
Persico (R.), 1796.
Pesch (C.), 1885.
Pesch (T.) S. J., 728, 737, 749, 944, 1591.
Pesnelle (E.), 651.
Petitot (H.) O. P., 787, 1919, 1975.
Petri (G.), 2167.
Petronius (F.), 564.
Petrus Calo 8.
Petrus de Sto Joseph 1159.
Petz (F. S.), 914.
Pfeiffer (F. X.), 767, 1007.
Pfeiffer (Nik), 1267.
Pflügbeil (H. J.), 210.
Philalète, 880
Piat (C.), 836, 837.
Picavet (F.), 689, 693, 696, 1871, 1899, 2022, 2025, 2033, 2037.
Piccinardi (Séraph.) O. P., 1435.
Piccirelli (J. M.) S. J., 1064.
Picherit (chanoine), 2191.
Pidal y Mon (A.), 53, 908.
Pie X, 2119, 2120.
Piedelama (Luigi de), 1925.
Pierre (Charles), 850.
Pietsch (J.), 1380.
Pignatoro S. J., 1478.
Pindemonte (Giov.), 214.
Pillet (A.), 244, 283, 599.
Pisamano, 17.
Pius V, 1972.
Plassmann (H. E.), 719, 877, 955, 1012, 1201, 1581.
Poletto (G.), 1948, 1989.

TABLE DES TRAVAUX ANONYMES

TABLE DES REVUES ET PÉRIODIQUES CITÉS
AU COURS DE L'OUVRAGE

N. B. Les numéros indiqués en italique renvoient aux recensions.

Abhandlung der König. preuss. Akademie der Wissenschaften in Berlin. Philos. hist. — Berlin, 1199.

Abhandlungen der Königlich. bayerischen Akademie der Wissenschaften. Philosophisch. philolog. und histor. Klasse. — München, 90, 570.

Accademia Romana di S. Tommaso d'Aquino. — Roma, 503, 814, 817, 818, 819, 820, 821, 822, 823, 826, 827, 828, 1019, 1027, 1040, 1090, 1169, 1509, 1671.

Action catholique. — Louvain, Bruxelles, 1270.

Allgemeine Zeitung. — Augsburg, 648, 678, 2060.

Allgemeines Litteraturblatt. — Wien, 77, *78, 557, 1391, 1920.*

American catholic quarterly review. — Philadelphie, *79, 1760,* 2209.

American ecclesiastical review. — New-York et Cincinnati, puis Philadelphie, 161, 910, 1718.

Ami du Clergé. — Langres, 1970.

Analecta Bollandiana. — Bruxelles, 77, *104, 110, 111, 156, 463, 1379.*

Analecta juris pontificii. — Roma, 125, 236, 1438.

Analecta Ordinis Prædicatorum. — Roma, 2119.

Analectes pour servir à l'histoire ecclésiastique de la Belgique. — Louvain, 1990, 1991.

Annales dominicaines. — Paris, 121.

Annales de l'Institut supérieur de philosophie. — Louvain, 499, 1105.

Annales de l'œuvre de N.-D. des écoles, 152.

Annales du monde religieux. — Bar-le-Duc, 1164.

Annales de philosophie chrétienne. — Paris, 252, 513, 663, 670, 796, 825, 830, 841, *850,* 857, 901, 927, 958, 976, 1020, 1029, 1141, 1152, 1153, 1171, 1172, 1194, 1214, 1309, 1385, 1459, 1506, 1507, 1810, *1823,* 1923, 1926, 1927, 1928, 1929, 1930, 2013, 2144.

Annuaire de l'Université catholique de Louvain. — Louvain, 150.

Arcadia, 1955.

Archiv für christliche Kunst, 331.

Archiv für Geschichte der Philosophie. — Berlin, 1224, 1299, 1985.

Archiv für katholisches Kirchenrecht. — Mainz 77, *1380.*

Archiv für Litteratur und Kirchengeschichte des Mittelalters. — Berlin, 1890.

Archiv für Rechts und Wirtschaftsphilosophie. — Berlin und Leipzig, 1400.

Archiv für Sozialwissenschaft und Sozialpolitik. — Tübingen, 1374.

Archives Belges. — Liège, 1917.

Archivio storico per le provincie napoletane. — Napoli, 96.

Archivio storico siciliano. — Palermo, 225, 1788.

Athenaeum. — München, 1793.

Beiträgezur Geschichte der Nationalökonomie, 1325.

Beiträge zur Geschichte der Philosophie des Mittelalters. — Münster, 467, 869, 951, 992, 998, 1051, 1052, 1121, 1123, 1146, 1156, 1246, 1396, 1827 bis, 1829, 1913.

Beiträge zùr Philosophia ùnd Pædagogia perennis. — Freiburg, 1077, 1268.

Bessarione-publicazione period. di studi orientali. — Roma. 487, 1763, 1989.

Bibliothèque de l'école des Chartes. — Paris, *463.*

Blackwood's Edinburgh. Magazin. — Edimburgh, 164.

Böles Fol, 1219.

Boll. della bibl. Filosofica, 2052.

Bonne Parole. — Le Hâvre, 1935, 1970.

Braunschweig, 683.

Bulletin de l'académie de Sᵗ Thomas, 253, 584.

Bulletin de l'académie des sciences de Cracovie, 136, 1973.

Bulletin des facultés catholiques. — Lille 599.

Bulletin de l'institut catholique de Toulouse (continué par le Bulletin de littérature ecclésiastique), 252, 256, 258, 261, 264, 265, 268, 275, 277, 281, 1411.

Bulletin italien. — Bordeaux, 1907.

Bulletin de la ligue des catholiques français pour la paix. — Lyon, 1238.

Bulletin de littérature ecclésiastique. — Toulouse, 77, *463,* 1068, 1525, 1544, 1565, 1835, 1849, *1854, 2030.*

Bulletin de la société d'agriculture, industries, sciences et arts du département de la Lozère. — Mende, 184.

Byzantinische Zeitschrift. — Leipzig, 495.

Campo di filosifi Ital, 1804.

Carita (la) Napoli, 478, 479, 483.

Catholic Encyclopedia. — New-York, 83.

Catholic University Bulletin. — Washing-

Kirchliches Wissen und Leben, 1964.

Lettres (les) — Paris, 1420.
Lettres (les) chrétiennes. — Lille, 530.
Literarischer Handweiser. — Münster, 2011.
Literarische Rundschau für das katholische
   Deutschland. — Freiburg i B, 77, 660,
   1245, 1250, 1379, 1743, 1770, 1827 bis, 1920.
Luthardt's Zeitschrift, 1211.

Manhattau Quart, 964.
Mémoires de l'Académie Ste Croix. — Or-
   léans, 528.
Mémoires de l'Académie des sciences mo-
   rales et politiques de l'Institut de France.
   — Paris, 625.
Memorie della R. Accademia delle scienze
   dell' Instituto di Bologna, class d. scienze
   morali sezione di scienze storico filolo-
   giche. — Bologne, 1816.
Memorie della Reale accademia delle
   scienze di Torino. — Torino, 849.
Métaphysique et Morale, 1116.
Mind, a quarterly review of psychology and
   philosophy. — London, 459.
Modern Review. — London, 238.
Monatschrift für christliche socialreform. —
   Basel, 1221, 1281.
Month (the). — London, 850, 2186.
Mouvement le) social, Revue catholique
   internationale publ. par l'association
   catholique. — Paris, 1317.
Moyen-Age. Revue d'histoire et de philo-
   logie. — Paris, 463.
Museum Maandblad voor philologie enges-
   chiedenis. — Leyde, 1246.

National quarterly review. — New-York,
   455.
Neue kirchliche Zeitschrift. — Leipzig, 673
New (the) Englander. — New-Haven, 653.
New-York Review. — New-York, 2185.
Nineteenth (the) Century. — London, 2181.
Nouvelle Revue. — Paris, 2098.
Nouvelle revue théologique Tournai (suite
   de la revue théologique), 1524.
Nuova antologia di scienze lettere ed arti. —
   Firenze, 163, 2044.
Nuovo Risorgimento, 2073.
Nuovo Rosmini, 1918.

Onze Eeuw. — Haarlem, 57.
Opuscoli di autori siciliani, 129.
Opuscoli religiosi litterarij e morali. —
   Modena, 254, 559, 575, 612, 621, 649, 894.

Paedagogium, 677.
Papato (il) . — Roma, 128.
Passauer theologisch praktischen Monat-
   schrift, 1586.
Pastor Bonus. — Trèves, 603, 1379, 1503.
Pensée (la) contemporaine. — Paris, 759.
Pensiamento (el) Navarro, 1724.
Philosophical (the) Review, 848, 1111.
Philosophisches Jahrbuch auf Veranlassung
   und mit Unterstützung der Görres Gesel-
   lschaft. — Fulda, 118, 501, 771, 834, 846,
   920, 944, 1043, 1069, 1132, 1135, 1157,

1222, 1223, 1353, 1611, 1794, 1800, 1825,
   1904, 2019.
Philosophische Monatshefte. — Leipzig, 668.
Polybiblion. — Paris, 463, 1241.
Pravoslavnyi sobesiednik (l'interlocuteur
   ecclésiastique). — Kasan, 1759.
Précis historiques. — Bruxelles, 1406.
Preussische Jahrbücher. — Berlin, 1305,
   1372.
Princeton (the) theological review. — Phi-
   ladelphie, 2084, 2114.
Propugnatore (il). — Bologne, 618.

Quarterly (the) review. — London, 2100.
Questions ecclésiastiques. — Lille, 116, 313,
   700, 1520, 2155.
Questions of the day, 1727.
Quinzaine (la). — Paris, 1212.

Racc. Ferrar. 142.
Raccolta milan. di storia geografica ed arte,
   123.
Rassegna (la) nazionale. — Firenze, 666.
Razon y Fé. — Madrid, 1329, 1726, 1730,
   1735, 1994, 2007.
Realencyclopädie für protestantische Theo-
   logie und Kirche (Herzog Hauck). —
   Leipzig, 63, 81.
Recherches de sciences religieuses. — Paris,
   1147, 1600, 1651, 1690, 1728, 1911.
Recueil de l'académie de législation de Tou-
   louse. — Toulouse, 1338.
Rendiconti della Reale Accademia dei Lin-
   cei classe di scienze morali, stor et filolog.
   — Rome, 333.
Review of catholic Pedagogy, 2115.
Rev. de Aragon, 2058, 2075, 2076.
Rev educ e ens. 681.
Revista de Espana. — Madrid, 1094.
Revista de Estudios franciscanos. — Bar-
   celone, 309.
Revista ecclesiastica. — Valladolid, 687.
Revista internazionale di scienze sociali e
   discipline ausiliare. — Rome, 1310.
Revue apologétique. — Bruxelles, 464, 1248.
Revue Augustinienne. — Louvain, 138, 148,
   494, 699, 854, 856, 1010, 1085, 1235, 1687,
   1708, 1738, 1740, 1873, 1896.
Revue Bénédictine. — Maredsous, 10, 156,
   463, 607, 1383, 1424, 1685, 1688, 1739,
   1770, 1845, 1966.
Revue biblique internationale publiée par
   l'école pratique d'études bibliques établie
   au couvent dominicain St Étienne de
   Jérusalem. — Paris, 1512.
Revue bleue politique et littéraire. — Paris,
   2025.
Revue catholique de Bordeaux. — Bordeaux
   246, 247, 651.
Revue catholique. — Louvain, 650, 940,
   1014, 1166, 1405.
Revue catholique des institutions et du droit
   — Grenoble, 1361.
Revue contemporaine. — St Pétersbourg,
   477, 628.
Revue de Fribourg. — Fribourg, 1030.
Revue de Lille. — Lille, 1301.
Revue de l'ordre de Prémontré, 1987.
Revue de l'Université de Bruxelles. — Bru-
   xelles, 2118.
Revue de philosophie. — Paris, 850, 855;

SIGLES DES REVUES

Seules les revues citées plus de 3 fois au cours de l'ouvrage ont reçu un sigle.

L'ordre alphabétique des sigles n'étant pas le même que l'ordre alphabétique des titres des revues, et les sigles n'étant qu'au nombre de 70, alors que les revues citées sont au nombre de près de 300, il a paru utile de rassembler en une liste spéciale les sigles employés.

A B	— Analecta Bollandiana - Bruxelles.
A C Q R	— American catholic quarterly review - Philadelphie.
A E R	— American ecclesiastical review - Philadelphie.
A G Ph	— Archiv für Geschichte der Philosophie - Berlin.
A H E B	— Analectes pour servir à l'histoire ecclésiastique de la Belgique - Louvain.
A J P	— Analecta Juris Pontificii - Roma.
A K K R	— Archiv für Katholisches Kirchenrecht - Mainz.
A L B	— Allgemeines Litteraturblatt - Wien.
An Ph Ch	— Annales de Philosophie chrétienne - Paris.
A R T A	— Accademia Romana di S. Tommaso d'Aquino - Roma.
Bess.	— Bessarione - Roma.
B G Ph M A	— Beiträge zùr Geschichte der Philosophie des Mittelalters - Münster. i. W.
B L E	— Bulletin de littérature ecclésiastique - Toulouse.
C C	— Civiltà cattolica - Roma.
C D	— Ciudad de Dios - Madrid.
C S I C	— Comptes rendus du... Congrés scientifique international des catholiques.
C T	— Ciencia Tomista - Madrid.
C U B	— Catholic University Bulletin - Washington.
C W	— Catholic World - New-York.
D L Z	— Deutsche Litteraturzeitung - Leipzig.
D R	— Dublin Review - London.
D T	— Divus Thomas - Piacenza.
Et	— Études - Paris.
Greg	— Gregorianum - Rome.
H J	— Historisches Jahrbuch - München.
H P Bl	— Historisch politische Blätter für das Katholische Deutschland · München.
H Z	— Historisches Zeitschrift - Berlin.
I T Q	— Irish theological quarterly - Dublin.
J P S T	— Jahrbüch für Philosophie und spekulative Theologie - Paderborn.
Kat	— Katholiek (de) - Utrecht.
Kath.	— Katholik (der) - Mainz.
L R K D	— Litterarische Rundschau für das katholische Deutschland - Freiburg.
O R L M	— Opuscoli religiosi litterarij e morali - Modena.
P B	— Pastor Bonus - Trèves.
Ph. J	— Philosophisches Jahrbuch der Görresgesellschaft - Fulda
Q E	— Questions ecclésiastiques - Lille.
R Aug.	— Revue Augustinienne - Louvain.
R Bén.	— Revue Bénédictine - Maredsous.
R C F	— Revue du clergé français - Paris.
R F	— Razon y Fé - Madrid.
R F N S	— Rivista di filosofia neo scolàstica - Milano.
R H E	— Revue d'histoire ecclésiastique - Louvain.
R J	— Revue des Jeunes - Paris.
R N S	— Revue néo-scolastique - Louvain.
Ros.	— Rosario (Il) Memorie domenicane - Firenze.
R P A	— Revue pratique d'apologétique - Paris.
R Ph.	— Revue de philosophie - Paris.

R S E   — Revue des sciences ecclésiastiques - Arras.
R S L   — Rivista di scienze e lettere -.
R S P T   — Revue des sciences philosophiques et théologiques - Kain, Paris.
R S R   — Recherches des sciences religieuses - Paris.
R Thom.   — Revue Thomiste - Toulouse, Paris.
S C   — Scuola cattolica - Milano.
S Cath.   — Science catholique - Arras.
S C T   — Semaine catholique de Toulouse - Toulouse.
S F   — La scienza e la fede - Napoli.
S M B C O   — Studien und Mittheilungen aus dem Benediktiner und Cistercienser Orden-
                 Brünn.
S M L   — Stimmen aus Maria Laach - Freiburg i. B.
Stud.   — Studien Godsdients Wetenschap Letteren - Utrecht
T G   — Theologie und Glaube - Paderborn.
T L Z   — Theologische Litteraturzeitung - Leipzig.
T Q S   — Theologische Quartalschrift - Tübingen.
T Rev   — Theologische Revue - Münster i W.
U C   — Université catholique - Lyon.
V S   — Vie spirituelle ascétique et mystique - Paris.
Z K G   — Zeitschrift für Kirchengeschichte - Gotha.
Z K T   — Zeitschrift für katholische Theologie - Innsbrück.

IMPRIMÉ PAR DESCLÉE, DE BROUWER ET Cie, LILLE.

BIBLIOTHÈQUE THOMISTE

Collection d'études historiques
sur la vie, les écrits et la pensée de S. Thomas d'Aquin
publiée par
la *Revue des Sciences philosophiques et théologiques*
sous la direction de Pierre MANDONNET, O.P.

La *Bibliothèque thomiste* dont la *Revue des sciences philosophiques et théologiques* entreprend la publication sous la direction de P. MANDONNET, O. P. se propose de faciliter et de promouvoir l'étude historique de la vie, des écrits et des doctrines de S. Thomas d'Aquin.

Son programme s'étend de la période qui précède immédiatement l'éclosion de la pensée thomiste jusqu'à celle où commence à s'affirmer son influence dans l'enseignement des Universités, c'est-à-dire depuis les premières années du XIIIᵉ siècle jusqu'aux premières années du XIVᵉ.

Reste d'ailleurs comprise dans ce programme toute étude sur les auteurs ou sur les textes antérieurs à S. Thomas, capable d'éclairer de quelque manière la formation de la pensée du S. Docteur. Ultérieurement la *Bibliothèque thomiste* étendra ses travaux à l'histoire de l'École thomiste.

La *Bibliothèque thomiste* est ouverte à tous les travailleurs et ne pose d'autres conditions à ses collaborateurs que celles exigées par l'application d'une méthode rigoureusement scientifique.

Les volumes ou fascicules paraîtront sans périodicité régulière.

Pour tout ce qui concerne la Direction de la *Bibliothèque thomiste* s'adresser à M. P. MANDONNET, 31, avenue du Château, Bellevue (Seine et Oise).

Pour tout ce qui concerne l'Administration s'adresser au R. P. SCHAFF, O. P., le Saulchoir, Kain (Belgique). Les conditions de publication seront indiquées en temps utile pour chaque ouvrage. Une réduction de 25 0/0 sera consentie aux abonnés de la *Revue des sciences philosophiques et théologiques*.

Prière d'adresser directement les commandes au R. P. SCHAFF, O. P. LE SAULCHOIR, KAIN. (Belgique).

REVUE DES SCIENCES
PHILOSOPHIQUES ET THÉOLOGIQUES

Trimestrielle

Publiée sous la direction d'un groupe de Dominicains français professeurs au Collège théologique du Saulchoir, Kain (Belgique).

Prix de l'Abonnement : France et Belgique **30** fr.
Autres Pays **32** fr.

Administration : Librairie VICTOR LECOFFRE, J. GABALDA, rue Bonaparte 90, Paris.

IMP. DESCLÉE, DE BROUWER ET Cⁱᵉ — 885.

www.ingramcontent.com/pod-product-compliance
Lightning Source LLC
LaVergne TN
LVHW020657200726
843508LV00002B/803